조선의 뒷골목 풍경

# 조선의 뒷골목 풍경

강명관 지음

푸른역사

**일러두기**

1. 본문에 인용된 조선시대 한글문헌은 현대어에 맞게 수정하였다.
2. 《실록》은 《조선왕조실록》을 말한다.

■ 머리말

　나의 전공은 한국한문학이다. 한문학 관계 논문을 쓰는 것이 내 인생의 소임이다. 한문학 연구는 당연히 선인들이 남긴 문헌을 읽는 데서 시작되는데, 그 과정에서 문학과 관련 없는 이런저런 자료를 만난다. 문학과 아무 관련이 없다고 잘라 말한다면 지나친 표현이겠지만, 한문학 논문을 쓰는 데 당장 필요치 않은 그런 자료들이다.
　이런 자료는 계륵(鷄肋)이다. 애써 챙겨두자니 별 소용이 없을 것 같고, 그냥 버리자니 못내 아깝다. 그래서 어떤 것은 머릿속에만 담아두고, 어떤 것은 베끼거나 복사해 연구실과 집안 후미진 구석에 던져두었다.
　작년에 건강에 문제가 생겨 뜻밖의 휴가를 얻었다. 이때 무료함을 달래기 위해 쓴 글들을 모아 이 책을 엮게 되었다. 재작년에 《조선사람들, 혜원의 그림 밖으로 걸어나오다》를 출간했

는데, 뜻밖에도 찾아 읽는 독자들이 있어 반가왔다. 하지만 그 책은 워낙 그림 해설에 치중하느라, 하고 싶은 이야기를 충분히 하지 못하였다. 이제 조금 넉넉한 지면을 얻어 이런 저런 이야기를 더 보충할 수 있게 되었으니, 이 또한 묵은 숙제를 푼 셈이다.

기억을 더듬고 먼지 쌓인 종이더미를 헤집어 자료 카드와 복사물을 찾아내는 일은 무료함을 달래는 데 아주 그만이었다. 글을 쓰면서, 버려진 종이쪽들이 이렇게 생명을 얻는구나 하는 생각에 흐뭇하기도 하였다. 아직 쓸 이야깃거리는 많다. 이미 다룬 주제 중에서도 자료를 보충하고 찬찬히 더 따져 다시 써보고 싶은 것도 있다. 물론 훗날의 일이다.

이 책에 실린 글들을 쓴 이유에 대해서는 '서설'에서 간단히 언급해두었다. 머리말에 담을 이야기를 따로 떼내었으니 공연

한 짓을 한 셈이지만, 머리말에서 다루기에는 너무 장황한 듯싶었다. 양해를 바란다. 하찮은 이야기지만, 혹 읽는 분들에게 조금이라도 도움이 될지 어찌 알겠는가.

  책을 아름답게 만들어준 '푸른역사' 편집부가 무척이나 고맙다.

2003년 8월

강명관

## 차례

■서설 | 잊혀진 조선 사람들의 역사를 위하여 • 10

1 수만 백성 살린 이름없는 명의들 | 민중의 • 18

2 모이면 도적이 되고 흩어지면 백성이 된다 | 군도와 땡추 • 48

3 투전 노름에 날새는 줄 몰랐다 | 도박 • 82

4 마셨다 하면 취하고, 취했다 하면 술주정 | 금주령과 술집 • 116

5 타락과 부정으로 얼룩진 양반들의 잔치 | 과거 • 154

6 누가 이 여인들에게 돌을 던지는가 | 감동과 어우동 • 190

7 서울의 게토, 도살면허 독점한 치외법권 지대 | 반촌 • 224

8 조용한 아침의 나라를 뒤흔든 무뢰배들 | 검계와 왈자 • 258

9 조선 후기 유행 주도한 오렌지족 | 별감 • 290

10 은요강에 소변 보고 최음제 춘화 가득하니 | 탕자 • 326

보론 | 옛 서울의 주민구성 • 356

■주석 • 388

■ 서설

## 잊혀진 조선 사람들의 역사를 위하여

### 1

 이 책은 보다시피 도둑과 깡패, 노름판과 술집 등 시시한 주제를 다루고 있다. 하찮은 잡동사니 같은 주제를 다룬 이유가 '흥미' 이외에 무엇이 있겠는가. 시시한 주제를 다루다 보니 도리어 이런 서설을 쓰게 되었다. 생각해보라. 정색을 하고 쓴 근엄한 글이라면 굳이 이런 서설이 필요하겠는가.

 도대체 이 책에 실린 글은 어떤 글인가. 한문으로 쓰여진 옛 책에서 인용한 각주가 적지 않게 달려 있으니, 논문이라 할 것인가? 논문이라면 객관적 입장에서 써야 하는 법인데, '나'라는 일인칭 대명사가 자주 등장하는 데다가 개인적 경험이 불쑥 나오기도 하니, 논문이 될 터수는 애시당초 없다. 또 논문이라면 거창한 문제의식을 내걸고 치밀한 논증 과정을 거쳐 엄숙한 결론을 내려야만 하는데 이 글은 '거창' '치밀' '엄숙'한 것과는 전혀 관계가 없다. 이래저래 논문이 아닌 잡문이다.

 그렇다면 잡문인 이 글들은 굳이 따진다면 어떤 학문 영역에 속할 것인가. 조선시대 사회의 이런 저런 모습을 제재로 삼고 있으니, 역사 영역과 가장 가까울 것이다. 하지만 이 책에 실린 글들은 연구업적으로서 평가의 대상이 될 만한 글도 아니며, 또 애시당초 그런 평가를 받기 위해 쓴 것도 아니다.

그럼에도 잡문들을 모아놓은 이 책이 역사학의 영역에 간신히 한 발을 걸치고 있다면, 그건 이 책을 출판한 출판사의 이름이 '푸른역사'란 데 근거할 것이다. 역사서를 전문으로 출판하는 출판사에서 이 책이 역사학 장르에 속한다고 판단하고 있으니 말이다. 이 초라한 근거가 서설에서 필자가 역사에 관해 아마추어적인 의견을 피력하는 이유다. 왜 이런 잡문을 쓰게 되었는지, 부족하지만 한번 들어주기 바란다.

2

먼저 금속활자로 물꼬를 터보자. 뜬금없이 웬 금속활자인가 하고 의아할 텐데, 사실 다른 이유는 없다. 하나의 예로 들겠다는 말이다. 금속활자가 세계에 자랑할 민족의 문화유산이라는 것은 누구나 다 안다. 초등학교 때부터 귀가 따갑도록 들어 우리 의식 속에 깊이 각인되어 있는 이야기이다. 누가 부인하겠는가. 매스컴에서는 행여 그 각인이 마모될까 끊임없이 덧새겨준다. 금속활자는 한민족의 우수성을 보여주는 신성한 표징이 되었다.

나는 이 표징을 오랜 세월 믿어왔다. 그런데 최근 그 표징에 약간의 의문을 표하게 되었다. 문득 세계 최초라는 점 외에 고려의 금속활자에 대해 아는 것이 아무것도 없다는 사실을 깨닫고 사뭇 놀랐다. 따지고 보면 미심쩍은 것이 한둘이 아니다. 금속활자가 세계적 문화유산이라고 자랑하는 근거는 단 하나다. 실물이 남아 있는 《직지심경(直指心經)》(1377)을 증거로 삼더라도 구텐베르크의 금속활자 인쇄술보다 88년을 앞서 발명되었다는 사실이다(1455년 인쇄된 구텐베르크 42행 라틴어 성경을 기준으로 삼았다). 한국 금속활자의 중요성은 구텐베르크 활자에 의해 만들어진 것이다. 그렇다면 구텐베르크 활자의 중요성은 어디에 있는가? 금속은 마모되지 않는다. 마모되지 않는 활자에 부가된 가동성(可動性), 이것으로 인해 책의 대량인쇄, 곧 지식의 무한 복제가 가능해짐으로써 소수에 의한 지식 독점이 해체되고 지식의 보편화가 시작된 것이다. 영국 BBC 방송국에서 지난 밀레니엄에서 가장 영향력이 큰 역사 인물 1백 명을 선정했을 때 구텐베르크가 1위를 차지한 것은 그럴 만한 충분한 이유가 있었다.

그럼 한국의 금속활자는 어떠한가. 최초의 금속활자 인쇄물인 《고금상정예문(古今詳定禮文)》은 불과 28부를 찍었을 뿐이다. 세종 때 만들어진 금속활자 인쇄물은 보통 수십 부, 많이 찍으면 2~3백 부였다. 대량인쇄가 필요한 경우, 금속활자 인쇄가 아닌 목판인쇄를 선택하였다. 조선조의 금속활자는 구텐베르크 활자와는 달리 애시당초 대량인쇄를 목표로 한 것이 아니었다.

조선조의 금속활자 인쇄는 속도가 빠르지도 않았다. 세종 때 한 번 개량되었다고는 하지만, 조판·인쇄는 여전히 수작업에 의지하였다. 활자판에 먹을 칠하고 그 위에 종이를 얹어 솜망치로 두드린 뒤 한 장씩 떼어내는 방식은 조선조가 종언을 고할 때까지 변함이 없었다. 이에 반해 구텐베르크의 인쇄술은 포도주 압착기를 사용한 반기계식이었다. 어느 쪽이 인쇄 속도가 빠르며, 대량인쇄에 유리한가는 췌언을 요하지 않는다.

구텐베르크가 만든 금속활자는 곧 유럽 전역으로 퍼져나갔다. 그러나 우리의 금속활자는 13세기 초 발명된 이후 조선조가 종언을 고할 때까지 민간의 주된 인쇄수단이 되지 못했다. 방대한 연구를 통해 현재 조선시대 만들어진 금속활자의 종수가 거의 대부분 밝혀졌는데, 그 중 민간에서 상업용 인쇄를 위해 금속활자를 제작한 경우는 거의 없었다. 이것은 무엇을 말하는가? 한국의 금속활자는 지식의 대중적·보편적 확산에 전혀 기여하지 못했다. 물론 어떤 변화도 초래하지 않았다고는 하지 못한다. 변화가 있었다면 있었다. 세종조의 금속활자 인쇄술은 사대부 계급의 지적 수준을 높여 중세적 질서의 완성에 기여했다.

구텐베르크와 한국의 금속활자는 금속으로 만들어졌다는 사실을 제외하고는 모든 것이 달랐다. 무엇보다 구텐베르크와 한국의 금속활자는 각각 표음문자와 표의문자를 채택하였다는 점에서 근원적으로 길이 달랐다. 알파벳 자모를 쓰는 구텐베르크 활자는 극단적으로 말해 1면을 인쇄할 수 있을 정도의 활자만 있으면 책 한 권을 인쇄할 수 있었으나, 한국의 금속활자는 한 번 주조할 때 적어도 10만 자, 보통 20~30만 자를 주조하는 것이 일반적이었다. 국가에서만 금속활자를 제작·사용했던 것은 바로 이런 사정 때문이었다.

그렇다면 표음문자인 한글이 있지 않느냐고 반문할 수 있다. 한글 창제와 금속활자의 상용화는 모두 세종조에 이루어졌으나, 기묘하게도 세종은 한글 금속활자를 만들지 않았다. 물론 한글활자가 전혀 없지는 않았다. 하지만 그것은 한문서적의 언해(諺解)에 필요한 소수에 불과했다. 애초 국문서적 인쇄를 위한 대량의 한글활자는 만들어진 적이 없었다. 위정자들은 대중을 위한 지식의 보급이란 문제 자체를 생각하지도 못했다. 금속활자는 한자(漢字)활자였고, 오로지 소수를 위한 책만을 찍었으니, 지식의 보편화와는 아무 상관이 없었던 것이다

우리는 금속활자의 최초성에만 주목했지, 어떤 현실적인 압

력이 금속활자를 탄생시켰는지, 금속활자가 지식의 생산과 유통에 어떤 방식으로 기여했는지, 궁극적으로 금속활자가 사회 변화와 어떻게 연관되는지 등에 대해서는 거의 관심을 기울이지 않았다. 오로지 세계에 자랑할 위대한 민족의 업적이란 말만 되풀이하고 있을 뿐이다. 한국사라는 컨텍스트 속에서 금속활자의 의미를 규명해야 할 것인데, 세계 최초란 허울 아래 서양의 금속활자와 견주어 가당치도 않은 자랑만 늘어놓고 있으니, 정말 이상한 일이 아닌가.

### 3

 금속활자를 꼬투리로 내가 말하고자 하는 것은 바로 '민족' 이란 이름이다. '민족의 세계적 문화유산' 이란 명제에서 민족이란 어휘가 모든 것을 은폐해버리고 말았다. 금속활자가 민족이란 언어의 광휘를 빌어 찬란한 빛을 발하면서, 우리가 금속활자 출현에서 정말 심각하게 따져야 할 모든 문제들은 어둠 속에 잠겨버리고 말았다. '민족' 이란 단어가 우리가 상상할 수 있는 가능성의 문을 닫아버린 것이다. 한 걸음 더 나아가 한국사를 민족이란 코드로 읽고 그에 맞추어 얼개를 짠다면, 민족이란 코드에 걸려들지 않는 무한한 다른 것들은 어떻게 되겠는가? 그 장구한 시간을 민족이란 이름으로 뭉뚱그려 추상화시켜버린다면, 양반/남성의 목소리에 가려 있던 상놈과 노비와 여성의 목소리는 누가 들어줄 것이며, 서북 사람의 억울한 사연은 어디서 들을 수 있겠는가. 실제 우리 역사를 만들어간 대다수의 상놈 개똥이, 종놈 소똥이, 여성 말똥이들은 과연 나날을 살면서 한국 민족임을 의식하고 살았을까? 아마도 아닐 것이다. 그들은 상놈으로 종놈으로 여성으로 살았을 뿐이다. 이렇듯 민족이란 이름으로 모두를 뭉뚱그리는 순간 개똥이, 말똥이, 소똥이는 사라진다. 존재했던 모든 것들의 구체성과 다양성이 증발해버리고 마는 것이다. 문제는 여기서 끝나지 않는다. 민족 대신 그 자리를 차지했던, 혹은 '민족'과 공존했던 '근대'와 '민중'이라는 코드 역시 마찬가지다. 근대와 민중 역시 민족과 동일한 왜곡과 배제의 폭력을 휘둘렀음은 여기서 다시 말할 필요가 없으리라.

존재했던 다양성과 구체성을 지워버리고 오로지 단일한 중심만을 내세워 대상을 왜곡시킴으로써 애써 중심을 닮게 하는 권력이야말로 중심적 담론의 독재가 아닐까? 이것이야말로 정치독재보다 더 근원적인, 정치독재를 가능하게 하는 독재의 기원이 아닐까? 민족이나 근대, 민중 등 거대하고 중심적인 코드를 보면서 늘 이런 생각이 떠나지 않았다.

## 4

역사를 정의한다는 것은 매우 난감한 일이지만, 나의 아마추어적 견해로는 인간의 현재를 이해하기 위한 방법이라고 생각한다. 인간은 결정된 존재가 아니라 변화하는 존재이기 때문이다. 생물학적 결정론을 들어 반론을 제기할 수도 있다. 하지만 생물학적으로도 인간은 결정된 존재가 아니다. 유전적으로 인간은 끊임없이 변해가는 존재다. 다만 그 변화가 매우 더디거나 혹은 돌연적일 뿐이다. 한편 인간은 시간 속에서 스스로를 변화시켜나가는 존재다. 현재의 인간은 시간적 변화의 산물이며, 역사학은 바로 변화하는 인간을 해명하는 학문이다. 나는 어떤 교훈적, 목적의식적, 기념비적 역사관도 믿지 않는다.

시간 속의 인간을 읽는 코드는 무수한 복수다. 예컨대 한국의 역사학은 성(性)에 관한 담론을 배제하지만, 나는 성이야말로 한국사를 이해하는 데 매우 중요한 코드가 될 수 있다고 생각한다. '열녀'를 예로 들어보자. 열녀 담론은 도덕적 담론의 외피를 쓰고 있으나, 실제로는 남성이 여성의 성을 독점하기 위해 제출한 책략이다. 열녀의 문제는 곧 섹스의 문제인 것이다.

성은 조선시대를 이해하는 중요한 코드다. 하지만 만약 내가 조선 전기 사대부들의 성적 취향이 역사적 사실과 밀접하게 관련되어 있다고 주장한다면, 아마도 나는 정신이 온전치 못한 연구자 취급을 받을 것이다. 성종과 연산군, 숙종의 여성 취향 변화가 정변을 불러일으킨 주 요인이라는 내용의 논문을 쓴다면, 그 논문이 학술지에 발표될 수 있겠는가. 그럼에도 인간의 성의식, 성적 행동이 역사 이해에서 배제되어야 할 한심한 이야기는 결코 아닐 것이다. 오히려 성을 코드로 조선시대 역사를 재구성할 수도 있지 않을까? 그런 점에서 비록 자료를 모아놓은 것이기는 하지만 이능화(李能和, 1869~1943)의《조선해어화사(朝鮮解語花史)》는 선구자적인 업적이다.

어디 성적인 것뿐이랴. 나는 학위 과정 중이던 시절 교보문고 뒤 피맛골의 싸구려 술집에 앉아 소주를 입에 털어넣으면서 조선시대에도 이곳에 술집이 있었을까 하는 엉뚱한 생각에 빠져들었다. 조직폭력배가 등판 가득 용 문신을 새기고 굴비두름처럼 엮여 경찰서 책상 앞에 머리를 박고 있는 TV 뉴스를 보면서 조선시대의 조직폭력배를 떠올렸다. 성매매에 관한 뉴스를 보면서는 조선시대 남녀의 성의식과 성적 행동, 연애방법 따위의 한심한 주제를 상상했다. 사기도박으로 잡힌 도박꾼들의 모습을 뉴스에서 보고, 조선시대로 거슬러 올라가는 투전의 역사가 지금도 계속되고 있음에 놀라움을 금치 못했다.

내가 생각한 것들은 모두가 시시하고 자질구레한 것들이다. 그러나 이런 작고 시시한 이야기들이야말로 내가 알고 싶었던 과거 인간들의 리얼리티가 아닐까? 이런 것들을 통해 역사를 이해할 수도 있지 않을까? 나는 언제부터인지 알 수 없지만, 이런 사소한 코드들이 거대한 이야기에 가려진 또 다른 역사를 이해하는 데 중요한 수단이 될 수도 있다고 생각하게 되었다. 지금도 이 생각은 변함이 없다.

### 5

나는 이런 방면의 시시한 주제는 누구나 다 아는 줄로만 알았다. 하지만 쑥스러워 물어볼 수가 없었다. 뭔가 거창하고 큰 이야기를 논하는 근엄한 역사가들에게 깡패며 기생이며 도박 술집 따위에 대해 물어볼 엄두가 나지 않았던 것이다. 그러나 얼마 전부터 쑥스러움을 무릅쓰고 이곳 저곳에 물어보기 시작하였다. 그런데 어인 일인가. 뜻밖에도 내가 묻는 한심한 주제에 대해 아는 분들이 별로 없었다. 목마른 자 우물을 판다고 했다. 나는 스스로의 궁금증 때문에 문헌을 보다가 필요한 자료가 있으면 눈여겨 보고 챙겨두곤 하였다. 지난해 병으로 얻은 휴가 아닌 휴가에 한 편의 글이 될 만한 것들을 수습하여 엮은 결과가 이 책이다. 그 중에는 그야말로 체계를 세워 엄밀하고 풍부하게 써야 하는 주제도 있다. 하지만 그건 뒷날 해야 할 일이다. 어쨌거나 이 책을 읽는 분들이 큰 이야기에 가려진 조선시대의 다른 모습을 알게 된다면 더할 수 없는 다행이겠다.

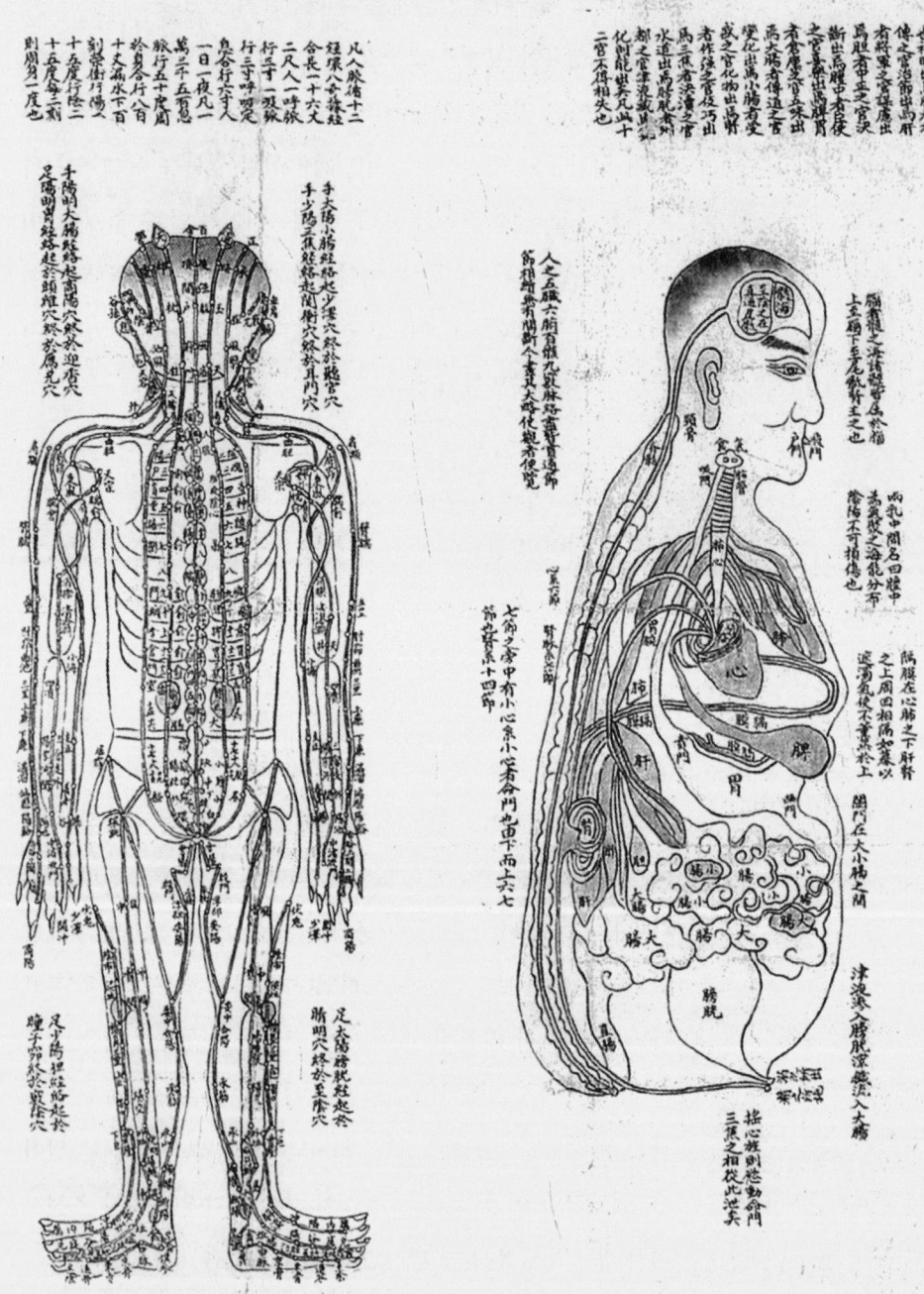

# 1 수만 백성 살린 이름없는 명의名醫들
— 민중의民衆醫

　　　　김대중 정부 때 어느 외국 제약회사가 압력을 넣어 보건복지부 장관이 그만두었느니 아니니 하는 일로 세상이 시끄러웠다. 나로서는 속사정을 알 길이 없지만, '아니 땐 굴뚝에 연기 나랴'는 속담이 머릿속을 맴돈다.

　약은 사람의 병을 고치자고 만든 것이다. 하지만 약이 아니라 돈이 병을 고치게 된 지 오래다. 아프리카에서는 에이즈 치료제의 값이 너무 비싸 사람이 죽어나가고, 우리나라에서도 혈액암 치료제인 글리벡이 너무 비싸 감당하지 못하는 환자들이 있다고 한다. 제약회사에서 약을 개발해도 약값이 비싸 치료를 포기한다니, 얼마나 딱한 일인가. 치료제가 있어도 돈이 없어 죽는 이가 있다니. 오로지 이윤을 향해 질주하는 자본주의사회에서 이를 제약회사만의 잘못이라고 섣불리 판단할 수는 없다. 하지만 뭔가 개운치가 않다. 사람의 목숨이 먼저인가, 돈이 먼저인가. 우리의 일상을 돌아보면 과연 우리는 이 소박한 질문에 쉽게 답할 자격이 있는지 의심스럽다.

인간의 병을 치료하는 의·약업은 특수한 직종이다. 병들지 않는 인간은 없다. 의학적 소견으로 건강하다는 판정을 받아도 언제 병이 들지 알 수 없다. 어차피 모든 인간이 죽음을 향해 가는 존재인 이상, 의·약으로부터 자유로울 인간은 아무도 없다. 바로 여기에 의업의 특수성이 있다. 병든 인간, 그리고 병이 들 수 있는 인간이기에 의사 앞에서는 누구나 약자가 된다. 나 역시 학생들 앞에서는 책권이나 읽은 인간이라고 공연히 목소리에 힘을 주고 훈시(?)하지만, 의사 앞에서는 육신을 전적으로 맡긴 초라한 '환자'일 뿐이다.

나는 조선시대 문헌을 뒤적이다가 의원에 관한 기록을 다소 보았다. 이야기 자체가 흥미롭거니와 요즘 세상에도 같이 읽어봄직한 것 같아 소개한다.

### 의료혜택에서 소외된 민중들

조선 초기의 복잡한 의료기관은 성종 대의 《경국대전(經國大典)》에서 체계적으로 정비된다. 먼저 궁중에는 TV 사극에 숱하게 등장하는 내의원(內醫院)이 있었다. 하지만 이 기관은 임금의 약을 조제하는 기관으로, 일반 백성과는 아무 상관이 없다. 전의감(典醫監)이라 하여 대궐 내에 필요한 약재를 공급하거나 약재의 하사를 관장하는 곳도 있었으나 이 역시 왕실에 속한 의약기관이다.

내의원과 전의감의 의료혜택을 볼 수 있는 대상은 왕과 왕비, 세자 등 왕실가족이나 고위관료들뿐이다. 그렇다면 일반 백성들은 병이 나면 어떻게 치료를 받았을까? 혜민서(惠民署)와 활인서(活人署)란 곳이 있다. 이 두 관청은 이름부터 재미있다. 혜민서는 '백성에게 은혜를 베푸는' 관청이고, 활인서는 '사람을 살리는' 관청이다. 두 기관은 약간의 차이가 있는데,《경국대전》을 보면 혜민서는 "서민의 질병을 구료(救療)"하는 기관, 활인서는 "도성의 병난 사람을 구료"하는 기관이라 하였다. 이것만으로는 차이를 정확히 알 수 없을 것이다. 혜민서가 주로 일반 백성의 질병을 담당하는 관청이라면, 활인서는 주로 무의탁 병자를 수용하고 전염병이 돌 때 임시로 병막(病幕)을 지어 환자의 간호를 담당했다. 환자가 죽으면 묻어주는 일도 활인서의 몫이었다.

이 둘이 대표적인 의료기관이다. 하지만 간과할 수 없는 사실은 이런 기관이 서울에 집중돼 있었다는 것이다. 서울을 제외한 지방에는 이런 기관이 존재하지 않았다. 김두종(金斗鍾, 1896~1988)의《한국의학사》에 '지방의료기관'이란 항목이 있기는 하다. 태조에서 태종에 이르는 기간에 지방에 의원(醫院) 혹은 의학원(醫學院)을 두고 의원을 파견했다고 하지만, 이 기관들은 뒷날 종적이 묘연하다. 사실 조선시대 지방에는 서울의 혜민서와 활인서 등에 필적하는 공식적 의료기관이 없었다고 보아도 무방하다.

조선시대 의학을 논하는 사람들은 언제나 이상의 의료기관과 함께, 세종 대에 엮어진《향약집성방(鄕藥集成方)》《향약채취월령(鄕藥採取月令)》《의방유취(醫方類聚)》등의 의학서적을 언급한다. 그리고 여기에 허준(許浚)의《동의보감(東醫寶鑑)》과 이제마(李濟馬)의《동의수세보원(東醫壽世保元)》을 꼽으면서 찬란한 의료사(醫療史), 의학사(醫學史)를 말하지만, 나는

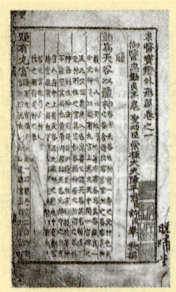  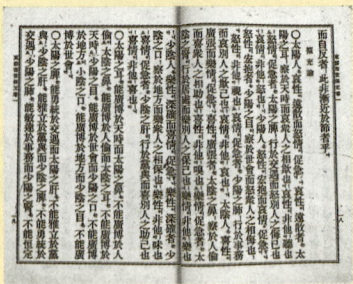

조선시대 의서들 | 왼쪽부터 《동의보감》《향약집성방》《동의수세보원》. 조선시대에는 이외에도 많은 의서들이 편찬·발간되었다. 그러나 의학서적과 의료기술 발달과는 상관없이 대부분의 백성들은 의료의 사각지대에 놓여 있었다.

사실 이에 대해 좀 회의적이다. 서울에 있던 의료기관의 혜택을 볼 수 있는 사람은 극소수였고, 지방에 거주하는 대부분의 민중들은 의료 혜택에서 제외돼 있었기 때문이다. 더욱이 의학서적은 한문으로 쓰여 있어 보고 이해할 수 있는 사람이 많지 않았다. 민중이 어떻게 질병과 싸워나갔는가 하는 문제는, 의료기관과 의학서적의 발달과는 또 다른 차원의 문제인 것이다. 이런 차원에서 민중을 위해 의료활동을 펼쳤던 민중의(民衆醫)에 주목할 필요가 있다.

### 의원이 천시당한 사회

아무리 좋은 처방과 약이 있으면 무얼 하는가. 의원이 있어야 약을 쓸 것이 아닌가. 그런데도 의원에 관한 이야기는 드물다. 양반 중심의 조선사회는 의원을 천시하였다. 의원이 아무리 똑똑한들, 아무리 학문이 높은들 양반 아래다. 한심한 일이지만 사실인 걸 어쩌랴. 조선 후기 지식인 이규상(李奎象, 1727~1799)은 이렇게 말한다.

> 대저 역학(譯學 : 외국어)이나 의학(醫學)에 모두 학(學)이란 말이 붙는 것은 글을 알아야 배울 수 있기 때문이다. 사람이 글을 알면 지식이 생기는 법이니, 사역원(司譯院)이나 내의원에 속하는 사람 중에 지식이 있는 사람이 많다. (중략) 의학과 역학은 참으로 인재의 큰 창고인데, 사대부들은 역관 벼슬을 멀리하기 때문에 그 방면의 사람을 들을 수 없으니 매우 한탄스러운 일이다.[1]

조선시대 입신양명의 의미는 벼슬하는 것, 곧 직업관료가 되는 것이었다. 그런데 벼슬하는 것이 제일 좋다 하고서 일부 양반들만 좋은 벼슬을 차지하고, 양반이 아닌 사람은 배제하였으니, 이게 온당한 일인가? 사람의 생명을 다루는 의학과 국가 외교의 실무를 담당하는 역학은 매우 중차대한 일이다. 하지만 이를 담당하는 의관과 역관은 아무리 재능이 있어도 권력의 정상부에는 결코 올라갈 수 없다. 이러니 무슨 열의가 있어 의학이나 역학을 공부하고 발전시키겠는가. 하긴 지금도 학벌 때문에 능력을 발휘하지 못하는 사람이 많으니 답답한 노릇이다.

어쨌든 이처럼 의원을 우습게 아는 양반들의 의식 때문에 의원에 관한 기록은 그리 흔하지 않다. 도대체 중국의 화타나 편작(扁鵲), 서

허준 영정 | 조선 최고의 명의 허준. 하지만 그에 대해서는 궁중 어의로서의 활동 외에는 알려진 바가 거의 없다. 한독의약박물관 소장.

양의 히포크라테스처럼 내놓을 만한 의원이 누가 있단 말인가? 이렇게 말하면, 많은 사람이 《동의보감》의 편자 허준이 있지 않느냐 할 것이다. 하지만 이은성의 《소설 동의보감》이나 드라마 〈허준〉에 등장하는 '허준'은 허구에 지나지 않는다.

허준에 관한 조선시대의 기록은 한줌도 되지 않는다. 허준은 상상력의 소산인 것이다. 나는 유희춘(柳希春)의 일기인 《미암일기(眉巖日記)》와, 이규상의 《병세재언록(幷世才彦錄)》, 그리고 유재건(劉在建)의 《이향견문록(里鄕見聞錄)》에서 간단한 기록을 보았을 뿐이다. 《실록》에 허준에 관한 기록이 선조와 광해군 대에 걸쳐 1백 회 이상 나오지만, 그것은 궁중 어의로서의 활동일 뿐이다. 소설이나 TV 속 허준의 모습은 거기서 확인할 수 없다.

그렇다면 허준은 왜 이토록 유명해졌을까? 두말할 것도 없이 《동의보감》 때문이다. 연암 박지원이 중국에 갔을 때 북경의 서점가(書店街)인 유리창(琉璃廠)에서 팔리는 조선 서적은 《동의보감》이 유일하더라는 이야기가 전한다. 허준의 《동의보감》은 중국에서도 인정받은 국제적 베스트셀러였던 것이다.

그러나 사실 우리는 허준 개인에 대해서는 별반 아는 것이 없다. 그러니 알지도 못하는 허준에 관해 이러쿵저러쿵하지 말고, 그나마 조금이라도 줄거리가 있는 이야기를 해보자.

### 의업의 정도를 실천한
### 민중의, 조광일

이계(耳溪) 홍양호(洪良浩, 1724~1802)의 《이계집(耳溪集)》에 〈침은조생광일전(鍼隱趙生光一

傳))²이란 전(傳)이 있다. '침은'이라고 했으니, 침술을 주로 하는 침의(針醫)다. 작품은 짤막하지만 내용은 사뭇 인상적이다.

조선시대에는 의원을 맡는 집안이 따로 있었다. 원래 전문적인 의원은 중인에 속한다. 양반이 의술을 익히는 경우가 있으나, 양반 출신 의원은 의원으로 치지 않는다. 중인은 의원·역관·계사(計士)·일관(日官)·화원(畵員)·사자관(寫字官) 등 그 범위가 넓은데, 그 중에서도 의원·역관·계사·음양관은 과거(잡과)를 통해 관직으로 들어서기 때문에 중인 중에서도 지체가 높은 편이고, 그 중에서도 의원과 역관을 가장 높이 친다.

그런데 조광일이란 사람은 그런 의원 가문도 아니다. 홍양호의 말에 의하면 그는 옛부터 전해오는 처방을 따르지 않았다고 하니, 제대로 된 의원 가문에서 자랐거나 의서를 광범위하게 본 그런 의원은 아니었다. 하지만 무슨 상관인가. 원래 정해진 의서란 없다. 병만 나으면 그만 아닌가?

그는 가죽 주머니 속에 구리침·쇠침 열 개를 넣고 다녔다고

**침통과 침** | 조선시대 질병을 치료하는 데 널리 쓰인 의료기구. 침통은 침을 넣어두는 작은 통으로 휴대에 편리한 크기와 형태로 만들어졌다. 조선시대 의원들의 필수품이었다. 한양대학교박물관 소장.

한다. 그 침으로 악창(惡瘡)을 터뜨리고 상처를 치료하였으며 어혈을 풀고 풍기(風氣)를 틔우고 절름발이와 곱추를 일으켜 세웠는데, 즉시 효험이 나타나지 않는 경우가 없었다니 명의라 부를 만한 인물이다. 그런데 그가 유명한 것은 뛰어난 의술 때문만은 결코 아니다. 그는 자기 호를 침은이라 붙일 정도로 침술에 자부심을 가진 명의였으나, 돈벌이에는 아주 손방이었다. 그 이유는 이렇다.

어느 날 홍양호가 우연히 조광일의 오두막을 지나다 보니, 웬 노파가 "아들 놈이 병이 나 거의 죽게 되었으니 제발 목숨을 살려달라"고 애걸하고 있었다. 홍양호가 보아도 돈이 안 될 환자다. 그런데 조광일은 "그럽시다" 하면서 귀찮아하는 기색 없이 선뜻 길을 따라나서는 것이 아닌가. 뒤에 홍양호가 물었다.

의술이란 천한 기술이고, 시정은 비천한 곳이다. 그대의 재능으로 귀하고 현달한 사람들과 사귀면 명성을 얻을 것인데, 어찌하여 시정의 보잘것없는 백성들이나 치료하고 다니는가?

조광일의 대답인즉 이렇다.

나는 세상 의원들이 제 의술을 믿고 사람들에게 교만을 떨어 서너 번 청을 한 뒤에야 몸을 움직이는 작태를 미워합니다. 또 그런 작자들은 귀인의 집이 아니면 부잣집에나 갑니다. 가난하고 권세 없는 집이라면 백 번을 청해도 한 번도 일어서지 않으니, 이것이 어찌 어진 사람의 마음이겠습니까? 나는 이런 인간들이 싫습니다. 불쌍하고 딱한 사람은 저 시정의 궁박한 백성들입니다. 내가 침을 잡고 사람들 속에 돌아다닌 지 십 년이 넘었습니다. 그 동안 살려낸 사람은 아무리 못 잡아도 수천 명은 될 것입니다. 내 나이 이제 마흔이니 다시 십 년이 지난다면 아마도 만 명은 살려낼 수 있을 것이고, 만 명을 살려내면 내 일도 끝이 날 것입니다.

어떤가. 감동적이지 않은가? 이 한미한 의원의 말 속에 의업의 정도(正道)가 담겨 있다. 나는 예전에 요로결석으로 한동안 크게 고생한 적이 있다. 서울의 유명한 대학병원에 가서 진료를 받았는데, 그 거룩하신 비뇨기과 과장님께서 비닐장갑을 낀 손으로 환부를 깊이 찌른다. 너무나 고통스럽다. 고통을 참는 소리가 이빨 사이로 스며나오자, "아파? 아프긴 뭐가 아파?" 대놓고 반말이다. 사람 대접이 아니다. 통증으로 밤을 꼬박 새는 고통을 겪었는데, 의사 선생님이 이런 식의 막말이라니, 병원을 나오면서 다시는 이 병원을 찾지 않으리라 다짐하였다. 냉정한 의료진, 관료적인 병원 시스템, 복잡한 검사와 거대한 의료기기가 주는 공포감에서 환자는 심리적으로 절반은 죽는다. 어디 조광일 같은 헌신적 의원은 없는가?

### 마의에서 어의로, 종기 치료의 신기원을 연 백광현

비슷한 시기 정래교(鄭來僑)가 지은 〈백태의전(白太醫傳)〉[3]도 주목할 만한 작품이다. 작자 정래교도 흥미로운 사람이다. 그는 중인 중에서도 별 볼일 없는 집안 출신으로 탁월한 재능을 가진 시인이었으나, 신분의 장벽에 막혀 평생을 불우하게 살다가 죽었다. 그런 정래교가 의원의 전을 지은 것도 자의식의 반영일 듯싶다. 어쨌든 〈백태의전〉에 의하면 백광현(白光炫)은 종기의 외과적 치료술을 본격적으로 개발한 사람이다. 한의학은 원래 외과수술이 발전하지 않은 의학으로 종기의 치료도 그러했다. 그런 가운데 백광현은 외과적 치료술을 본격적으로 사용함으로써 종기 치료사에 획기적 전환을 가져왔다.

백광현은 원래 말의 병을 고치는 마의(馬醫)였다. 사람의 병을 고치는 의원도 별 볼일 없는데, 마의라니 지체가 형편없이 낮았던 것이다. 그는 마의로서 오로지 침을 써서 말의 병을 고쳤고 의서는 보지 않았다. 정통적인 의원이 아니었던 것이다. 그런데 침으로 말의 병을 다스리는 기술이 진보하여 사람의 종기에도 시술해보았더니 효험이 있었다. 그는 이내 사람의 종기

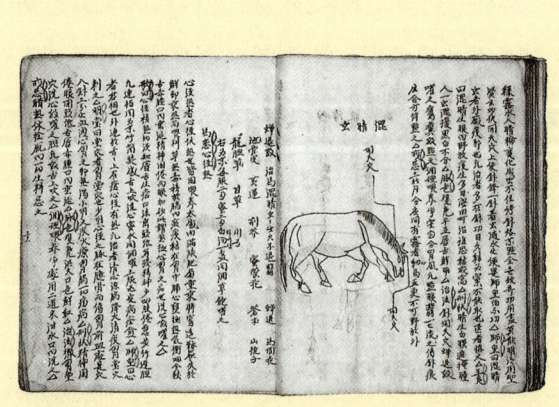

《마의방》 | 조선 인조때 이서가 찬술한 마 의학서로 말의 치료법을 담고 있다.

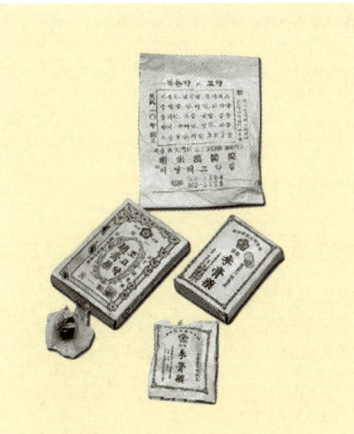

이명래 고약과 조고약 | 1905년 제품화된 이명래 고약은, 마땅한 의약품이 없어 고통받던 많은 종기 환자들에게 큰 사랑을 받으며 종기 치료제의 대명사로 일컬어졌다. 국립민속박물관 소장.

를 치료하는 의원으로 전업했고, 수많은 종기의 증상을 보면서 의술이 더욱 정심해졌다. 요즘 말로 하면 임상경험이 풍부해진 것이다.

한데 왜 하필 종기인가? 지금은 종기가 나는 경우도 드물고 병 취급도 하지 않지만, 해방 전까지만 해도 종기는 사람의 목숨을 앗아가는 큰 병이었다. 종기에 관한 한 불후의 명약인 '이명래 고약'이 없었다면 얼마나 많은 사람이 고통 속에서 헤매고 목숨을 잃었을지 모를 일이다.

종기의 역사는 장구하다. 2천 년 전 사마천(司馬遷)은 《사기(史記)》〈손자오기열전(孫子吳起列傳)〉에 종기에 관한 인상적인 이야기를 남겼다. 장군 오기가 졸병의 종기를 입으로 빨아주자, 그 소식을 들은 졸병의 어머니가 펑펑 운다. 옆에 있던 사람이 장군이 종기를 빨아서 치료해주었으니 영광스런 일인데 왜 우느냐 하니, 어미 말인즉 저 아이의 아버지도 오기 장군이 종기를 빨아주자 감격한 나머지 전쟁터에서 돌아설 줄 모르고 싸우다가 죽었노라고, 그러니 저 아이도 죽을 날이 멀지 않았다며 애통해하는 것이었다. 종기 한 번 빨아주고 부하의 목숨을 손에 넣다니, 어찌 보면 끔찍한 일이다.

필자가 어릴 때까지만 해도 종기는 큰 병이었다. 시대를 거슬러 올라가면 더하다. 조선시대 효종과 정조는 종기로 목숨을 잃었다. 제왕의 권력도 조그만 종기 앞에서 속절없이 무너졌다. 심지어 조선 전기에는 종기만 전문적으로 치료하는 '치종청(治

腫廳)'이란 관청까지 있었다. 종기는 참으로 심각한 병이었던 것이다. 각설하고 이제 백광현의 종기 치료 장면을 보자.

독기가 강하고 뿌리가 있는 종기는 옛 처방에 치료법이 없었다. 광현은 그런 종기를 보면 반드시 큰 침을 써서 종기를 찢어 독을 제거하고 뿌리를 뽑아서 죽어가는 사람을 살려낼 수 있었다. 처음에는 침을 너무 사납게 써서 간혹 사람들이 죽기도 했지만, 효험을 보아 살아난 사람이 또 많았기 때문에 병자들이 날마다 그의 집으로 몰렸다. 광현 역시 자신의 의술을 자부하여 환자 치료에 더욱 힘을 쏟았고, 이로 인해 명성을 크게 떨쳐 신의(神醫)라고 불렸다.

과격한 치료술이다. 침을 써서 절개해 독을 제거하고 뿌리를 뽑았다니 아마도 칼 같은 것으로 종기의 뿌리까지 절제했을 것이다. 정래교는 이처럼 "종기를 절개해 치료하는 방법은 백태의로부터 시작된 것"이라고 하였다. 백광현이 종기의 외과적 치료의 신기원을 연 것이다.

정래교는 백광현을 백태의(白太醫)라 부르고 있다. 태의는 곧 어의다. 민간의 무면허 의사 백광현이 어떻게 내의원 의관이 되었는지 그 과정은 분명하지 않다. 조선시대 내의원 의관이 되는 길은 두 가지가 있었다.

첫째, 대대로 의원을 하는 집안에서 의과를 통과해 내의원 어의가 되는 경우인데, 대부분의 어의가 이에 속하였다. 이것을 본원인(本院人)이라 한다. 둘째는 의약동참(醫藥同參)이라 하여 사대부부터 미천한 사람까지 의술만 좋으면 모두 보임될 수 있었다. 백광현은 아마 후자의 길을 밟았을 것이다. 의과방목(醫科榜目 : 의과 합격자 명단)에 그의 이름이 확인되지 않기 때문이다.

숙종 21년 12월 9일 숙종은 백광현을 각기병을 앓는 영돈녕부사 윤지완(尹趾完)에게 보내는데, 이날 《실록》에 "백광현은 종기를 잘 치료하여 많은 기효(奇效)가 있으니, 세상에서 신의라 일컬었다"라 기록되어 있다. 이를 볼 때 종기를 치료하는 능력을 인정받아 내의원에 들어간 것으로 짐작된다.

백광현이 내의원 의원이 된 것은 현종 때다. 《현종개수실록》 11년 8월 16일 기록을 보면 현종의 병이 회복된 것을 기념하여 내의원 의관들에게 가자(加資)를 하는데, 그때 처음 백광현의 이름이 보인다. 그는 공이 있을 때마다 품계가 올라 마침내는 현감까지 지낸다. 숙종 10년 5월 2일에 왕은 그를 강령(康翎)현감에 임명했다가 이어 포천(抱川)현감으로 바꾸어 임명했다. 의원이 현감이 된 것은 대단한 출세다. 이쯤 출세하면 교만해지게 마련일 텐데 민중을 치료하는 것으로 의업을 시작했던 백광현은 귀한 몸이 된 뒤에도 초발심을 잃지 않았다.

그는 병자를 보면 귀천과 친소(親疎)를 가리지 않았다. 부르는 이가 있으면 즉시 달려갔고, 반드시 자신의 마음을 다하고 기량을 다 쏟아 환자의 상태가 나아진 것을 보고서야 그쳤다. 나이가 많고 귀하신 몸이 되었다고 게으름을 피운 일이 없으니, 기술이 뛰어날 뿐만 아니라 원래 타고난 성품이 그랬던 것이다.

임금의 병을 고치는 귀하신 분이 된 후에도 민중에 대한 헌신적 의료를 잊지 않았다니, 민중의로서의 모습이 약여하지 않은가. 무릇 의원이란 이래야 하는 것 아닐까?

### 떠돌이 약장수의 벼락출세

종기 이야기가 나온 김에 이야기를 좀더 해보자. 백광현이 종기의 외과적 치료술을 개발했다면, 고약으로 유명한 종의(腫醫)도 있다. 피재길(皮載吉)이 바로 그인데, 역시 홍양호가 〈피재길소전(皮載吉小傳)〉[4]이란 작품을 남기고 있다.

정조 17년 정조의 머리에 작은 종기가 났다. 침을 쓰고 약을 썼지만 종기는 점차 얼굴과 턱 등으로 번져나갔다. 무더운 여름철이어서 기거동작(起居動作)이 말할 수 없이 불편했다. 방치하면 죽음에 이를 수도 있었다. 내의원에서 별별 방도를 다 썼으나 종기는 계속 번져갔다. 이토록 위급한 순간에 누군가 피재길의 이름을 아뢴다.

피재길은 원래 의원 가문 출신이다. 중인의 족보를 모은 《성원록(姓源錄)》에 보면 의원 가문으로 홍천(洪川) 피씨 가계가 나온다. 하지만 피재길의 이름은 없다(다른 재載자 항렬의 인물들은 물론 있다). 이는 다분히 그의 가족사와 관련이 있다. 피재길은 어렸을 때 아버지를 여읜 까닭에 아버지로부터 의술을 전수받지 못했고 의서는 아예 읽은 적도 없었다. 까막눈이었던 것이다.

어렵사리 의원 노릇을 하게 된 것은 어머니가 아버지 생전에 보고 들었던 처방을 그에게 가르쳐준 덕분이었다. 그 처방이란 딴 게 아니라 고약을 만드는 것이었다. 이렇게 배운 의술

《성원록》 | 조선 말기 이창현(李昌鉉)이 지은 성씨 계보책. 양반층을 주로 수록한 다른 성씨 계보책과는 달리 역관, 의관 등 중인계층의 계보를 수록하고 있어 성씨 연구는 물론 인문·사회과학 분야의 사적 연구에 중요한 자료가 된다.

로 오만 가지 종기에 듣는 고약을 팔며 거리를 돌아다녔는데, 근본 없는 의원인 탓에 의원이란 소리도 할 수가 없었다. 그러나 고약은 잘 들었다. 양반가에서도 이 근본 없는 의원을 불러 고약의 효험을 보곤 했다니, 그는 애초 민중의 세계를 떠돈 민중 의원이었던 것이다.

정조는 피재길을 불렀다. 길거리의 떠돌이 고약장수가 지엄한 분을 대하니, 땀이 쏟아지고 온 몸이 벌벌 떨리며 말문이 막힌다. 정조는 이 약장수를 안심시킨다.

"두려워 말고 네 의술을 다 발휘해보도록 하라."
"신에게 한 가지 써볼 만한 처방이 있습니다."

약장수는 물러나와 웅담을 주재료로 고약을 만들어 올린다. 이것이 이른바 웅담고다. 정조가 며칠이면 낫겠느냐고 하자, "하루면 통증이 가라앉고 사흘이 지나면 나을 것"이라고 답한다. 과연 말과 같아 사흘이 지나자 깨끗이 나았다. 명의가 따로 없다. 묵은 병을 고쳐주는 것보다 고마운 일이 있을까? 왕은 감탄하지 않을 수 없었다.

약을 붙이고 조금 지나 전날의 통증을 씻은 듯 잊었다. 지금 세상에 이런 알려지지 않은 비방이 있을 줄 생각지도 못하였다. 의원은 명의라 할 만하고 약은 신방(神方)이라 할 만하다. 그의 노고에 보답할 방도를 의논해보라.

내의원 의원들이 그를 내의원 침의(鍼醫)에 차정하고 6품의 품계를 내려줄 것을 아뢰니, 정조가 당연히 허락하였다. 피재길은 이어 나주감목관(羅州監牧官)이 되었다. 떠돌이 약장수의 벼락출세가 아닌가.《실록》은 이 장면을 다음과 같이 전하고 있다.

> 상의 병환이 평상시대로 완전히 회복되었다. 지방의원인 피재길이 단방(單方)의 고약을 올렸는데 즉시 신기한 효력을 내었기 때문이었다. 재길을 약원(藥院)의 침의에 임명하도록 하였다. -《정조실록》17년 7월 16일

정조는 그로부터 7년 뒤(정조 24년 6월) 종기로 죽는다. 피재길 역시 정조의 치료에 참여했지만, 이번에는 효험이 없었다. 왕이 죽으면 치료를 담당했던 의원을 귀양 보내는 전례에 따라 피재길은 무산부(茂山府)로 귀양을 갔다가 순조 3년 2월에 석방되었다.

피재길이 정조의 종기를 치료하는 데 쓴 웅담고는 마침내 천금의 처방이 되어 세상에 전해졌다고 한다. 요즘 같으면 특허 신청부터 하고 값을 턱없이 올려 돈벼락 맞을 궁리부터 하지 않았을까? 다른 의원이 웅담고를 만들어 쓰면 환자야 죽든 말든 고소부터 하지 않았을까?

피재길 외에 정조의 치료에 참여했던 민간 의원이 또 있다. 조희룡(趙熙龍 : 1797~1859)의 《호산외기(壺山外記)》에 실린 이동(李同)[5]이란 사람이다. 그는 낫 놓고 기역자도 모르는 까막눈이었으나 역시 종기를 치료하는 의원으로 이름이 높았다. 이동은 정조의 치질을 치료한 적이 있는데, '환부'를 부복해 들여다보느

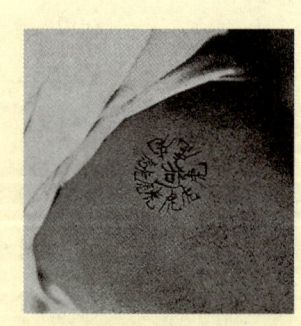

구한말 종기 치료를 위해 환부에 그린 부적 | 종기를 개나 개구리에 비유하여 환부 가장자리에 9마리의 호랑이와 7마리의 뱀을 먹글씨로 쓴다. 마땅한 치료약이 없어 고통받던 백성들은 이러한 주술적 힘에 의지할 수밖에 없었다.

라 대머리가 되어 상투를 짤 수 없게 되었다고 한다. 아마도 지존의 항문을 정면으로 들여다본 이는 역사상 그가 최초일 것이다. 그의 이런 수고 덕에 치질이 완치되자 정조는 탕건을 하사하고, 아울러 호조 돈 10만 전을 내렸다. 아마 이동도 민간에서 얻은 명성으로 동참의원이 되었을 것이다.

이동과 관련하여 흥미로운 것은 그가 썼다는 약재다. 그는 침과 뜸을 기본으로 썼지만, 약만은 독특했다. 그의 처방은 주로 손톱, 머리카락, 오줌, 똥, 때 같은 것이었다. 풀이나 나무, 벌레, 물고기 따위를 처방하기도 했는데 도무지 돈을 쓸 필요가 없는 하찮은 것이었다. 그의 주장인즉 이렇다.

제 한 몸에 본디 좋은 약재를 갖추고 있거늘 무엇 때문에 다른 물건을 쓴단 말인가?

약이 될 것 같지 않은 약재를 사용한 이면에는 저렴한 비용으로 민중을 구료한다는 절실한 동기가 숨겨져 있다. 이동은 의과에 합격한, 정통 코스를 밟은 의원이 아니었다. 그 역시 백광현이나 피재길처럼 민간의원으로 출발하여 왕실에까지 알려진 경우로 짐작된다. 나는 이동의 이상한(?) 약재에서 민간요법에 숨어 있는 오묘한 약리보다는, 조선시대의 공식 의료 시스템에서 제외되어 있던 민중들의 처절한 삶의 의지를 본다.

### 전염병의 홀로코스트

종기가 목숨을 거두어가는 시절이었으니, 전염병은 그야말로 공포의 대상이다. 정조가 사망하기 1년 전인 정조 23년에 전염병이 돌았는데 이 해 사망자는 모두 12만 8천여 명이었다(《정조실록》23년 1월 13일). 엄청난 수가 아닐 수 없다. 이처럼 많은 사람이 사망한 예는 지금 드물게 남아 있는 통계를 보아도 전염병 때문임을 충분히 짐작할 수 있다. 특히 천연두·장티푸스·콜레라가 전염병의 삼두체제를 구축하였다. 이 세 전염병의 거두는 번갈아 등장하여 홀로코스트를 자행했다.

1821년에서 1822년 사이 유행했던 콜레라로 인해 평양에서 수만 명, 서울에서 13만 명이 사망했으며 전국적으로 수십만의 사망자가 발생했다고 한다. 1859년에서 1860년에도 콜레라가 크게 유행했는데, 이때 사망자는 40만 명이나 되었다. 서양 중세의 흑사병(페스트)만 무서웠던 것이 아니다.

특히 정조 23년 유행한 전염병에는 정치인들의 죽음이 눈에 띈다. 1월 7일에 김종수(金鍾秀)가, 18일에 채제공(蔡濟恭)과 서호수(徐浩修)가 죽었다. 김종수는 노론의 영수, 채제공은 남인의 영수였고 서호수는 이 시기 권력의 중심에 있던 소론 서명응(徐命膺)의 아들이었다. 전염병으로 인해 각 당파의 거두들이 죽고, 그로부터 7개월 뒤에는 정조가 종기 때문에 죽었다. 당쟁의 지도가 일순 바뀐 것은 두말할 나위가 없다. 질병에 의해 역사가 바뀌었다고 해야 하나? 어쨌거나 전염병은 조선 후기 민간인 사망의 가장 큰 원인이었다.

전염병의 발생 원인은 19세기 말에 가서야 알려지게 된다. 그러니 그 전에 발본적 치료법이란 게 있을 수 없다. 전염병이 돌면 정부는 바빴다. 아니 바쁜 척이라도 해야 했다. 가장 먼저 여하는 일은 여제(厲祭)를 지내는 것이었다. 국가의 의료기관

마마배송굿 | 전염병은 조선 후기 민간인 사망의 가장 큰 원인이었다. 마마(천연두)는 장티푸스, 콜레라와 함께 조선시대 전염병의 삼두체제를 구축하였다. 과학적인 치료법이 없었기에 민간에서는 굿 등의 무속을 통해 전염병을 퇴치하고자 하였다. 《한국민속대관》 수록.

인 내의원·전의감·혜민서에서 약재를 공급하는가 하면, 병막을 짓고 병자를 모아 간호했다. 이따금 전염병이 돌았던 곳에 세금을 감면해주기도 하였다. 그러나 근본적인 대책은 없었다. 전염병이 저절로 사그라들기를 기다릴 뿐이었다.

이 와중에 정부가 아닌 민간인이 전염병 구제에 뛰어드는 경우가 있었다. 정조 15년과 16년 사이 전염병이 크게 유행했을 때 황해도 재령(載寧)의 김경엽(金景燁)이란 사람이 매번 가난한 백성을 구제하고 전염병에 걸린 사람을 거의 1천 명이나 치료해주었다고 하여 특별히 표창을 받았다(《정조실록》 16년 2월 28일).

전염병이 돌고 나면 의원에 관한 전설이 생긴다. 죽음을 앞둔 환자와 가족의 마음은 약해지기 마련이고 그 허약해진 심리의 대지에서 우연과 요행을 바라는 마음이 싹튼다. 난치병과 불치병을 격퇴하는 명의의 전설은 이래서 시작된다. 적지 않은 문헌과 구전이 의원에 얽힌 전설을 전하고 있다. 미신과 비합리성을 동반하고 말이다.

## 시체탕으로 임금의 병을 고친 유상

유상(柳瑺)이란 의원이 있다. 숙종 때 사람이다. 유상은 숙종의 천연두를 치료한 것으로 유명하다. 제왕은 범인과 달라 천연두에 걸리면 특히 더 곤란하다. 살아나도 얼굴이 곰보가 되면 난감한 일이 아닌가. 숙종은 재위 9년에 천연두를 앓았는데, 유상의 약으로 수월하게 치료가 되었다. 참고로 말하면 유상은 숙종 25년 세자(뒷날의 경종)의 천연두에도 능력을 발휘하여 벼슬이 올라갔다. 유상 또한 양반이 아니라 감사의 얼자(孼子)였으니, 의술로 꽤나 출세한 셈이다. 임금의 천연두를 고친 유상의 약이란 도대체 무엇인가?《실록》에는 기록된 바 없지만, 민간에는 기록이 있다.《청구야담(靑邱野談)》을 보자.[6]

젊은 시절 유상이 경상도 감사의 책실(冊室)로 따라갔다가 할 일도 없고 해서 다시 서울로 돌아오게 되었다. 오던 길에 어떤 집에 들러 하루를 묵는데 주인이 잠시 출타한 틈에 우연히 그 집에 있는 의서를 뒤적여보게 되었다. 늦게 돌아온 주인에게 허락도 없이 남의 서책을 본다고 책망을 들었음은 물론이다.

날이 새자 주인은 유상더러 빨리 출발하고 중간에서 쉬지 말라고 채근하였다. 유상이 탄 나귀가 바람처럼 달려 지금의 성남 판교까지 단숨에 도착했다. 그곳에서는 별감 10여 명이 유상을 기다리고 있었다. 그들은 임금이 천연두를 앓고 있는데, 꿈에 신인(神人)이 나타나 유 의원을 불러오라고 했다는 말을 전하면서, 유 의원인가 묻더니 빨리 대궐로 가자 한다. 유상이 남대문을 통과해 구리개(지금의 을지로 입구 부근)를 지나는데, 어떤

두신(痘神) 축출의 비방 | 두신은 호구별성(戶口別星)이라 해서 집집마다 찾아다니며 천연두를 앓게 하는 여자귀신을 가리킨다. 이를 물리치기 위해 굿을 하거나 이와 같은 비방을 썼다.

노파가 마마를 앓고 난 아이를 업고 있었다. 무슨 약을 썼냐고 물었더니, 거진 죽게 되었는데 지나가던 스님이 시체탕(柿蔕湯)을 쓰라고 하여 따랐더니 나았다고 했다.

유상의 머릿속에 번쩍 하고 지나가는 것이 있었다. 지난 밤 언뜻 본 의서에도 시체탕에 관한 말이 있었던 것이다. 입궐하여 임금의 증세를 보니, 오면서 본 어린아이의 증세와 같았다. 시체탕을 썼더니 바로 효험을 보았다. 시체탕이 무엇인가? 사람 죽은 시체가 아니라 감꼭지(시체) 말린 것을 달인 물이다. 시체탕 이야기에는 그야말로 신비스러운 요소들이 착색되어 있다. '전설의 고향'에는 어울릴지 몰라도 액면 그대로 받아들이기는 어렵다.

《청구야담》에 한 가지 얘기가 더 있다. 유상이 입궐하여 진찰을 하고 저미고(猪尾膏)란 약재를 쓰기로 하자, 숙종의 어머니 명성대비(明聖大妃)가 준제(峻劑 : 약성이 강한 약)라며 쓸 수 없다고 펄쩍 뛰었다. 아무리 청해도 허락이 떨어지지 않아 유상이 소매 속에 몰래 약을 넣고 들어가 쓰니, 병세가 누그러졌고 이내 회복되었다고 한다. 어느 쪽이 맞는지 알 길이 없지만 후자가 좀더 사실에 가까울 듯하다.

### 전염병 전문의 홍익만

전염병에 관한 의원 이야기는 꽤 여럿 남아 전한다. 정조대의 문인 유한준(兪漢雋, 1732~

**구한말 한약방** | 서양의학이 들어오기 전, 사람들은 병이 나면 한약방에서 한약을 지어다가 달여 먹었다. 이 약방은 입구에 십(十)자를 그려놓은 것으로 봐서 벌써 개화바람을 쐰 듯하다.

1811)은 〈예의홍익만전(痴醫洪翼曼傳)〉[7]이란 전을 남겼다. 주인공 홍익만은 특별하게도 전염병 전문의다. 그의 인간됨은 가슴속에 경계를 두지 않아 성품이 탁 트였고 사람의 위급함을 보면 비록 평소 모르는 사이라도 오직 그 급한 처지를 구원하려는 인품이었기에 임술년(영조 18)과 계해년(영조 19) 전염병이 돌았을 때 치료하여 살린 사람이 가장 많았다고 한다.

홍익만이 어느 날 밤길을 가다가 길을 잃었는데 일흔쯤 된 노인이 나타나 자신이 이 고장 사람이라 소개했다. 그러고는 추운 날에 피곤하실 터이니 자기 집으로 가서 박주(薄酒)일 망정 한 잔 마시지 않겠냐고 말을 건넸다. 익만이 노인을 따라 한참을 갔더니 노인은 홀연 보이지 않고, 움집에 시신 네댓이 가로세로 누워 있는 것이 아닌가. 그 중 한 사람이 바로 그를 인도한 노인이었다. 그리고 노인의 말처럼 술 한 병이 시렁 위에 있었다. 익만은 술을 마신 뒤 시신을 거두어 묻어주고 떠났다.

이 이야기도 전염병이 돌던 상황을 배경으로 생겨난 듯 보인다. 전염병으로 죽은 노인이 술을 미끼로 자신을 묻어줄 사람을 이끌었다는 비합리적 설정이지만, 홍익만이 전염병으로 죽은 사람을 두려움 없이 묻어주었다는 것은 사실에 가까울 것이다. 아무나 할 수 있는 일이 아니기 때문이다. 홍익만이 민중을 위한 의원이었음을 넉넉히 짐작할 수 있는 이야기이다.

홍익만 역시 정통 의원 출신은 아니었다. 그의 아버지는 숙종 때 비변사 서리를 지낸 홍국신(洪國藎)이다. 홍국신은 당대의 세도가이던 허적(許積)의 명으로 문서를 기초하던 중, 허적이 글자 한 자를 잘못 썼다고 꾸짖자 붓을 던지며 그렇게 글을 잘 쓰면 왜 서리가 되었겠냐고 대들었다고 한다. 이에 허적이 어쩌지 못하고 용서했다는 이야기가 전한다. 홍국신은 원래 허적의 인간됨을 미워했던 것이다.

홍익만은 홍국신의 아들이니 서리 집안 출신이다. 의원과 서리는 아예 계통이 다른 집안이다. 홍익만 역시 어떤 계기를 통해 의학을 익힌 것 같다. 그가 정통 의원 집안 출신이었다면 민중의로서의 의식도 갖기 힘들었을 것이다.

### 한의학 부정한 정약용

홍익만의 이야기에는 전염병을 직접 치료하는 내용이 없다. 하지만 다산(茶山) 정약용(丁若鏞)이 전하는 이야기는 약간 다르다. 다산은 이헌길(李獻吉)이란 사람의 이야기를 담은 〈몽수전(蒙叟傳)〉[8]이란 작품을 남겼다. 물론 의원으로 뛰어났던 인물이다. 이 이야기는 조금 뒤에 하기로 하고 먼저 다산의 의학에 대해 간단히 살펴보자.

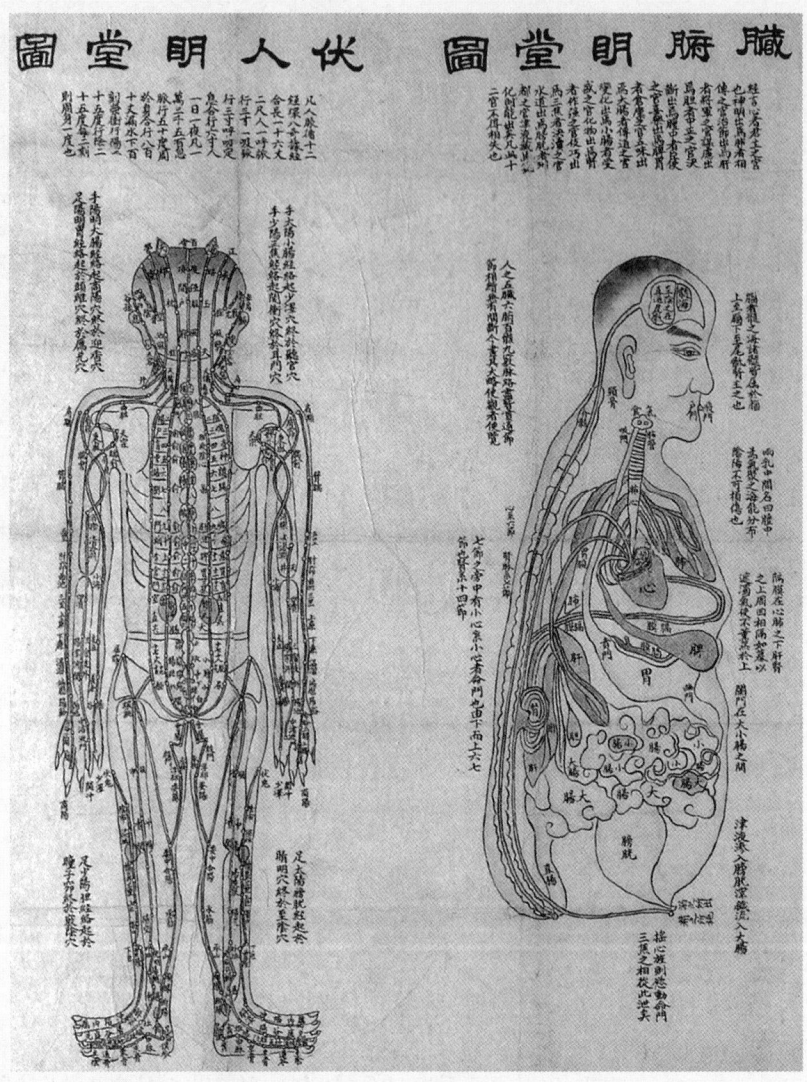

경혈도(經穴圖)와 장부도(臟腑圖) | 인체의 맥기가 나타나는 곳인 경혈과 오장육부를 그린 그림으로, 조선시대 의원에서 흔히 볼 수 있었던 것이다. 한양대학교박물관 소장

다산은 백과전서파 학자답게 의학에도 적지 않은 업적을 남기고 있다. 대충 꼽아보면 〈의설(醫說)〉〈종두설(種痘說)〉〈맥론(脈論)〉 등의 논문이 있고, 천연두 치료법을 담은 저술 《마과회통(麻科會通)》을 남겼다. 그런데 이들 중 상당 부분은 한의학을 부정하고 있다. 한의원에 가면 손목의 맥을 살피는 진맥부터 하는데, 다산은 이 진맥을 부정했다. 결론부터 말하면 맥을 가지고 오장육부를 진찰할 수가 없다는 것이다. 약간 인용해보면 이렇다.

하늘이 사람을 낼 적에 어찌 반드시 오장과 육부로 하여금 그 모습을 손목 위에 환히 벌여놓게 하여 사람에게 이를 진맥하게 하겠는가?

뿐만 아니라 〈육기론(六氣論)〉에서는 오행설까지 부정하였으니, 이쯤 되면 한의학의 기초가 무너지지 않겠는가. 다산의 의학은 상당 부분 서양의학의 영향을 받았다. 예컨대 〈종두설〉과 《마과회통》은 제너(Edward Jenner)의 종두법을 받아들인 것이다. 또 그는 근시(近視)의 원리를 논하며 음양오행으로 근시·원시를 설명하던 종래 한의학의 논리를 완전히 부정하고, 안구의 평돌(平突)에 의해 근시·원시가 결정된다고 밝히고 있다.

여담을 하나 덧붙이면, 필자의 초등학교 동창생 중에 한의사 한 명이 있다. 10년 전 몸이 좋지 않아 찾아갔더니 진맥을 한 뒤 약을 지어놓겠다면서 앞으로 술 담배를 하면 절대로 안 된다고 신신당부를 하였다. 시간 가는 줄 모르고 어릴 적 이야기를 진진하게 하다보니 어느덧 늦은 오후다. 이제 가야겠다고 일어서는데 병원문을 닫으며 같이 나가서 한 잔 하잔다.

"야, 너 나보고 술 먹지 말랬잖아!"

"의사 하고 먹는 술은 괜찮아!"

그날 인사불성이 될 때까지 흠뻑 취했다. 그런데 이 친구가 술자리에서 다산을 비판하는 것이 아닌가. 실학자라 하여 대단한 줄 알지만 의학 쪽은 형편없이 무식한 사람이라고. 다산이 주장한 위의 이야기를 보면 그 친구가 비판한 이유를 알 것이다.

### 유혹에 빠진 민중의,
### 이헌길

본론으로 돌아가자. 〈몽수전〉의 주인공 이헌길은 정종(定宗)의 후손으로 이철환(李嚞煥)의 제자였다. 이철환은 성호 이익(李瀷)의 손자 뻘이니 성호학파에 속한 인물이며 다산과도 관계가 아주 없지 않다. 다산이 어렸을 적 천연두에 걸렸는데 이헌길의 치료로 순하게 앓았다 한다. 다만 오른쪽 눈썹 위에 가볍게 마마 흔적이 남아 눈썹이 셋으로 나뉘었다. 다산이 10세 이전에 '저작'한 시문을 엮은 《삼미자집(三眉子集)》의 명칭도, 이 마마의 흔적(삼미三眉)에서 유래한 것이다.

〈몽수전〉에서 다산은 이헌길이 "어려서부터 총명하고 기억력이 뛰어났다"고 하였다. 으레 하는 말일 수 있지만 뒷날 그의 행적을 보면 빈말은 아닌 듯하다. 그러나 생김새는 미남이 아니었는지, 다산의 기억에 의하면 이헌길은 광대뼈가 튀어나온 데다가 코주부였다고 한다.

이헌길은 원래 의원 가문 출신이 아닌데, 남몰래 《두진방(杜

疹方)》을 보고 깊이 연구한 바 있었다. 영조 51년(1775)에 일이 있어 서울에 갔다가 천연두가 돌아 사람들이 죽어나가는 광경을 보게 된다. 이헌길은 그들이 불쌍하였으나 상중이라 어찌할 수가 없어 묵묵히 돌아섰다. 상중에는 이런 궂은 일을 해서는 안 되는 것이다. 그러다 홀연 깨달았다.
"나는 병을 고칠 수 있는 의술을 가지고 있는데도 예법에 구애되어 모른 체하고 떠나간다는 것은 불인(不仁)한 것이다."

이 장면은 흡사 〈마태오복음〉의 한 부분 같지 않은가?

예수께서 다른 데로 가셔서 그곳 회당에 들어가셨다. 거기에 마침 한쪽 손이 오그라든 사람이 있었는데, 사람들은 예수를 고발할 구실을 찾으려고 "안식일에 병을 고쳐주어도 법에 어긋나지 않습니까?" 하고 넌지시 물었다. 예수께서는 이렇게 대답하셨다. "너희 가운데 어떤 사람에게 양 한 마리가 있었는데 그 양이 안식일에 구덩이에 빠졌다고 하자. 그럴 때에 그 양을 끌어내지 않을 사람이 있겠느냐? 사람이 양보다 얼마나 더 귀하냐? 그러므로 안식일이라도 착한 일을 하는 것은 법에 어긋나지 않는다." 그러고 나서 그 불구자에게 "손을 펴라" 하고 말씀하셨다. 그가 손을 펴자 다른 손과 같이 성해졌다. 그러나 바리사이파 사람들은 물러가서 어떻게 예수를 없애버릴까 하고 모의하였다. - 〈마태오복음〉 12장

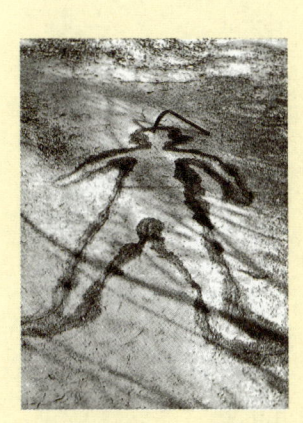

두통의 주술 | 병마로 고생하는 환자를 고치려면 병마를 퇴치시켜야 한다고 생각하여, 두통을 앓는 환자의 신체를 그려 놓고 머리에 낫을 꽂아놓았다. 질병으로 고통받던 백성들의 궁여지책이다.

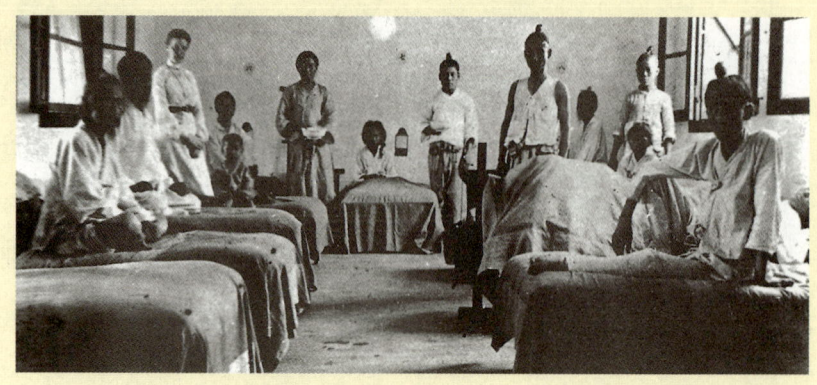

성 누가병원 | 개화기 서양의 기독교 선교사들이 포교를 위해 설치한 서양식 병원. 환자들이 모두 침상에 누워 치료를 받는다. 제대로 된 의료혜택을 받지 못했던 백성들의 인심을 모았다고 한다.

어느 사회에나 율법주의자들은 있는 법이다. 예(禮)가 사람을 위해 존재하는가, 사람이 예를 위해 존재하는가? 이헌길의 가슴속에 예수와 부처가 있었던 것이다. 어디 이헌길뿐이랴. 모든 사람의 마음속에 예수와 부처가 있지 않은가. 찾지 않아서일 뿐이지. 이헌길이 의술을 펼치자 낫지 않는 사람이 없었다. 열흘 만에 명성이 널리 퍼져 울부짖으며 살려달라고 애걸하는 사람들이 날마다 길을 메울 정도였다. 사람들이 얼마나 많이 몰려들었는지 보자.

(이헌길이) 문을 나서서 다른 집으로 가면 수많은 남녀가 앞뒤에서 옹호하였는데, 그 모여 가는 형상이 마치 벌레가 움직이는 것과 같았으므로 그가 가는 곳에는 뿌연 먼지가 하늘을 가리어, 사람들은 바라만 보고도 이몽수가 온다는 것을 알았다.

이러니 유혹이 없을 수 없다. 정약용은 이헌길이 "하루는 못된 무리의 꾐으로 어느 궁벽한 곳에 가서 문을 잠그고 자취를 감추었다"고 말하고 있다. 아마도 돈을 받고 치료를 하려 했던 것으로 보인다. 사람들이 사방을 뒤져 그의 거처를 찾아냈는데, 사태가 심각했다. "어떤 사람은 사나운 기색을 띠고 면전에서 욕을 하고 심한 자는 몽수를 때리려고 하였으나" 다른 사람들이 애써 말린 덕에 봉변을 면하였다. 이헌길은 사과하고 재빨리 처방을 알려주었다. 많은 사람들이 치유되었음은 더 말할 필요도 없다.

### 의술은 누구를 위해 존재하는가

조선시대에도 국가가 만든 공식적인 의료기관이 존재하기는 했으나, 백성들이 질병을 이겨내기에는 턱없이 부족했다. 민중은 의료 혜택에서 거의 제외돼 있었다고 보아도 무방할 것이다. 이를 보완한 이들이 바로 민중의가 아닌가 한다. 현재 전세계적으로 오염된 물로 인해 죽는 사람이 가장 많다고 한다. 제3세계 국민들이 깨끗한 물을 마실 수 있다면 사망률은 절반 이하로 떨어질 것이다. 서구사회에서는 몇 푼 하지 않는 값싼 백신이 부족해 죽는 사람도 허다하다. 무언가 잘못되어 있지 않은가? 새로운 치료법을 개발하는 것도 물론 중요하지만 이미 존재하는 의료기술의 혜택을 누구나 받을 수 있게 하는 것이 더 중요하지 않을까? 요즘에도 의술의 부족이 아니라 돈의 부족으로 죽는 사람이 많다. 의술은 누구를 위해 있어야 하는가? 나는 홍양호의 〈조광일전〉을 보면서 이 짤막한 전기에서 제기한 문제가 아직도 풀리지 않고 있음을 본다.

## 2 모이면 도적이 되고 흩어지면 백성이 된다

― 군도와 땡추

　법은 절도를 금한다. 십계 중 일곱번째 계명이 '도둑질하지 말라'이며, 고조선의 팔조금법에도 '도둑질을 하면 노비로 삼는다'는 내용이 포함되어 있다. 절도가 용인되면, 즉 개인의 재산을 보호하지 않으면 사회 자체가 붕괴된다. 그러기에 절도는 동서고금을 막론하고 사회적 금기다. 하지만 인간의 내부에는 절도에 대한 은밀한 욕망이 자리잡고 있다. 절도는 적은 비용으로 많은 먹이를 획득하고자 하는 생명체의 생존욕과 관련이 있을 것이다. 따라서 사회적 금제 시스템이 무너졌을 때 절도를 향한 욕망은 거침없이 드러난다. 1992년 LA 폭동 때 우리는 그 야수적 욕망의 분출을 목도한 바 있다.

　절도는 범죄지만, 인간은 한편으로 그 범죄를 합리화한다. 절도의 합리화는 부조리한 사회, 주로 재화의 분배에 있어 불공정한 사회를 전제로 한다. 그리고 한 걸음 더 나아가 절도 행위자인 도둑을 찬미하기도 한다. 지위를 이용한 고위 공무원의 부정 축재와 부잣집 담장을 넘는 밤 손님의 행위 사이에 어떤 차이가 있는가?

만약 그 도둑이 넘은 담장이 부정한 돈으로 쌓아올려진 것이라면, 월장(越墻)은 도리어 미화되고 찬양받는다. 혹 그 도둑이 약탈물을 달동네에 던져주기라도 하면 그는 '의적(義賊)'으로 다시 태어나 급기야 전설이 되고 소설이 된다. 그렇게 해서 가난한 우리는 일지매에 빠져들고 장길산에 열광하게 되는 것이다.

도둑 이야기는 언제나 흥미롭다. 이제부터 조선시대 도적에 대해 내가 아는 몇 가지 이야기를 하려고 한다. 정치사, 경제사, 제도사 연구가 주류를 이루는 한국사 연구에서 조선시대 도둑에 관한 이야기는 여담에 해당한다. 물론 진지한 연구[1]가 전혀 없는 것은 아니다. 하지만 이 연구들은 논문으로 쓰여진 것이라 너무 딱딱하고 근엄하다. 나는 그런 엄숙함이 싫기에 좀더 편하게 접근하고 기존 논문에서 다루지 않았던 이야기를 해볼까 한다.

### 문자향文字香 서권기書卷氣를 풍기는 도둑, 일지매

조선시대 도둑에는 여러 스타일이 있다. 혼자 활동하는 도적이 있는가 하면, 떼를 지어 다니는 군도(群盜)도 있다. 흉년에 먹을 것이 없어 일시적으로 도적이 되는 경우가 있는가 하면, 수백 년 유구한 전통을 자랑하는 도적 집단도 있다. 구복(口腹)을 위해 고민 끝에 도덕심을 눌러버리고 칼과 도끼를 든 생계형 도적도 있고 기성 체제에 불만을 품고 저항하는 각성한 도적도 있다. 어리석기 짝이 없는 순진무구형 도적이 있는가 하면, 종적을 알 수 없는 신출귀몰한 도적도 있다.

어느 쪽도 재미가 있다. 하지만 도둑도 일종의 직업이니 좀 더 전문적이고 세련된 형태가 좋지 않겠는가. 굳이 예를 들자면 일지매(一枝梅) 같은 경우다.

조수삼(趙秀三, 1762~1849)은 자신의 독특한 저작《추재기이(秋齋紀異)》에서 일지매의 소식을 전하고 있다. 아주 짤막한 것이기에 전문을 인용하면 다음과 같다.

> 일지매는 도둑 중의 협객이다. 매양 탐관오리들의 부정한 뇌물을 훔쳐 양생송사(養生送死)가 어려운 사람들에게 나누어준다. 처마와 처마 사이를 날고 벽에 붙어 날래기가 귀신이다. 도둑을 맞은 집은 어떤 도둑이 들었는지 모를 것이지만 스스로 자기의 표지를 매화 한 가지 붉게, 찍어놓는다. 대개 혐의를 남에게 옮기지 않으려는 까닭이었다.

일지매(고우영 그림) | 탐관오리의 부정한 재물을 털어 가난한 사람을 도왔다는 일지매는 일개 도적이라기보다는 민중의 벗인 의적으로서 찬양의 대상이 되어왔다.

매화 한 가지 혈표(血標)를 찍어놓고
부정의 재물 풀어 가난한 자 돕노라.
때 못 만난 영웅은 예로부터 있었으니
오강(吳江) 옛적에 비단돛이 떠오놋다.²

일지매는 잡히지 않는다. 완벽하다. 게다가 매화꽃을 남겨 남에게 피해가 가지 않도록 하였다니 멋있지 않은가? 나는 김정희(金正喜)의 〈세한도(歲寒圖)〉에서보다 본 적도 없는 일지매의 붉은 매화에서 '문자향(文字香) 서권기(書卷氣)'를 강하게 느낀다. 이 글을 읽는 여러분은 어떠신가. 또 탐관오리의 부정한 재물을 털어 가난한 사람을 돕는다니, 그야말로 민중의 벗인 의적이다. 이런 도둑은 당연히 찬양의 대상이 된다. 조수삼은 그를 일러 "때를 못 만난 영웅"이라고 하지 않았는가.

일지매와 같은 유형의 도적으로 '아래적(我來賊)'이 있다. 영조 때 쓰여진《어수신화(禦睡新話)》란 책에 그의 이야기가 전한다. 어떤 도적이 무엇을 훔치고 나면 반드시 '아래(我來 : 나 왔다 간다)'라는 두 글자를 적어놓았다고 한다. 하나 아래적은 일지매보다 한 등급 밑이다. 의적이 아닌 데다가 포도청에 잡힌 적도 있기 때문이다. 물론 기지를 써서 탈출하지만 말이다.

### 모이면 도적이 되고
### 흩어지면 백성이 된다

일지매와 아래적은 혼자 활동하는 도둑이다. 그 건너편에 무리 도둑인 군도가 있다. '모이면 도적이 되고 흩어지면 백성이 된다(聚則盜, 散則民)'는 말처럼 중세의 군도는 기본적으로 백성 곧 농민이다. 중세사회는 전적으로 농업생산을 기반으로 한다. 농민이 농토를 떠나면 사회는 붕괴된다. 지배하는 자들은 언제나 거룩한 이념(조선시대에는 주자성리학)을 내세워 자신들의 지배를 정당화하지만, 그 이념의 속내는 매우 간단하다. 지배층은 무위도식하고 농민들만 뼈빠지게 일해야 하는 '비합리'를 '합리'로 분식(粉飾)한 어려운 말의 덩어리가 곧 이념인 것이다. 물론 이념은 언제나 지배층의 욕망을 적절하게 절제할 것을 말하고 있지만, 그것이 지켜진 시대는 유사 이래 없었다. 지배하는 자들의 욕망은 언제나 차고 넘친다. 그리하여 지배층의 욕망이 농민을 지나치게 압박하면, 달리 말해 농민을 지나치게 쥐어짜면 농민은 토지를 떠난다. 지주의 토지 침탈, 과도한 세금 등으로 인한 농민의 토지 이탈은 조선시대 전반에 걸쳐 나타난 현상이었다.

건국 초기 짧은 안정기를 지나면 농민의 삶은 언제나 괴로웠다. 여기에 흉년과 전염병이란 악재가 겹치면 토지로부터의 유리(遊離)는 필연적이다. 토지를 떠난 농투성이들은 갈 곳이 없다. 떠돌다가 죽든지 용케 목숨을 부지하면 다시 고향을 찾기 마련이다.

이와는 달리 적극적인 저항의 형태도 있었으니, 바로 도적이 되는 것이다. 유개(流丐: 떠돌이 거지)와 군도는 언제나 연관되어 있다. 18세기의 문인 이규상(李奎象)은 〈우옹책(迂翁策)〉이란 글에서 이렇게 말한다.

연래에 떠돌이 거지(流乞)들이 없는 때가 없었는데, 금년 가을 이후로는 보이지 않는다. 허다한 떠돌이 거지들은 아마도

무리를 불러모아 (도둑의) 근거지를 마련했을 것이다.[3]

 토지로부터 이탈한 유민이 어떤 계기가 주어지면 군도로 변하는 것이다. 이들이 조직한 군도의 형태는 퍽 다양하다. 《영조실록》을 보면 영조 17년 조문벽(趙文壁)이란 사람이 숙천(肅川)군수로 있을 때 평안도의 극적(劇賊) 지용골(池龍骨)을 잡았다가 놓친 죄 때문에 영춘역(迎春驛)으로 귀양을 갔다는 기록이 있다. 이 해에 관동(關東)·관북(關北)·관서(關西)·해서(海西) 4도에 기근이 들었고 토지를 떠난 유민이 무리를 이루어 돌아다녔는데, 서울에 있는 무리는 '후서강단(後西江團)', 평양에 있는 무리는 '폐사군단(廢四郡團)', 재인(才人)이 조직한 무리는 '채단(彩團)', 돌아다니며 빌어먹는 무리는 '유단(流團)'이라고 불렀다. 이들이 기회를 틈타 도둑이 되어 부고(府庫)를 습격해 탈취하였으나, 장리(將吏)가 체포할 수 없을 지경이었으므로 조정의 근심거리가 되었지만 끝내 잡지 못했다고 한다(《영조실록》 17년 4월 8일). 이 도둑집단은 기근이라는 특정한 계기로 발생하였고, 또 출신지역이나 신분·경제적 처지에 따라 각각 달리 집단화되었음을 알 수 있다.
 기근으로 발생하는 유민은 대개 떠돌다 죽거나, 어렵게 살아남으면 고향으로 다시 돌아가는 수밖에 없다. 그러나 이와 달리 일정한 근거지를 가진 세습적 도둑집단도 있다. 앞서 잠시 인용한 이규상의 〈우옹책〉은 도둑 방지책을 서술한 글인데, 거기서 그가 이야기한 근거지를 가진 세습적 도둑집단을 보자. 그가 지목한 군도는 충청도 아산 근처의 큰 촌락을 근거지로 삼고 있다. 다른 마을에 도둑이 들어도 이 마을만은 안전하다. 농사도

짓지 않고 상업을 하는 것도 아닌데 거주민은 늘 호의호식하면서 지낸다. 근래 도둑을 맞은 촌락들도 대개 이 마을 근처에서 벗어나지 않는다. 또 이 마을 사람들은 절도 혐의로 잡혀도 금방 풀려 나온다. 이규상은 이런 점들을 들어 이 마을이 도적촌이며, 철저히 추궁하면 도둑의 소굴을 소탕할 수 있을 것이라 주장한다.

〈우옹책〉의 도적촌은 우리가 일반적으로 생각하는, 산채가 있고 파수를 보는 그런 도둑집단과 다르다. 이처럼 군도에는 여러 형태가 있었으니 이에 대해 좀더 자세히 살펴보자.

### 우리는 홍길동의 후예

사실 일지매처럼 멋이 넘치는 도둑은 매력적이기는 하지만 워낙 종적이 묘연하여 자료가 없다. 소설을 쓰기 전에는 이야기할 만한 것이 없다. 그러나 군도라면 다르다. 사료가 꽤 남아 있고 이미 문학화된 군도 이야기도 많다. 홍길동·임꺽정·장길산은 조선시대부터 지금까지, 이야기로 소설로 끊임없이 유포되고 있다. 이들 정도의 규모를 갖춘 군도라야 역사적 중량감을 갖고 장편소설의 소재가 되는 것이다. 역사학계에도 많지는 않지만 군도에 관한 연구물 중 읽어봄직한 것이 꽤 있고 역사적 평가도 대체로 내려져 있다. 다만 군도의 내부조직에 관해서는 아직 보고된 것이 많지 않으니 이야깃거리가 되지 않을까 한다.

먼저 한문단편 〈홍길동 이후〉라는 작품을 읽어보자. 원 출전은 《청구야담(靑丘野談)》이다.[4] 이 작품의 주인공인 심 진사가 별난 인물이다. 심 진사는 명문사족이었으나 진사에 오르자

**임꺽정(고우영 그림)** | 임꺽정, 장길산 등의 군도 이야기는 지금까지도 소설, 만화, 드라마 등의 단골 소재로 등장하며 많은 사람의 사랑을 받고 있다.

과거공부를 폐해버렸다. 누가 이유를 물으면 껄껄 웃고 말 뿐이었다. 과거공부에 얽매이지 않았다니 정말 호쾌한 사람이 아닌가.

과거를 폐한 심 진사의 유일한 취미는 말 타고 쾌쾌하게 달리는 것이었다. 답답한 세상 시원하게 달려보자는 심사였을까? 그는 귀족 고관 집에 좋은 말이 있다는 소문이 돌면 찾아가 타보기를 청했고, 또 말 주인들은 심 진사의 명성을 익히 아는 터라 선선히 말을 빌려주었다. 그런 심 진사가 어느 날 자기 집 앞에서 좋은 말을 훈련시키고 있는 사람을 보게 된다. 한번 타보자 하니 허락을 하였고, 말에 올라타자 말은 한달음에 황해도 금천(金川)까지 달린다. 집에 돌아올 길이 막연한데, 또 어떤 이가 말을 타고 간다. 심 진사가 타보자 했더니 허락을 하였고, 올라타자 말은 지도에도 없는 심산유곡으로 냅다 달려간다. 도착해보니 도둑들의 산채가 아닌가. 도둑들이 말 두 필로 심 진사를 '초빙' 한 것이다. 계략으로 심 진사를 데려온 도적의 대표가 이렇게 말한다.

이 산채는 홍길동 대장으로부터 우금 1백여 년을 내려왔습니다. 그 사이 역대 대장들이 모두 지모가 절륜한 분들이어서 군민이 안온히 지내왔습지요. 그러다가 작년에 와서 전의 대장께서 작고하시자 군무가 계통을 잃었습니다. 저희들은 방방곡곡에 대장으로 모실 만한 분을 물색하였는데 나으리보다 훌륭한 인재를 찾지 못했습니다. 그래서 감히 준마 한 필로 나으리를 금천까지 유치해서 다시 이곳으로 모셔온 것입니다. 나으리께서는 특히 이곳 산채의 수많은 무리들을 사랑하시와 충의대장군의 인끈을 맡아주옵소서.

빠져나갈 길이 없다. 심 진사는 쾌히 청을 받아들여 도적의 두령이 되고, 지략으로 해인사와 안동 호곡의 김 진사집과 함흥성을 털어 산채를 안정시킨 뒤 다시 집으로 돌아온다. 재미있는 군도담이다. 그런데 여기서 내가 주목한 것은 '홍길동 대장' 이후로 1백여 년을 내려왔다는 산채의 전통이다. 물론 허구일 것이다. 하지만 이 허구에는 모종의 역사적 내력이 전제되어 있는 듯하다. 자, 이제 그 역사 속으로 들어가보자.

### 산적대의 통신망, 땡추

《실천문학》통권 7호(1985년 여름호)에 이제는 고인이 된 소설가 이문구의 〈민중사상의 뿌리를 찾아서〉라는 글이 실려 있다. 부제가 '김지하의 사상여행' 이니 김지하와 함께 우리 땅에 서려 있는 민중사상의 저변을 찾아보자는 것이 기획의도인 듯하다. 이 여행을 함께한 사람들은 이름만 들어도 알 만한 분들이다. 천이두 · 송기숙 · 최창조 · 황석영 · 임진택 · 장선우 · 송기원 등이다. 여기에 주목해야 할 사람이 둘 더 있는데, 송명초 스님과 보원 스님이다. 나는 이 자리에서 민중사상에 대해 말하고 싶지 않다. 다만 두 분 스님 입에서 흘러나온 '당취(黨聚)'의 존재에 마음이 비상하게 끌린다.

계룡산 갑사(甲寺)에 힘센 중이 많이 나와 그 기를 꺾으려고, 정유재란 때 소실되었던 갑사를 중건하면서 원래 절이 있던 자리에 변소를 지었다는 보원 스님의 말에, 김지하는 힘센 중이라면 조선조 내내 산야에 출몰했던 당취, 즉 땡추들의 소굴이라도 됐단 말이냐고 묻는다. 이게 빌미가 되어 당취에 대한 이야기가 흘러나온다.

보원 스님 이야기의 골자를 추리면 대충 이렇다. 땡추에는 금강산 땡추와 지리산 땡추가 양대 산맥을 이루었는데, 이 양대

계룡 갑사 | 계룡산 갑사에서는 예로부터 힘센 중이 많이 나왔다 한다. 힘센 중이란 당취와도 통하는 존재로 보인다. 《김지하 사상기행》 수록.

산맥이 형성된 시기를 보원 스님은 조선 초로 잡고 있다. 불교 종파들은 조선 초 강력한 배불정책으로 세종 연간에 선(禪)·교(敎) 양 종으로 정리된다. 그런데 그 이전 조계(曹溪)·천태(天台)·총남(摠南)·화엄(華嚴)·자은(慈恩)·시흥(始興)·중신(中神) 등 일곱 개 종파로 정리될 때 여기에 소속되기를 거부하고 금강산으로 들어가버린 종파가 땡추로 변했다는 것이다. 또한 선·교 양 종의 통합에 순응했던 종파들 중에서도 조선의 불교정책에 환멸을 느껴 금강산파에 통합되기를 희망한 이들이 있었는데, 금강산파가 국책(國策)에 야합했다는 이유로 이들을 거부하자 따로 독립하여 지리산 땡추로 발전했다고 한다. 이들 땡추는 반조선적, 즉 반체제적 조직이다. 보원 스님의 말을 들어보자.

> 창업 이래 배불정책만 더욱 확실해지니 더 이상 바라볼 게 없음을 미리 내다보고 전조(前朝 : 고려)의 전철을 밟지 않기로 작정했던 것이지요. 말하자면 왕권의 주변세력, 혹은 허울 좋은 호국불교 따위에 대한 부정적인 자기 평가에 따라 제도적인 종교정책을 무시하고 식읍(食邑)적인 국토보다 중생의 불국토를 건설하자는 취지로, 이를테면 재야불교, 민중 속의 생활불교를 택했던 건데 이게 바로 금강산 땡추의 연원이에요.

다음은 송명초 스님의 말이다.

> 땡추는 백 집 이백 집 쫒일 쏘댕기메 동냥해갖구 술집에 앉

어 한입에 털어넣는 것이 땡춘디 …… 그러나 이전 땡추덜은 억불정책에 대한 반항, 심에 밀려 산중으로 쫓긴 자긔덜 자신에 대한 반성, 신앙적 열정의 민중보급로 두절 등 암울한 환경에 대한 저항으로 결국 반체제가 된 무리였이유. 그래서 객승 비젓허게 꾸미구서 때루는 산적패의 통신망두 되어주구 때루는 항간에 떠돌메 민중교화에두 나스구 …… 일종의 시대적 불교의 의붓자식덜이었슈.

요약하면, 당취는 조선 체제를 부정하는 의식을 갖고 있으며, 가진 자를 섬기는 귀족불교·호국불교가 아니라 민중을 위한 재야불교를 추구하는 반체제적 승려집단인 것이다. 물론 보원 스님의 말에 나오는 땡추의 행실은 외견상 우리가 알고 있는 돌중, 스님에 대한 비칭인 땡추(땡초)에 가깝다. 또 땡추 혹은 땡초가 과연 당취란 단어에서 비롯된 것인지도 의문이다. 이 문제는 일단 덮어두기로 하자.

그런데 군도 이야기를 한다면서 왜 뜬금없이 땡추를 들먹이는가. 그럴 만한 이유가 있다. 송명초 스님의 말 중에 땡추가 "산적패의 통신망도 되어주고"라는 부분은 주목할 만한 가치가 있다. 땡추가 곧 산적이란 뜻은 아니지만 양자간에 일정한 연관이 있음을 내포하는 말이다. 보원 스님이 여기에 약간 덧붙인 내용은 다음과 같다. 즉 땡추는 민중교화만이 아니라 민중구제까지 겸업했는데, 그 수단이 바로

성월당 진영 | 성월당 스님은 1851년 황해도 구월산을 중심으로 모반이 일어났을 때 이 모의에 참석하여 모사 노릇을 했다고 전하는 인물이다. 승려들의 반체제적 면모를 엿볼 수 있다. 김룡사 대성암 소장.

산적질이다. 산적과 결탁해서 낮에는 동냥하며 떠돌다가 관가와 토호들을 염탐하고, 밤에는 낮에 동냥한 것을 고을의 없는 사람들에게 풀어 먹이곤 했다고 한다. 땡추는 적어도 산적의 통신망이 되거나 아니면 산적질을 하기도 했던 그런 집단인 것이다. 우선 이 점을 염두에 두자.

조선 체제에 대한 저항조직의 하나로 송명초·보원 스님이 전하는 당취의 존재는 너무나 흥미롭다. 하지만 두 분 스님네 말이 얼마나 정확한가는 의문이 아닐 수 없다. 두 분 스님의 말씀 역시 전언에 의한 것일 테니 말이다. 보원 스님 자신도 "당취결사(黨聚結社) 자체가 비밀이었으니 문헌이 남아 있을 리 없고, 당취들도 그믐에 달 지듯이 증빙을 두지 않았으니……"라며 스스로 문헌에 의한 증거가 아님을 밝히고 있다.

송명초 스님은 "시방 살아 있는 최혜암 스님도 그 일당(당취의 일당)의 하나"였고, 청담 스님도 한 3년 따라다녔다고 증언한다. 이 모든 것이 산중의 전승이었던 것이다. 그러나 최혜암 스님은 송명초 스님이 이 말을 할 때 이미 백 살이 넘어 앉아 있지도 못할 정도였다 하고, 청담 스님도 열반하신 지 오래이니, 이제 산중에 더 상세한 전승이 남아 있을까 의문이다.

### 설렁탕 한 그릇에
### 들통난 조직

나는 공부하는 틈에 이 전승을 입증하는 문헌 증거가 혹시 나오지 않을까 가망 없는 기대를 하였는데, 세월이 한참 흐른 뒤 〈황성신문〉에서 우연히 유관 자료를 하나 찾게 되었다. 〈황성신문〉 1908년(융희 2) 9월 23일자 잡보에 실린 「적단소탕(賊團剿蕩)」이란 기사가 그것이다. 내용은 경시청(警視廳)에서 2월 7일부터 6월까지 화적당(火賊黨) 86명을 체포했다는 것이다. 이는 개별적으로 활동하던 도둑을 잡은 것이 아니라, 한 무리의 화적을 하나씩 잡아들인 결과다. 이어 9월 25~26일 이틀 동안 「적단(賊團)의 전말(顚末)」이란 기사가 실리는데, 여기에 화적단 조직에 관한 언급이 있다. 먼저 씨앗이 될 만한 이야기부터 인용한다. 현대어로 약간 풀어 쓰면 이렇다.

경시청 신문계(訊問係) 순사부장 모리 로쿠지〔森六治〕씨가 우리나라 화적의 뿌리를 상세히 알아내는 데 종사한 지 5~6년이었다고 한다. 그런데 올해 2월 7일 오후 3시에 중부(中部) 전동(典洞)에 사는 안만수(安晩洙) 씨의 별실(別室 : 첩) 생일에 강도 7명이 돌입하여 재산을 약탈한 일을 쫓다가 같은 달 28일에 남문 밖 동막(東幕) 객주 홍재현(洪在鉉)의 집에서 승도(僧徒) 송학(松鶴)과 같은 무리 20여 명을 체포하였다.

왜 일본인 순사가 등장하는가 하면 이때는 벌써 을사보호조약이 체결된 이후라 통감부가 들어서 있었기 때문이다. 요는 안만수란 사람 첩의 생일에 강도 7명이 돌입해 재산을 털었던 바, 일본인 순사가 추적 끝에 같은 무리 20여 명을 체포했다는 것이다.
도적들은 모리 로쿠지가 계속 추궁하였으나 끝내 입을 열지 않았다. 고문을 가했을 것은 뻔한 이치다. 그럼에도 함구로 일관하자 작전을 바꾼다. 순사부장 카노오 타케하라〔加納武平〕가 송학을 다른 방으로 데리고 가서 자기 옷을 벗어 입히고 먹을 것을 시켜 먹이는 등 '인간적인' 대우를 한 것이다. 이에 감동한 송학이 드디어 입을 열었다니, 달리 말해 송학은 설렁탕 한 그릇에 동료를 판 것이다. 그의 배반으로 86명의 동료가 잡혔다. 어디서 많이 보던 수법이 아닌가. 송학이 설렁탕 한 그릇에 털어놓은 것이 무엇인가. 바로 화적단의 조직이다. 이는 그때까지 세상에 전혀 알려지지 않은 사실이었기에 〈황성신문〉에서 지면을 아끼지 않고 이를 자세히 다루었던 것이다.

### 땡추와 화적단의 관계

송학의 증언에 따르면 화적단의 조직은 내사(內社)와 외사(外社)로 나뉘는데, 그 중 내사는 "거금 5백 년 전에 강학(强虐)이 무쌍한 승려 홍길동이란 자가 5,772명의 부하를 이끌고 의적이라 한 것"이 그 시초라 한다.

물론 그의 말을 액면 그대로 받아들일 수는 없다. 부하가 5,772명이라는 것도 과장된 이야기려니와, 실제 홍길동이 활동한 때는 1500년경이니 연도도 맞지 않다. 하기야 이런 자료를 실증적인 차원에서 접근한다는 것 자체가 우스꽝스럽다. 그렇다고 해서 송학을 타박할 필요도 없다. 실제 이 조직이 오래되었을 가능성은 있다. 내사는 모두 홍길동의 제자라 칭하고, 홍길동을 떠받들어 선생이라고 불러 존경한다고 했는데, 앞서 본 한문단편 〈홍길동 이후〉에서도 도둑들이 심 진사에게 자신들 산채

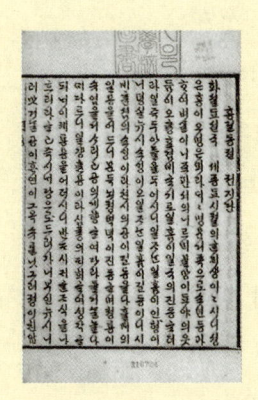

〈홍길동전〉, 허균 | 활빈당이라는 도적집단을 꾸리고 신출귀몰한 행각을 벌인 홍길동. 조선시대 군도들은 스스로를 홍길동의 후예로 칭하였다.

구한말 승려 | 억불정책을 기조로 삼았던 조선시대, 반체제적 저항의식을 갖고 민중을 위한 재야불교를 추구하였던 이들을 땡추라 하였다고 한다. 그러나 그 결사 자체가 워낙 비밀스러워 증거가 남아 있지 않고, 산중의 전승도 이제는 희미해져가고 있다.

의 유래를 홍길동 장군으로부터 1백 년을 내려왔다고 하고 있으니, 군도는 조선조부터 홍길동의 후예임을 내세웠다고 추정할 수 있다.

무엇보다 이 자료는 내사와 당취의 관련을 추정하는 데 단서를 제공한다는 점에서 중요하다. 내사는 승려 출신으로 구성된다. 송학의 증언에 의하면, 승려 중에서 친자식에게도 자신이 내사의 조직원임을 밝히지 않고, 관헌에게 체포되어도 내사의 비밀을 토설하지 않을 만큼 '정신이 강고'한 자를 가려 뽑으며, 이런 이유로 5백 년 동안 내사의 존재를 아는 자가 없었다고 한다.

바로 이 사실, 즉 내사가 승려를 단원으로 뽑고, 대단히 강고한 내적 결속력과 비밀을 수호하는 집단이라는 사실에서 당취를 떠올리게 된다. 그렇다고 '내사=당취'의 관계가 성립한다고 섣불리 말할 수는 없다. 여기서 내릴 수 있는 결론은 보원 스님과 송명초 스님의 증언이 신빙성이 높은 전승이라는 것이다. 물론 나는 '내사=당취'의 상동관계가 성립한다고 생각한다.

외사의 기원은 정확하게 밝혀져 있지 않다. 내사의 승려가 환속하여 강도 노릇을 하기도 하는데, 내사에서는 조직이 발각될 것을 우려하여 이들을 늘 엄중히 감시한다. 이때 환속한 내사원이 내사의 규칙을 위반하고 속인으로서 화적단을 조직하는 경우, 이를 외사라고 한다. 그런데 일반 속인 출신의 저명한 강도가 외사에 가입하기도 하여 적단의 구성원이 복잡해지게 된다. 외사의 기원 역시 얼마나 되었는지는 알 수 없다.

〈황성신문〉의 자료는 아쉽게도 여기서 끝난다. 좀더 많이, 소상히 기록했더라면 좋았을 것인데 아쉽기 짝이 없다. 그러나 너무 실망할 필요는 없다. 거의 같은 시기의 자료가 남아 있으니 말이다. 김구 선생의《백범일지》는 독립운동사의 사료가 되는 저작으로 유명하지만, 동시에 구한말의 사회상을 생생하게 증거하는 훌륭한 사회사 자료이기도 하다. 이 중에 조선시대 군도의 조직이 소개되어 있어 더할 수 없이 고맙다.

### 김구가 만난 불한당의 괴수

백범은 1910년 한일합방 직후 결성된 신민회(新民會)에 참여한 것이 빌미가 되어, 이듬해 1월 5일 일제 헌병대에게 체포돼 징역 17년형을 언도받고 서대문감옥소로 이감된다. 이때 삼남(三南) 불한당의 괴수 김진사로부터 조선 전래의 '계통 있는', 다시 말해 역사적 유래가 있는 도적의 조직에 관한 이야기를 듣는다.[5]

백범 역시 양산학교(楊山學校) 사무실에서 여러 교사들과 함께 지낼 때, 이른바 활빈당(活貧黨)이니 불한당이니 하는 비밀결사가 마을이나 읍을 약탈하고 사람을 죽이고 재물을 빼앗고

하던 것을 연구한 적이 있었다고 한다. 활빈당과 불한당은 동에 번쩍 서에 번쩍 하는 식으로 민활하였기에 관에서 도저히 잡을 수 없었다고 한다. 백범은 독립운동에 필요한 견고한 조직을 결성하고 이들을 민활하게 훈련시키기 위해 도적조직의 결사와 훈련을 몇 달 동안 연구하였으나 소득 없이 실패한다. 백범이 양산학교에 있었던 때는 1909년이다.

강재언의 연구[6]에 의하면 활빈당은 1899년부터 1904년까지 계속 활동했다고 한다. 하지만 이는 활빈당이란 이름이 나온 문헌을 증거로 삼은 것이므로, 실제 이들의 활동이 이후에도 계속되었을 것은 자명하다.

《백범일지》에 나오는 김 진사의 증언은 앞의 〈황성신문〉의 자료와 불과 3년 정도밖에 차이가 나지 않으므로, 비교해보면 좋을 것이다. 이 자료를 토대로 조선시대 도둑의 조직과 관습을 추적해보자. 먼저 김 진사의 말을 인용한다.

조선시대 이전은 상고할 수 없으나, 조선시대 이후 도적의 계파와 시원은 이렇습니다. 도적이란 이름부터 명예스럽지 않거든 누가 도적질을 좋은 직업으로 알고 행할 자 있으리오만, 대개가 불평자의 반동적 심리에서 기인된 것이외다. 고려 말 이성계가 신하로서 임금을 쳐서[以臣伐君] 나라를 얻은 후, 당시에 두문동(杜門洞) 72현 같은 사람들 외에도 고려왕조에 충성하고자 하는 뜻을 가지고 있는 자 많았을 것이오.

그러한 지사들이 비밀리에 연락 혹은 집단하여가지고, 약한 자를 구제하고 기운 것을 붙들고자[濟弱扶傾] 하는 선의와

질서를 파괴하고자 하는 보복적 대의를 표방하고 구석진 곳에 동지를 소집하였습니다. 조선의 은총과 국록을 먹는 자, 백성을 착취하는 소위 양반이라는 족속과 부유한 자의 재물을 탈취하여 빈한한 백성을 구제하였는데, 나라에서 도적이란 이름을 붙여가지고 5백여 년 동안 압박·도살하여 온 것이외다.

김 진사는 두문동 72현(조선의 개창에 반대해 두문동에서 끝까지 고려에 충성을 바치며 지조를 지킨 72명의 고려 유신) 같은 반체제세력을 군도의 시원으로 잡고 있는데, 이는 앞서 보원 스님의 말과 아주 흡사하다. 보원 스님은 "땡추들이 힘을 모으게 된 것은 불국토의 현실화에 대한 열망 못지않게 고려 유민의 망국한(亡國恨)이 조선조의 저변에 흐른 까닭"이라며 고려 유민의 망국한을 이야기하고 있다. 고려 유민과 군도는 어떤 식으로든 연결되었을 것이다. 다만 김 진사는 불교와의 관련성을 직접 언급하지는 않고 있다. 이 점에 대해서는 다시 따지기로 하고, 김 진사의 말을 더 들어보자.

### 양대 도적 목단설과 추설

김 진사가 전하는 군도의 조직은 이렇다. 강원도에 근거를 둔 도적을 '목단설'이라 하고, 삼남 즉 경상도·전라도·충청도의 도적을 '추설'이라 하며, 이 외에 '무식한 자들이 임시로 작당하여 민가나 털고 하는 자'를 '북대'라 한다. 목단설과 추설의 도당은 서로 만나면 초면이라도 동지로 인정하고 서로 돕지만, 북대에 대해서는 하나같이 적대시하는 규율이 있어 만나기만 하면 무조건 사형에 처했다고 한다.

추설과 목단설, 그리고 북대는 송학이 실토한 내사·외사와 일치하는 점이 보인다. 추설과 목단설을 승려를 중심으로 한 도적조직으로 본다면, 이는 송학이 이야기한 내사에 해당하고, 북대는 외사에 해당한다. 물론 송학이 말한 외사는 원래 내사의 구성원이었다가 떨어져나온 자와 민간인 출신 강도가 결합한 형태여서 약간 차이가 있다. 한데 목단설과 추설이 북대를 만나면 무조건 죽일 만큼 적대시한 데에는, 아마도 자신들의 조직에서 떨어져나간 존재에 대한 적대감이 담겨 있는 듯하다.

그런가 하면 추설과 목단설은 보원·송명초 스님이 앞서 증언한 땡추 조직, 곧 지리산 땡추와 금강산 땡추가 양대산맥을 이루었다는 내용과 일치하는 점이 있다. 목단설은 강원도, 추설은 경상도·전라도·충청도에 근거를 둔 도당이라 하였는데, 잘 알다시피 지리산이 경상도·전라도·충청도에 걸쳐 있으니, 보원 스님의 말과 일치한다. 이런 자료를 근거로 할 때 어떤 형태로든 승려가 도적단과 관련이 있으며 또 그들이 중심적 역할을 했음은 두말할 나위가 없다. 그런데 김 진사의 이야기에는 추설·목단설과 승려를 직접 연결시키는 언급이 없다.

### 군도의 소굴이 된 사찰

하지만 그렇다고 해서 연결시킬 꼬투리가 전혀 없는 것은 아니다. 김 진사는 추설과 목단설이 1년에 한 번 내부 공사(公事)를 처리할 때 반드시 큰 시장이나 사찰에서 모인다고 말하고 있다. 이는 이들이 사찰과 관계가 있다는 증거가 아닌가. 또 김 진사의 지휘로 하동(河東) 화개장(花開場)을 털었을 때 그 장물을 쌍계사(雙磎寺)에서 분배했다고 말하고 있다. 이들이 쌍계사에서 장물을 분배한 것은 화개장과 거리가 가까운 때문일 수도 있지만, 달리 생각해볼 여지도 있다. 쌍계사는 지리산 자락에 있는 절이 아닌가. 이곳은 원래 군도의 소굴이거나 아니면 군도세력과 협력 관계에 있는 사찰임이 분명하다.

이쯤에서 나는 어렴풋이나마 김 진사가 추설(그는 원래 삼남의 '불한당'이었다)로서 지리산계의 땡추와 모종의 관련이 있을 것이라고 생각한다. 사찰과 군도와의 관계를 입증하는 내용이 《숙종실록》에 보인다. 《숙종실록》 23년 5월 18일 조에 기록된 이유제(李惟濟)의 상소를 보자.

대저 불가의 학설은 사람의 심술(心術)을 무너뜨리고, 어리석은 백성을 속여서 유인하여 사찰이 팔도에 두루 차 있습

지리산 자락에 위치한 하동 쌍계사와(왼쪽) 양산 통도사(오른쪽) | 군도의 소굴로 지목받았던 사찰이다. 이곳이 군도의 소굴은 아닐지라도, 군도세력과 모종의 협력관계에 있었음을 미루어 짐작할 수 있다.

니다. 양민의 아들이 군역을 피하려고 꾀하여 다투어 모두 머리를 깎고 산에 들어가고, 흉년에 이르러서는 또 도둑 소굴이 됩니다.

양민이 군역을 피해 승려가 되고, 흉년이 들면 군도가 된다는 것이다. 이런 현상은 구한말에도 볼 수 있다. 김윤식(金允植)의 《속음청사(續陰晴史)》 광무 4년 10월 조에 의하면, 활빈당이라 칭하는 양남(호남·영남)의 군도가 경주의 운문사, 양산의 통도사를 근거지로 삼고, 열 명에서 1백 명씩 무리를 이루어 부민의 재물을 빼앗아 가난한 사람에게 나누어주었다고 한다.[7] 경주 운문사, 양산 통도사가 활빈당의 소굴이었다는 것이다. 이것이 《백범일지》에 나오는 김 진사의 조직이나 당취조직과 구체적으로 어떤 연관이 있는지는 알 수 없지만, 평소 모종의 협력 관계가 없었다면, 사찰이 군도의 근거지가 되는 일은 없었을 것이다.

이 지점에서 소설 〈장길산〉으로 유명해진 사건을 살펴보자. 숙종 23년 승려 부운(浮雲)이란 자가 승려 수십 명을 각 도의 사찰에 파견하여 거병범궐(擧兵犯闕)할 계획을 세웠다가 발각된 사건이 있었다.[8] 체제를 전복시키려 했던 것이다.

이 사건에서 흥미로운 점이 두 가지 있다. 하나는 이들이 고려조의 충신인 정몽주나 최영의 후손 중에서 새 왕조의 왕을 뽑을 것을 말하였다는 점이다. 이는 앞서 땡추나 추설·목단설이 고려에 대한 충성심을 갖고 있었다는 사실과 통한다. 또 하나는 숙종시대의 대적(大賊) 장길산 부대와의 연대를 도모하였다는 사실로, 이는 승려세력이 평소 군도와 긴밀히 연통하고 있었음을 암시한다.

〈여지도(輿地圖)〉에 나타난 구월산의 위치와 그곳에 자리잡은 패엽사 전경 | 황해도 구월산은 장길산의 근거지로 유명한 곳이다. 장길산은 구월산을 중심으로 평안도·강원도까지 세력을 뻗쳤으며, 금강산 승려 부운의 승려 세력과 손을 잡고 모반을 일으키려 하였다.

땡추와 추설·목단설의 상관성은 이들이 단순한 생계형 도적이 아니라는 데서도 찾을 수 있다. 보원 스님은 "땡추들의 명분과 과제는 단연 현실 개혁적이었으며 혁명사상의 성취"라 하였다. 김 진사의 도당 역시 그런 체제 저항적 요소가 충만하다. 김 진사는 백범에게 백범의 출신지가 황해도임을 상기시키면서, 자신이 황해도 청단장(靑丹場)을 치고 곡산(谷山)군수를 죽인 사건을 영솔하였다고 말한다. 그는 양반의 행차로 가장하여 사인교를 타고 구종(驅從) 별배(別陪)를 늘여세우고 시장을 턴 뒤 질풍뇌우처럼 곡산 군아를 습격하여, 인민을 '짓밟아 어육'으로 만든 군수를 그 자리에서 죽였다고 한다. 땡추와 마찬가지로 체제 저항적인 의적의 이미지가 뚜렷이 각인되어 있는 것이다.

### 도둑들의 입당식

이제 〈황성신문〉에 실린 송학이 제공한 자료를 바탕으로 군도의 조직 내부에 대해 알아보자. 내사의 조직은 다음과 같다.

- 별유사(別有司) – 우두머리
- 부유사(副有司) – 별유사를 보조하는 자
- 영감(令監) – 제반 사항을 지휘하는 자
- 중년(中年) – 유사 영감의 지휘에 따라 활동하는 자
- 만사(萬事) – 회계 사무를 맡아보는 자
- 종도(宗徒) – 졸병

별유사는 내사 조직원의 선거에 의해 선출된다(도둑들의 민주화!). 그 외는 별유사가 추천하는데, 사중(社中)에 서류가 없어 상세한 것은 모른다고 하였다.

한편 김 진사가 전하는 목단설과 추설의 내부조직은 다음과 같다. 각 설의 최고 수령을 '노사장(老師丈)'이라 하는데, 이는 내사의 별유사와 같은 것이다. 그 아래의 총사무인 유사(有司)는 내사의 부유사나 영감에 해당한다. 그 외 목단설·추설의 조직구성에 대해서는 더 이상의 언급이 없어, 이것이 내사와 어떤 관련이 있는지 알 수 없다. 특기할 것은 목단설과 추설이 지방의 하부조직도 갖고 있다는 사실이다. 즉 각 지방의 책임자가 있으니, 이들도 유사라고 부른다.

그렇다면 목단설과 추설의 조직원은 어떻게 선발할까? 각 설의 도당은 소수정예주의다. 각 설의 노사장은 매년 각 분(分)설

에 후보자 한 명을 정밀하게 조사해 보고할 것을 지시한다. 후보자가 되는 조건은 첫째 눈빛이 굳세고 맑을 것, 둘째 아래가 맑을 것(무슨 말인지 모르겠다), 셋째 담력이 강실(强實)할 것, 넷째 성품이 침착할 것 등이다. 이런 조건을 갖춘 사람을 찾아 보고하면, 설의 지도부에서 비밀리에 조사하여 도적으로 만든다.

노사장의 명령에 의해 책임 유사가 후보자에게 접근한다. 후보자의 기호를 탐색하여 술·미색·재물 등으로 극진히 환대하여 친형제 이상으로 가까워진 뒤 어느 늦은 밤 어떤 집 문전에서 잠깐 기다리라 하고는 사라진다. 이내 포교로 변장한 자가 후보자를 포박하여 70여 가지 악형을 가하며 도둑으로 모는데, 스스로 도둑이라고 실토하면 그 자리에서 죽여버리고, 끝내 아니라고 고집하면 결박을 풀고 따로 은밀한 장소에서 술과 고기를 먹인 뒤 입당식을 거행한다. 입당식 장면이 재미있다. 김 진사의 말을 그대로 인용한다.

입당식에는 책임 유사가 정석(正席)에 앉고, 자격자(후보자)를 앞에 꿇어앉히고 입을 벌리라 한 뒤 칼을 빼 그 끝을 입 안에 집어넣고, 자격자에게 "위 아래 이빨로 칼 끝을 힘껏 물라" 호령합니다. 그리고 칼을 잡았던 손을 놓고 다시 "네가 하늘을 쳐다보아라. 땅을 내려다보아라. 나를 보아라" 호령한 뒤, 다시 칼을 입 안에서 빼 칼집에 넣고 자격자에게 "너는 하늘을 알고 땅을 알고 사람을 안 즉 확실히 우리의 동지로 인정한다"라고 선고합니다.

이렇게 신고식이 끝나면 정식으로 강도질을 한 차례 하고 장물을 분배해준다. 이런 식으로 몇 번 강도질에 동행하면 완전한 도적이 되는 것이다. 이상이 현재 도적의 입당식에 관한 유일한 자료라고 생각된다.

### 도둑들의 엄격한 조직운영

그렇다면 도적단은 어떤 방식으로 기율을 유지했을까? 이어지는 김 진사의 증언에 따르면 4대 사형죄가 있다고 한다. 첫째, 동지의 처첩과 간통한 자. 둘째, 체포·신문 때 자기 동료를 실토한 자. 셋째, 도적질할 때 장물을 은닉한 자. 넷째, 동료의 재물을 강탈한 자다. 이들은 발각되면 사형이다. 이들의 법은 극히 엄하여 포교를 피해 목숨을 보존할 수는 있어도 도적의 법에 사형을 선고받는는 빠져나갈 도리가 없다고 한다. 만약 도적질이 하기 싫다든지 늙어서 도적단에서 빠지고 싶다고 청원하면, 위험에 처한 동지가 숨겨달라고 요구할 때 반드시 응한다는 한 가지만 서약을 받고 행락(行樂 : 도적질)을 면제해준다.

한편 이들이 수백 년 간 조직을 유지할 수 있었던 것은 이처럼 엄격한 내부단속과 함께, 외부의 권력기관과 연통하고 있었기에 가능했다. 즉 각 설은 사환계(仕宦界 : 관계), 특히 포도청과 군대의 요직을 차지하고 있었다고 한다. 도적이 어떤 도에서 잡힐 경우 그가 북대이면 지방관청에서 처결하고 설이면 서울로 압송시키는데, 만약 도당을 털어놓으면 사형시키고 자기 사실만 공술하면 기어코 살려 옷이나 음식을 공급한 뒤에 출옥시킨다는 것이다.

이상이 김 진사가 이야기한 도적단의 기율과 조직운영 방식이다. 그렇다면 땡추의 조직은 어떠했을까? 보원 스님은 땡추의 입당식에 대해서는 전혀 이야기한 바 없으나 조직운영에 대해서는 상세히 묘사하고 있다. 예컨대 땡추의 법을 어긴 자를 정죄하는 참회법이란 것이 있는데, 이는 실정법을 초월한 제도로서 가혹할 정도로 엄격하였다고 한다. 또 지리산계보다 금강산계가 더욱 엄격했다고 한다. 지리산계는 당류(黨類)가 금기를 범했을 경우 신체에서 오염된 부분을 제거하거나 꺾어버리되 기능을 마비시키는 정도에 그쳤던 것이 보통이다. 예컨대 도벽이 있으면 손목을 자르는 식으로 말이다. 하지만 금강산계에서는 아량을 베풀어 범법자 스스로 목숨을 끊게 하거나 그대로 타살을 강행하여 당류뿐 아니라 사회로부터 영원히 격리시키는 것이 관행이었다고 한다. 이문구는 보원 스님의 말을 아주 극적으로 묘사하고 있다. 요약하면 다음과 같다.

갑이라는 당원이 파계를 범하면, 그 사실을 처음 알게 된 땡추는 여러 곳에 기별하여 사람을 모은다. 성원이 되면 재판이 열리는데, 만약 유죄 쪽으로 기울면 갑을 잡으러 두 사람이 떠난다. 편의상 두 사람을 을과 병이라 하자. 갑이 있는 절을 찾아가 갑에게 접근하여 세숫물, 빨래, 청소, 마른일, 진일, 심지어 발 씻을 물까지 대령하는 등 무상(無償)의 봉사를 하여 갑의 환심을 산다. 을과 병은 서로 모른 체한다.

셋이 친해지면, 을과 병은 금강산 여행을 가자고 갑을 꾄다. 갑과 을이 금강산으로 떠나면 병은 각처의 땡추들에게 통문을 띄운다. 땡추들은 우연히 갑과 만나는 것처럼 하나 둘씩 시간을 두고 갑과 일행이 된다. 마침내 원래 정했던 장소에 도달한다. 이때까지 갑은 전혀 사정을 모른다. 갑을 처단하는 의식이 집행되면 그제서야 비로소 알게 되는 것이다. 그 처형방식은 이렇다.

땡추의 일행 중에서 한 사람이 미리 준비해온 돼지고기를 내놓으면서 "스님 원로에 공양이 부실하여 속이 허하실 텐데, 여기 성계육이나 좀 맛보시지요" 하면 갑은 비로소 사정을 알게 된다. 이때 갑이 살아나는 방법이 아주 없지는 않다. 갑이 선승(禪僧)이라면 선문답을 통해서, 강백(講伯)이라면《금강경》이나《화엄경》등에 대한 물음을 통해 땡추들의 입을 다물게 할 능력과 품위가 있으면 용서받을 수 있었다고 한다. 그러나 그렇지 못할 경우는 죽음이다.

너는 양민의 피땀으로 영근 시주밥과 그들의 한숨이 날줄과 씨줄을 낳은 옷에 살이 찌고도 스스로 근본을 저버렸으니, 그로써 혜명(慧命)을 모독한 죄는 실로 하늘을 덮고도 남는다. 하물며 이승에 목숨을 붙여 백성들의 고달픔에 덤이 되게 할 것이랴. 마땅히 너로 하여금 오늘로써 이승의 자취를 거두게 함이 법당의 크나큰 자비로다…….

이런 말을 마친 땡추들은 갑을 층암절벽으로 밀어넣거나 구덩이에 산 채로 묻어 세상과 영원히 하직시킨다. 이처럼 잔혹스러울 정도로 철저하게 내부조직을 다졌기에, 그들의 말대로 수백 년 동안 이어져내려올 수 있었던 것이다.

### 수백 명 단위로 조직된 군도

이제 군도의 구체적인 활동에 대해 살펴보자. 군도의 활동에 대한 기록은 조선시대 관찬사료에 풍성하게 남아 있다. 우선 군도의 규모를 보자. 임형택 교수에 의하면, 성종 말년인 1489년 김막동 부대가 평안도를 중심으로 7년 간 활동했고, 1500년경 홍길동이 경기도와 충청도 그리고 경상도 북부에 걸친 상당히 넓은 지역에서 활동하였으며, 1530년경에는 순석(順石) 부대가 전라·충청·경기 3도에 걸쳐 투쟁했다. 특히 순석 부대는 일당 39명이 관군에게 붙잡힌 뒤 그에 연루되어 체포된 사람이 170여 명이나 될 만큼 굉장한 규모였다. 그리고 이어서 그 유명한 임꺽정 부대가 출현한다.

여기까지는 조선 전기의 기록이다. 조선 후기에는 군도에 대한 보고가 더 많아지고, 내용도 상세해진다. 영조 28년 8월 비변사에서 보고한 김포에 침입했던 명화적(明火賊)의 예를 보자.

> 김포군의 명화적 수백 명이 말을 타고 깃발을 세우고서 포를 쏘고 고함을 지르며 곳곳에서 도둑질을 하여 다친 사람이 많은데, 본군(本郡)에서 감영(監營)에 보고한 것이 지극히 더디었으니, 군수 윤득중(尹得中)은 먼저 파직시킨 뒤에 잡아오고 감사(監司) 및 토포사(討捕使)는 중추(重推)해야 하겠습니다. 그리고 마땅히 포청(捕廳)으로 하여금 기찰(譏察)해 잡도록 해야겠습니다.   -《영조실록》28년 8월 3일

명화적 일당이 수백 명이나 되었다고 하지 않는가. 영조 41년 조정에 보고된 군도의 조직원 역시 3~4백여 명에 이르렀다고 하니(《영조실록》41년 12월 27일), 조선 후기의 군도는 수백 명 단위로 조직된 경우가 허다했을 것으로 생각된다.

명화적이 말을 타고 포를 쏜다고 한 것도 주목할 만하다. 포는 총을 말한다. 즉 기동성이 높은 말과 총으로 무장한 세력이

금강산 군도(백범영 그림)
| 금강산 군도들이 재물을 약탈하는 광경을 재현한 그림.《나, 황진이》수록.

었던 것이다. 이 정도로 무장한 조직을 움직이려면 엄격한 위계와 결속력을 갖추지 않으면 안 된다. 이쯤 되면 지방관아 습격은 일도 아니다. 조선 후기의 관찬사료에 군도가 공공연히 지방관청을 공격하는데도 지방관이 변변히 저항도 못하였다는 기록이 숱한 것은 이런 배경에서 나온 것이다.

### 화개장터 습격사건

한데 《실록》 등의 관찬사료에 나오는 내용은 도적 외부에서 기록한 것이라는 흠이 있다. 이런 점에서 《백범일지》에 실린 김 진사의 증언은 도적 스스로 공개하였다는 점에서 매우 소중한 자료다. 그의 이야기를 들어보자.

설이 조직원을 모두 불러모으는 것을 '장 부른다'고 하는데, 목단설과 추설이 공동으로 장을 부를 경우 '큰 장 부른다'고 하고, 각 설이 단독으로 조직원을 불러모으면 그냥 '장 부른다'고 한다. 큰 장을 부르는 것은 원래 설의 공사(公事)를 처리하기 위해서인데, 그때 큰 시위 삼아 도적질을 한 차례 한다. 큰 장을 부르는 통지에 각 지방 책임자에게 부하 몇 명을 파송하라 하면 어김없이 시행되며 흔히 큰 시장이나 사찰로 부른다. 이때 각지의 도둑들이 형형색색으로 변장을 하고 모인다. 돌림장수로, 중으로, 상제로, 양반 행차로, 등짐장수 따위로 말이다.

화개장터 습격사건도 그러한 예에 속한다. 화개장은 유행가 가사처럼 경상도와 전라도가 만나는 지점에서 열린다. 장을 보러 오는 사람들 속에 도둑들이 섞인다. 중장(中場)이 되면 상여를 비단으로 꾸민 호사스런 행상(行喪)이 장에 들어서는데, 앞에 상주인 삼형제가 서고 뒤에 복상제와 호상하는 사람들도 많다. 상여를 큰 술집 앞에 내려놓고 상주들이 곡을 하고 상여꾼들은 술을 먹는다.

이때 호상객 한 명이 '갯국' 즉 요즘 말로 '보신탕'이요 옛말로는 '개장' '개장국'을 사서 상주에게 권한다. 상주에게 개장국이라니 있을 수 없는 망발 중의 망발이다. 하지만 근신중인 상주가 아닌가. 온건한 말로 거절한다.

"무슨 희롱을 하다 못해 상제에게 갯국을 권하는가. 그리 말라."

호상객은 들은 척도 않고 계속 권한다. 그리하여 상주와 일대 전쟁이 벌어진다.

"아무리 무식한 놈이기로 초상난 상제에게 갯국을 먹으라는 놈이 어디 있느냐?"

"친구가 권하는 갯국을 좀 먹으면 못 쓰느냐?"

다른 호상인들도 싸움을 말리느라 야단이 나고, 이래서 장터의 장꾼들은 모두 싸움판에 집중되고 웃음이 낭자해진다. 이때 상주가 죽장을 들어 상여를 부수고 널판을 깨 널의 뚜껑을 잡아제치면, 시체는 없고 오연발 장총이 가득하다. 이때는 이미 총이 상용화된 때라 오연발 장총이다. 상주·호상꾼·상여꾼들이 총 한 자루씩 들고 사방 길목을 지키고 시장에 놓인 돈과 부상(富商)들이 집에 쌓아둔 돈을 모두 탈취한다. 이를 쌍계사에서 분배하였다는 것은 앞서 언급하였다.

한바탕의 도적질은 이렇게 끝난다. 김 진사의 말에 의하면 계통 있는 도적들은 도둑질을 자주 하지 않는다. 1년에 한 번, 많아야 두 차례다. 장물을 나누는 것도 예로부터 정한 규칙에 의한다. 백 분의 몇은 노사장에게로, 그 다음 각 지방에서 공동으로 사용한 비용, 몇 분은 조난당한 유족의 구제비, 이렇게 몇 분을 제한 후 극단의 모험을 감수한 자에게 장려금까지 주고 나서 평균 분배한다. 따라서 장물을 두고 싸움이 일어나는 일은 없다고 한다. 김 진사는 옛날에는 해마다 큰 장을 한 번씩 불렀으나, 이 시기에는 재알이(왜놈)가 하도 심하게 구는 탓에 폐지하였다고 한다. 아마도 일제의 경찰력이 군도의 활동을 크게 제약했을 것이며, 식민지 지배가 본격화되면서 군도는 서서히 사라졌을 것으로 짐작된다.

### 도둑이 영웅되는 사회

양산박(梁山泊)의 군도를 그린 〈수호전(水滸傳)〉은 지금도 읽히며 영화나 비디오로도 가공

된다. 〈홍길동〉은 조선시대에 이미 소설화되었고, '임꺽정'은 일제시대에, '장길산'은 해방 이후에 모두 소설화되었다. 소설이 아닌 실제의 홍길동과 임꺽정, 장길산은 과연 의적이었을까? 그들은 정말 탐관오리만을 응징하는 그런 도둑이었을까? 사료를 보건대 결코 아니라고 생각된다. 하지만 그들의 이름은 아름답게 남는다. 부정직한 체제와 지배자에 대한 저항만으로도 그들은 아름답게 기억된다. 도둑을 영웅시하는 사회는 어딘가 곪아 있는 병든 사회다. 병든 체제에 대한 저항이 군도가 형성한 이미지인 것이다. 임꺽정 부대가 활동할 당시 사관은 이렇게 말하고 있다.

> 저 도적이 생긴 것은, 도적질하기를 좋아해서가 아니라 기한(飢寒)이 절박하여 부득이 도적이 되어 하루라도 연명하려고 하는 자가 많기 때문이니, 그렇다면 백성을 도적으로 만든 자가 과연 누구인가. 권세가의 문전이 시장을 이루어 공공연히 벼슬을 팔아, 무뢰한 자제들을 주군(州郡)에 나열하여 백성들을 약탈하게 하니 백성이 어디로 간들 도적이 되지 않겠는가. -《명종실록》 16년 10월 17일

그리고 구체적으로 윤원형(尹元衡)과 심통원(沈通源)을 두고 "물욕을 한없이 부려 백성의 이익을 빼앗는 데도 못하는 짓이 없는" 대도(大盜)라 하였다(《명종실록》 16년 1월 3일). 조정에 있는 권세가가 대도란다. 신문이며 방송에 나날이 나는 소식을 보니, 과거 군도가 설치던 시대와 지금이 별반 다르지 않은 것 같다. 땡추와 김 진사가 사뭇 그립다.

# 3 투전 노름에 날새는 줄 몰랐다
―도박

예수가 십자가에 못 박히자 로마 병사들은 주사위를 굴려 예수의 옷을 나눠 가졌다. 경주 안압지에서는 내기용 주사위가 출토되었다. 《금오신화(金鰲新話)》의 〈만복사저포기(萬福寺樗蒲記)〉에서 양생은 부처와 저포(樗蒲 : 쌍륙雙六)로 내기를 하여 미인을 얻었다. 도박의 종류는 무수하고 다양하다. 화투·포커·마작·슬롯머신·바카라·룰렛 등 그 명칭을 다 알 수 없을 만큼……. 도박은 불법이 아니다. 라스베이거스와 모나코의 도박장, 경마·복권 등 우리 주변에는 합법화된 도박이 넘쳐나고 있다. 도박은 시간과 지역을 초월한 인류의 공통적 경험이며, 골몰과 찬미의 대상이다. 무엇이 인간으로 하여금 도박에 골몰하게 하는가? 도박은 인간의 본성과 관계된 것인가? 인간의 유전자 속에는 도박에 탐닉하는 프로그램이 장치되어 있는가? 나는 조선 후기 사회와 도박의 관계를 검토하고자 한다. 경제적 변화가 역사학의 관심사라면, 이 글의 관심은 그것이 인간의 구체적인 일상의 삶과 의식에 어떤 변화를 가져왔는가 하는 데 놓여 있다.

도박은 게임과 인간의 욕망을 채워줄 무엇(대부분 화폐로 환원된다), 이 두 가지 요소로 구성된다. 이 두 가지가 결합했을 때만 도박이 된다. 아무것도 걸지 않은 고스톱은 도박이 아니다. 게임 없이 재물을 주고받는 것은 자선사업일 뿐이다. 게임의 종류에는 한정이 없다. 위에 든 것 외에 동전의 홀수 짝수 맞히기, 가위바위보 모두 도박이 될 수 있다. 내 생각에 도박은 두 가지 원리에 기초하고 있는 듯하다.

첫째, 최적의 먹이 획득이론. 생명체는 최소한의 노력으로 최대한의 먹이를 획득하려 한다. 최소한의 비용으로 최대한의 이익을 추구한다는 점에서 '자본주의'는 이 원리의 제도화다. 그럼 도박과 자본주의의 차이는 무엇인가? 자본주의는 노동과 합리적 경영을 필수적인 매개물로 표방하지만(표방만 할 뿐 실제가 그렇다는 것은 아니다), 도박은 그것을 노골적으로 생략한다. 즉 도박은 노동과 합리적 경영을 생략한 채 최소한의 투자로 최대한의 이익을 획득하려 한다. 도박이 사회적 비난의 대상이 되는 것은 이 때문이다.

둘째, 불확실성. 도박은 불확실한 미래에 운명을 맡긴다. 도박은 모든 것이 불확실하다는 전제에서 출발한다. 인간은 필연과 확실성을 추구하지만, 인간의 삶을 결정하는 것은 우연과 불확실성이다. 이것이 도박의 세계관이다.

도박의 역사는 아마도 인류 역사와 일치할 것이다. 그러나 도박의 유행 정도는 사회적 조건에 따라 달라진다. 예컨대 손에서 바로 입으로 가져가는 낮은 생산력의 사회에서 도박이 성행할 가능성은 높지 않다. 높은 생산력이 도박을 성행케 한다. 하나 이것만으로는 도박이 성행하는 이유를 설명할 수 없다.

경제적 후진 사회에서도 도박은 성행할 수 있다. 이래서 둘째 조건이 필요하다. 모든 것이 확실하게 결정되는 사회에서는 도박이 성행하기 어렵다. 도박은 불확실성이 증가함에 따라 성행한다.

얼싸 오날 하 심심하니
홋패 작패 하여보자

정약용은 《목민심서(牧民心書)》에서 지방관들이 도박에 탐닉하는 것을 경계하며 다음과 같이 말했다.

요즈음 유행하고 있는 것은 ① 바둑 ② 장기 ③ 쌍륙 ④ 투패(鬪牌 즉 마조馬弔인데 보통 말로 투전이라 한다-원주) ⑤ 강패(江牌 즉 골패骨牌-원주) ⑥ 척사(擲柶 : 우리나라 풍속의 윷놀이-원주)이다. 《대명률(大明律)》에 '모두 장(杖) 80에 처한다'고 한 것은 어떤 놀이를 막론하고 재물을 걸고 도박한 자는 장 80에 처한다는 것이다. 무릇 놀이로써 재물을 취하는 자는 그 형률이 모두 같은데 오직 바둑은 천한 자들이 하는 일이 아니니 구분이 있어야 할 것 같다.[1]

다산은 여섯 가지 도박을 들고 있는데, 이 모두가 비슷하게 유행하지는 않았다. 미리 말하면 다산이 같은 글에서 지적했듯, 투전·골패·쌍륙이 가장 인기가 있었고 그 중에서도 투전이 조선 후기 도박계에서 제왕의 지위를 점하였다. 바둑·장기·윷놀이는 조선 후기에 생겨난 종목이 아니라 고래로 있었던 것이고, 도박으로 특별히 유행하지도 않았으니 더 언급할 필요가 없겠다.

투전에 앞서 우선 쌍륙과 골패에 대해 간단히 살펴보자. 쌍륙은 체스판과 같은 장기판에 쌍방 12개의 말을 일렬로 배열하고 두 개의 주사위를 굴려 그 숫자에 따라 말을 전진시켜, 원래 자기 말이 있던 라인에서 모든 말이 먼저 다 벗어나는 쪽이 이긴다. 쌍륙은 이규보(李奎報)의 시에도 보이니 고려 때 이미 존재하였으며, 남성들보다는 여성들 사이에서 성행하였다. 지금도 안동 지방 고가(古家)의 여인들 사이에서 간간히 행해진다.

골패는 가로 1.2~1.5센티미터, 세로 1.8~2.1센티미터의 납작하고 네모진 검은 나무 바탕에 상아나 짐승뼈를 붙이고 여러 가지 수를 나타내는 크고 작은 구멍을 새긴 것으로 모두 32쪽이다(요즘의 마작과 비슷하다). 노는 방법에는 꼬리붙이기 · 포(飽) · 여시 · 골여시 · 쩍쩍이 등이 있다.

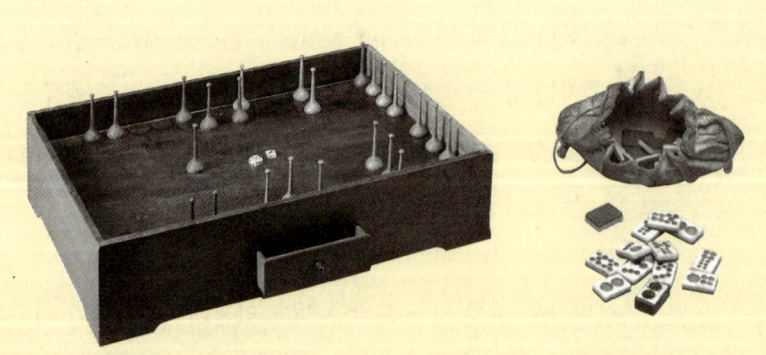

쌍륙(왼쪽) | 두 개의 주사위를 굴려 그 숫자에 따라 말을 전진시키는 놀이로, 남성은 물론 여성들 사이에서도 성행하였다. 국립민속박물관 소장
골패(오른쪽) | 상아나 골재를 대쪽에 붙인 32개의 패에 여러 가지 수를 나타내는 구멍을 새긴 놀이기구. 한양대학교박물관 소장

노는 방법이 매우 복잡하여 여기서 다 설명하기 어렵다. '꼬리붙이기'를 예로 들면, 두 사람이 패를 12쪽씩 나누어 가진 뒤 한 사람이 패를 내면 상대방이 낮은 패를 계속 내 더 이상 낮은 숫자를 낼 수 없으면 진다. 여기에도 더 복잡한 규칙이 있으나, 이해하기 어려운 부분이 많아 생략하겠다. 골패는 쌍륙보다 더 유행한 종목으로서, 민요까지 나왔을 정도다.

얼싸 오날 하 심심하니
홋패 작패 하여보자
쌍준륙에 삼륙을 지르고
쌍준오에 삼오를 지르니
삼십삼천이십팔수
북두칠성이 앵돌아졌구나
  - 경상도 민요 〈골패타령〉

## 도박계 패권 차지한 투전

하지만 뭐니 뭐니 해도 조선 후기 도박계의 패권을 차지한 것은 투전(鬪牋 또는 投牋이라고도 쓴다)이었다. 투전은 조선 후기는 물론 19세기 말 화투가 수입되기 전까지 도박계를 완전히 석권했고, 화투가 수입되자 그 놀음방식에 지대한 영향력을 행사했다. 지금 40대 이상의 사람이라면 아마도 화투 두 장을 쥐고 하는 이른바 '쪼기'를 해본 경험이 있을 것이다. 쪼기는 고스톱이 화투판을 점령하기 전 오랫동안 유행한 종목이다. 쪼기의 '땡'과 '족보'는 모두 투전에서 유래하였다(유구히 이어진 민족의 전통! 거룩하다).

그렇다면 이처럼 이국(異國)에서 들어온 '화투'에 민족적인 정조를 불어넣는 데 혁혁한 공헌을 한 투전은 언제부터 시작되었을까? 정조(正祖) 때의 학자 성대중(成大中, 1732~1812)의 《청성잡기(靑城雜記)》에 의하면, 숭정(崇禎: 1628~1644) 말년에 역관(譯官) 장현(張炫)이 북경에서 구입해왔다고 한다.[2] 투전이 중국에 기원을 두었다는 이야기인데, 도대체 중국의 어떤 도박을 수입한 것일까? 투전은 원래 중국의 마조(馬弔)에서 유래하였다고 한다. 19세기 인물인 조재삼(趙在三, 1808~1866)의 《송남잡지(松南雜誌)》에 의하면 마조는 원대에 시작된 것으로 중국 고금의 인물을 품제(등급을 매김)한 120장으로 된 놀음이라고 한다.[3] 더 이상의 설명이 없어 마조의 구체적인 룰은 알 수 없다. 어쨌든 이 120장짜리 마조를 간략화한 것이 투전이다.

투전은 80장(혹 60장짜리도 있다)의 종이쪽지로 구성되는데, 폭은 손가락 굵기만 하고, 길이는 15센티미터 정도이다. 한 면에 사람·물고기·새·꿩·노루·별·토끼·말 등의 그림이나 글을 흘려 적어 끗수를 표시한다. 같은 글자(그림)가 열 개씩 모여 80장을 이루니, 이것을 팔목(八目)이라 한다. 각각의 명칭

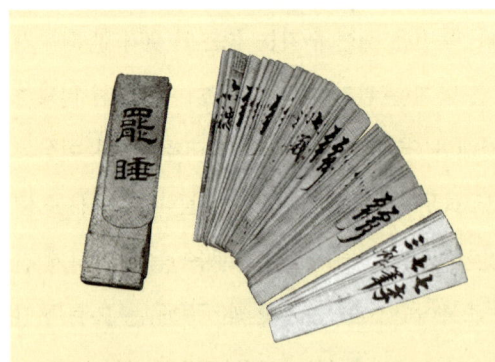

투전 | 두꺼운 종이로 작은 손가락 너비만하게 만들어 한 면에 동물 등의 그림이나 글귀를 적어 끗수를 표기하고 기름을 매긴다. 60장, 80장이 한 벌이며 노는 방법이 여러 가지이다. 석주선 기념민속박물관 소장.

도 달라 유득공(柳得恭, 1749~1807)의 《경도잡지(京都雜志)》에 의하면, 인장(人將)을 황(皇), 어장(魚將)을 용(龍), 조장(鳥將)을 봉(鳳), 치장(雉將)을 응(鷹), 성장(星將)을 극(極), 마장(馬將)을 승(乘), 장장(獐將)을 호(虎), 토장(兎將)을 취(鷲)라 하며, 사람·물고기·새·꿩은 노(老)로 사용되고, 별·말·노루·토끼는 소(少)로 사용된다고 하였는데,[4] 그 구체적인 의미는 알 수 없다. 투전목에는 손을 타도 훼손되지 않게 기름을 먹였다.

투전은 사용되는 투전목이나 참가인원 또는 내용에 따라 '돌려대기' '동동이' '가구' '우등뽑기' 따위로 나뉘며, 한 가지 방법에도 몇 가지 세목이 있다. 가장 원형에 가까운 것은 80장 모두를 쓰는 '수투전(數鬪牋)'으로 노는 방식이 대단히 복잡하다. 수투전에 대해 남아 있는 자료로 조지훈(趙芝薰, 1920~1968)이 쓴 〈수투전고(數鬪牋攷)〉[5]란 논문이 있는데, 이 논문을 집필할 당시 이미 수투전은 조지훈의 고향인 경북 주곡(注谷)을 제외하면 하는 곳도 없고 또 노는 방식을 아는 사람도 없었다고 한다. 나 역시 이 논문을 읽고 그 방식을 이해하려 노력하였으나 실패하였다. 또 알아 무엇하겠는가.

우리가 이해하기 쉬운 투전방식을 알아보자. 가장 널리 놀던 돌려대기(이것은 아마도 '짓고땡이 투전'과 같은 것으로 짐작된다)는 40장의 투전목을 쓴다(60장을 쓰기도 한다). 선수가 판꾼 다섯 사람에게 한 장씩 떼어 모두 5장씩 나누어주면 판꾼들은 각기 3장을 모아 10, 20, 30을 만들고 나서, 나머지 2장의 숫자에 따라 승부를 결정한다. 3장을 모아 수를 짓지 못한 사람은 실격이다. 2장의 숫자가 같으면 '땅' (혹은 땡)이라 하는데, 이 중에서 '장땅'이 가장 높고 9땅, 8땅 순서로 낮아진다. '땅'이 아닌 경우에는 2장을 합한 것의 한자리 수가 9가 되면 가보라 하여 가장 높고 9, 8, 7의 차례로 내려간다. 그리고 가보가 되는 수 가운데 1과 8은 '알팔', 2와 7은 '비칠'이라 하고, 5가 되는 수 중에서 1과 4는 '비사'라고 부른다. 2장을 더한 수가 10처럼 한자리수 끝이 0이 되는 경우는 '무대'라고 하여 가장 낮은 끗수로 친다.

여기서 잠깐 투전판에서 유행하던 족보의 이칭에 대해 간략히 감상하자. '삼팔돛대가보'는 3과 8과 8이 합하여서 가보가 될 때, '섰다 벗었다 안경가보'는 1과 8이 합하여서 가보가 될 때, '일장통곡하는구나'는 1과 10이 합하여 가장 끝수가 낮을 경우, '기운센놈'은 10과 4가 합한 끗수일 때 하는 말인데 흔히 '장사'라고도 한다.[6] 재미있지 않은가?

이 외에 널리 행해진 것으로 '동당치기' '가보치기' 등이 있는데, 동당치기는 투전 40장을 여섯 장씩 나눠 가지고 같은 자를 두 장 혹은 석 장씩 맞추는 노름이다. 가보치기(갑잠골, 갑자꼬리, 가보잡기)는 40장을 가지고 두 장씩 혹은 석 장씩 뽑아서 아홉끗을 짓는 노름이다.

### 전문 도박판과
### 사기도박의 출현

이제 도박판의 현장을 볼 차례다. 정조 때 비정통적 산문체(散文體)를 구사하고 이단적 사상(천주교)에 물들었다 하여(사실은 아님) 죽임을 당한 문인 강이천(姜彝天 : 표암豹庵 강세황姜世晃의 손자)이, 18세기 후반 서울의 풍속을 상세히 묘사한 106수의 한시 〈한경사(漢京詞)〉[7]를 남겼는데,

여기에 도박하는 장면이 나온다. 앞의 시는 투전판의 모습을 뒤의 시는 골패하는 장면을 묘사한 것이다.

길게 자른 종이에 날아갈 듯 꽃 모양 그려
둘러친 장막 속에 밤도 낮도 모를레라.
판맛을 거듭 보자 어느새 고수되어
한 마디 말도 없이 천금을 던지누나.
紙板長裁花樣翻, 深圍屛幕沒朝昏.
賭來多局成高手, 擲盡千金無一言.

〈투전도〉, 김득신 | 조선 후기 풍속화 중에는 투전을 주제로 한 그림이 여럿 있다. 그만큼 투전이 유행했음을 보여주는 것이리라. 김득신의 투전도는 인물들의 표정에서 노름판의 긴장된 분위기가 잘 드러나고 있다. 간송미술관 소장.

네 사람 마주앉아 도박판을 열고서
골패 여덟 짝 나누어 쥐었네
그 중 한 놈 좌중 향해 제 끗발 자랑하며
1전으로 10전을 한꺼번에 따오네.
四人相對戱場開, 牙骨分持共八枚.
獨向坐中誇牌格, 一錢賭取十錢來.

도박의 성행과 함께 당시 도박장에서는 오늘날 전문 도박꾼들의 내기 도박판에서 일어날 수 있는 모든 행태가 벌어졌다.

〈골패놀이〉, 김준근 | 여성과 남성이 함께 어울려 골패놀이를 하고 있는 모습이다. 옆에 술상이 차려 있는 것으로 보아 기방에서 도박판이 벌어진 듯하다.

도박에 미치면 밤이고 낮이고 '본성을 잃어버리고 넋이 나간 〔失性喪魄〕'채로 봉두난발에다 눈이 시뻘개져서 귀신 꼴이 되기는[8] 예나 지금이나 매한가지였다. 도박장을 개설해 돈을 뜯고 사는 인간도 물론 있었다.

> 집에 투전꾼을 모으고 돈을 대주며 이자를 거두거나 또는 '방값〔房價〕' '기름값〔油價〕' '밥값〔飮食價〕' 등의 명목을 두어 생리(生理)로 삼는 자가 있으니, 이는 곧 뚜쟁이와 같은 부류라 내가 입에 올리기도 싫다. - 〈가금(家禁)〉, 윤기(尹愭)

도박장을 개설하여 고리로 이자를 놓거나 자릿세를 뜯는 자들까지 나왔던 것이다. 다산 정약용이 "도박장을 설치하고 노름판을 주관한 자는 형률에는 비록 죄가 같을지라도 이는 원흉이니 그 벌이 마땅히 배가 무거워야 한다"[10]며 가혹한 처벌을 요구한 것을 보아도 전문적인 도박장의 성황을 알 만하다.

사기도박도 있었다. 19세기 말의 자료지만, 김구의 《백범일지》에는 사기도박의 방식이 상세히 소개되어 있다. 일본인 밀정을 죽이고 투옥된 백범을 빼내기 위해 가산을 쏟아부었던 김주경이란 인물이 바로 사기 도박꾼이었다.

간단히 소개하면 다음과 같다. 김주경은 원래 강화의 아전 출신으로 어려서부터 도박에 몰두했다. 부모가 그를 징계하려고 곳간에 가두자 투전 한 목을 가지고 들어가 연구(?)에 골몰하여 묘법을 터득해 나왔다. 그 뒤 서울로 올라가 자기만 알 수 있게 표시해놓은 투전을 몇만 목 만들어서 강화로 돌아왔다. 친구들을 통해 투전을 판 뒤 투전판마다 뛰어들어 수십만 냥의 거금을 땄다. 이 돈으로 관청 하속배들을 매수하여 영향력을 행사했고, 김구의 탈옥공작까지 벌였던 것이다.[11]

### 도박 성행의 진원지

전문적인 도박판과 사기도박까지 출현했다니, 도박의 열기를 짐작할 만하지 않은가? 그러나 도박의 성행에 대한 본격적인 이야기는 아직 시작도 못했다. 이제부터 도박을 유행시킨 주체와 도박이 사회 전반에 퍼져나간 상황에 대해 좀더 자세히 살펴보겠다. 먼저 다음 자료를 보자.

(1) 혹은 스스로 왈자(曰字)라 일컬으며, 박장(博場)과 기방〔娼肆〕에 종적이 두루 미친다. 쓰는 재물은 죄다 사람을 죽이고 빼앗은 것이다.[12]

(2) 우리나라는 자고로 협객이 없다. 왕왕 협객이라 일컬어지던 사람은 모두 기방에서 떼를 지어 노닐며 몸을 검술에 맡겨 옛날 청릉계(靑陵契 : 미상)와 같은 자들이었다. 혹은 집안살림을 돌보지 않고 술이나 마시며 마조(투전)를 일삼는 자들이다.[13]

위의 자료에서 박장(博場)은 도박장을 가리키는 것으로 주로 기방이나 술집에 개설되었다. 김홍도의 아들 김양기(金良驥)가 그린 투전 장면을 보자. 몇 사람이 둘러앉아 한창 투전판을 벌이고 있는 가운데 두 사람은 이불에 기대어 노동(?)에 지친 심신을 가다듬고 있고, 기생은 술상을 나르고 있다. 이것은 기방

〈투전도〉, 김양기 | 네 사람이 투전에 열중하고 있고 두 명은 피곤한 듯 누워서 쉬고 있다. 기생으로 보이는 여성이 술상을 들여오고 있다. 기방이 도박 성행의 진원지였음을 짐작케 하는 그림이다.

에서 벌어진 투전판이다. 현대사회에서도 전문적 도박과 매춘은 불가분의 관계에 있으니 이 장면, 곧 도박장과 기방의 결합을 초시대적 현상으로 범연하게 볼 수도 있을 듯하다. 하지만 사실은 그렇지 않다.

사치노예로서 기생의 존재, 그리고 그들의 거주지로서 기방의 존재는 조선 전기까지 소급할 수 있으나, 기방이 도시민의 유흥공간으로 본격적으로 활용된 것은 조선 후기에 와서야 가능했던 것으로 여겨진다(양반은 기방 출입이 금지되어 있었다). 조선 후기 기방 등에 개설된 도박판이 도박 성행의 진원지였음은 두말할 필요가 없다.

그렇다면 이 도박판의 주체는 도대체 누구인가? 위의 인용문에 왈자, 협객 등이 도박장을 장악하였다고 하였는데, 이들은 요즘 말로 하면 일종의 깡패다. 그러나 단순하게 왈자와 깡패를 등치시킬 수는 없다. 왈자는 도박에 돈을 쏟아부을 수 있는 경제력을 가진 부류였으며, 때에 따라서는 예술적 취향도 겸비한 중간계급이었다.

중간계급이 어떻게 유흥계와 도박판을 장악하게 되었을까? 앞서 투전을 수입해온 인물로 소개했던 장현을 예로 들어보자. 장현은 역관가문으로 유명한 인동(仁同) 장씨 집안의 인물이다. 장현 역시 역관으로서 대단한 치부를 했으며, 또 장희빈의 당숙인 관계로 한때 상당한 권세를 누리기도 했다.

중인인 장현이 투전을 퍼뜨렸다는 사실은 음미할 가치가 있다. 주지하다시피 중인들은 조선시대 최고의 사회적 가치인 고급관료로 진출하는 길이 봉쇄되어 있었다. 물론 이는 중인들뿐 아니라 소수의 양반을 제외한 사회구성원 전체에 해당하는 일이지만, 중인들의 경우 양반에 필적하는 때로는 양반을 능가하는 경제력과 문화적 역량을 소유하고 있었기에 사회적 불평등에 대한 불만과 갈등이 훨씬 강렬했다. 이들의 경제적·지적·문화적 에너지는 정치적 출구를 찾지 못한 채 다분히 소비적인 데로 흐르게 된다. 그것이 문학·예술과 같은 생산적 방면으로 전이되는가 하면, 한편으로는 도박처럼 낭비적인 데로 쏠리기도 했다. 이런 현상을 19세기의 한 자료는 다음과 같이 증언한다.

> 이른바 중인의 자제들은 독서를 전폐하고 방탕만을 일삼아 투전을 문장으로 알고 주색을 승사(勝事)로 삼아 사람 모양을 갖춘 자가 거의 없다.[14]

중인에 의해 수입되고 중간계급을 중심으로 성행했던 투전이 시정공간의 오락에 머물렀다면 별 문제가 되지 않았을 것이다. 그러나 투전의 가공할 위력은 수입된 지 1백 년이 채 못 되어 양반층까지 전면적으로 오염시키기 시작했다.

### 도박에 골몰한 양반들

먼저 연암(燕巖) 박지원(朴趾源)의 경우를 보자.《열하일기(熱河日記)》에 연암이 밤에 역관·비장배(裨將輩)와 투전판을 벌여 돈을 따고 득의연하는 장면이 있다. 양반 명문가의 자손인 연암(반남 박씨는 삼한갑족三韓甲族에 든다)이 투전이라니! 이는 예외적인 사례에 불과한 것인가?

양반사회에서 투전의 유행은 놀라울 정도였다. 다산은 앞서 인용했던 《목민심서》에서 "재상·명사들과 승지 및 옥당 관원들도 이것으로 소일하니 다른 사람이야 말해 무엇하겠는가. 소나 돼지 치는 자들의 놀이가 조정에까지 밀려 올라왔으니 역시 한심한 일이다"[15]라고 한탄한 바 있다.

시시콜콜 따지는 것이 우스꽝스럽지만 그래도 꼼꼼히 살펴보자. 재상이란 영의정·좌의정·우의정 등 정승급 최고위관료를 지칭한다. 승정원의 승지나, 옥당(玉堂 : 홍문관) 관원 등은 조선시대 관직체계에서 가장 명예로운 관직으로 치는 청직 중의 청직이다.

이들이 도박에 골몰했다는 사실은 양반에 대한 우리의 상식적 기대, 즉 유가(儒家) 이데올로기로 똘똘 뭉친 금욕적 자기 절제가 생활화된 양반의 모습과 영 딴판이다. 따라서 다산의 이야기는 혹 사소한 일도 심각하게 생각하는 다산 특유의 버릇 때문이 아닌가 여길 수도 있다. 그러나 그 외 전하는 여러 자료들은 다산의 말이 사실과 정확하게 일치함을 증언한다. 앞서 인용했던 윤기의 〈가금〉을 조금 더 인용해보겠다.

세속의 이른바 투전이란 것은 으뜸가는 패가망신의 물건이다. 그 해(害)는 주색보다 심하므로 내가 이미 누차 언급한 바 있다. 위로는 부귀한 집안에서부터 아래로는 여대하천(輿儓下賤)에 이르기까지 탐혹(貪惑)하지 않음이 없고 또 묘당(廟堂)에서 국가의 정책을 결정하는 자와 경악(經幄 : 經筵)에 출입하는 자들도 모두 풍속을 이루어 심지어 투전을 하지 않으면 행세할 수 없다는 말까지 할 정도이니, 심하도다! 속습(俗習)의 쉽게 물들고 이해하기 어려움이여, 그 폐단은 반드시 도적이 되고 난 뒤에야 그칠 것이다.

"묘당에서 국가의 정책을 결정하는 자"와 "경악에 출입하는 자"는 다산이 말한 바 재상·명사와 승지·옥당관이다. 이 자료에서 보듯 양반사회 최상층부까지 투전에 전염되어 있었던 것이다.

그럼 이제 그 구체적인 사례를 살펴보자. 원인손(元仁孫)의 경우다. 원인손은, 효종의 딸인 경숙옹주(敬淑翁主)의 손자로서 병조판서·이조판서를 지낸 원경하(元景夏)의 아들이다. 더욱이 원인손 역시 이조판서·우의정에까지 올라 양반으로서 출세할 수 있는 극한에 이르렀으니 그의 가문은 명문 중의 명문이라 하겠다. 이런 가문에 속한 원인손이 18세기 투전계 최고의 타자(打子: 투전의 고수)였다.

원인손의 실력은 도대체 어느 정도였을까? 전설에 의하면 그는 투전목 80장을 한 번 보면 섞어 뒤집어놓아도 뒷면의 그림을 다 알아맞혔다고 한다. 아버지 원경하가 투전을 못하도록 후당에 가두자 투전꾼을 불러모아 병풍으로 사면을 가리고 촛불을 켜놓고는 투전에 골몰했는데, 다른 사람의 투전패를 모두 읽

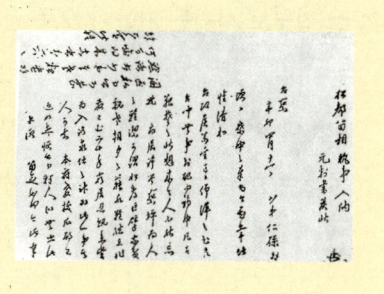

원인손 글씨, 〈근묵〉 | 원인손은 조선 후기의 문신으로 이조판서 등을 거쳐 우의정에까지 이른 인물이다. 이런 사람이 투전에 골몰할 정도였다니, 투전이 사회 전반에 두루 깊숙이 침투하였음을 알 수 있다.

어내던 그 탁월한 기량에 숨어서 몰래 지켜보던 원경하가 "이
것은 하늘이 낸 재주이며, 귀신의 지혜다〔此乃天生也, 神智也〕"
라고 탄식하고는 다시는 금하지 않았다고 한다.[16]

투전의 유행은 양반사회가 당면한 심각한 문제였다. 특히 과
거 준비와 학문에 열중해야 할 양반가의 자제들이 투전에 골몰
하는 것은 예삿일이 아니었다. 18세기 산문작가이자 관료였던
유한준(兪漢雋 : 유길준의 5대조)은 자신의 친구(실명은 미상)에
게 이런 편지를 보내고 있다.

> 잡기(雜技)의 경우 주색에 비해 더욱 가까이 할 수 없는 것
> 입니다. …… 천하에 끝내 있어서는 안 되는 것임에도 불구
> 하고 있어 온갖 해를 만들어내며, 없어도 하나 손해될 것이
> 없는 것은 잡기입니다. …… 그러므로 이것을 하는 자는 모
> 두 여항(閭巷) 시정(市井)의 악소년(惡少年)으로서 난잡하
> 고 부랑한 무뢰배들입니다. 이들은 날마다 무리를 불러모으
> 고 한데 어울려 도박판을 벌이다가 먼 데 귀양을 가기도 하
> 여 …… 크게는 집안을 망치고 작게는 자신을 망칩니다.
> 그런데도 족하(足下)는 깨닫지 못하고 용감하게 하여 거두
> 지 아니하며 즐거워하면서 돌아올 줄 모르니, 이런 까닭으
> 로 친구로 사귀는 자들이 모두 글을 하지도 않고 무예를 닦
> 는 사람도 아니고 농사꾼도 아니고 장사꾼도 아닌 천지간에
> 이른바 어리석고 도깨비 같은 무리들이며, 함께 어울리는
> 자들도 모두 이상하고 잡되며 어리석고 패역(悖逆)한 부류
> 들입니다.[17]

〈투전〉, 성협 | 다섯 명이 둘러앉아 투전판을 벌이고 있고, 한 사람은 피곤한 듯 누워 쉬고 있다. 옆에는 어김없이 술상이 놓여 있다. 그림의 제시는 이렇다. "노름하는 재주 많기도 하네/쌍륙이니 골패니 교묘하고 까다롭다/투전판은 해가 가장 크니/앉은 자리 오른편에 그림 그려놓고 교훈으로 삼으리라." 국립중앙박물관 소장.

편지의 수신자는 물론 양반이며, 그것도 상당히 지체 높은 양반으로 짐작된다. 도박의 유행은 실로 양반가의 자제를 시정잡배와 다름없는 인간으로 타락시켰던 것이다. 투전은 양반사회 내에 깊숙이 침투하여 하나의 생활이 되었다. 19세기의 풍속지인 유만공(柳晩恭)의 《세시풍요(歲時風謠)》는 이러한 현상을 다음과 같이 증언했다.

자리에 둘러앉아 투전 쪽을 어지럽게 던지노니
어(魚)·조(鳥)·장(䴰)·성(星)이 노(老)·소(少)로 나뉘었다.
자제들 삼동(三冬)이면 무엇을 읽는가
세시(歲時)면 팔대가(八大家)를 숙제로 권하네.
紙牌圍席擲紛分, 魚鳥䴰星老少分.
子弟三冬何所讀, 歲時勸課八大家.
(紙牌를 八大家라 한다 – 원주)[18]

팔대가(八大家)란 명나라 모곤(茅坤)이 엮은《당송팔대가(唐宋八大家)》를 말하는 것으로, 17세기 이후 산문 학습의 주 텍스트였다. 투전을 '팔대가'라 한 이유는 투전목이 80장이기 때문이다. 오늘날 화투 치는 것을 '진도 나간다'고 하거나 고상하게 '동양화 감상'이라고 하는 것과 다를 바 없다.

## 부모와 종족의 걱정거리

조선사회가 전에 경험하지 못했던 투전의 유행은 거대한 사회문제, 곧 병리적 현상으로 부각되었다. 정약용의《목민심서》에 의하면, 투전은 "마음을 망가뜨리고 재산을 탕진하여 부모와 종족의 걱정거리가 되는 것"이었으며, "아전이 포흠(逋欠 : 관청의 물건을 사사로이 소비하는 것)을 지고 군교가 부정을 저지르는" 빌미가 되었다. 지방관들은 "부끄러움도 모른 채" 동헌에 앉아 저리(邸吏)나 책객(冊客)들과 투전·골패에 골몰했으며, "종손(이란) 핑계(로) 위답(을) 팔아 투전질을 생애로"[19] 삼는 자가 속출했다. 윤기는 〈가금〉에서 또 이렇게 말한다.

대개 공채(公債)·사채(私債)를 혹 갚지 못하는 자는 욕설과 독촉을 함께 받아 옥에 갇히고 곤장을 맞는 지경에 이르러도 오히려 견디어 나갈 수가 있지만, 투전빚은 갚지 않을 수가 없다. 그래서 혹 갚지 못하는 경우 입고 있던 옷을 벗어주어야 하고, 그래도 부족하면 남을 속여 빚을 내야 한다. 그래도 또 부족하면 집안사람을 속이고 집안의 물건을 훔쳐내며, 그래도 또 부족하면 남의 집을 터는 짓을 하게 되니,

〈도박꾼 체포〉, 김윤보 | 투전판이 한창 벌어지고 있는 도박장을 덮치기 직전이다. 도박이 커다란 사회문제가 되면서 이를 단속하고 처벌하였음을 알 수 있다.

이것이 반드시 도적이 되고 마는 까닭인 것이다.

투전빚은 결코 잊혀지는 법이 없었다. 야차처럼 끝까지 사람을 따라다니며 개인과 가문을 결딴냈다. 도박의 유행을 막기 위한 금령이 없는 것은 아니었다. 도박장을 개설하는 자는 삼법사(三法司 : 형조·한성부·사헌부)에서 중벌에 처하게 되어 있었으나, 실제 거리의 점포에서는 투전·쌍륙 등의 도박 도구가 일상용품으로 공공연히 팔리고 있었다.

투전의 유행은 급기야 어전에서까지 거론되었다. 정조 15년 9월 19일 신기경(愼基慶)은 도박의 피해 중에서 투전을 으뜸으로 꼽으며, "위로는 사대부의 자제들로부터 아래로는 항간의 서민들까지 집과 토지를 팔고 재산을 털어 바치며 끝내는 몸가짐이 바르지 못하게 되고 도적 마음이 점차 자라게 되니", 투전을 팔아 이익을 취하는 자도 엄히 금지해야 한다고 건의하였다.

그러나 이 정도로 투전의 유행을 막을 수는 없었다. 《포도청 등록》을 보면 도박에 관한 기사가 적지 않은데, 1860년 투전에 대한 금령을 내린 이후, 1863년부터 1865년까지 해마다 금령이 반복되었으나 별 효과가 없었다. 이후 투전은 19세기 말 화투가 수입될 때까지 도박계의 패권을 차지하였으며, 화투가 수입된 뒤에도 그 놀음방식에 지대한 영향을 끼쳤다. 그 영향력은 지금도 미약하나마 '족보'와 '땡'에 남아 있다.

## 소비하는 인간의 등장

하필이면 조선 후기에 이처럼 도박이 성행한 이유는 무엇일까? 도박의 성행 역시 사회현상인 바 그것은 조선 후기 사회변화와 밀접한 관련이 있다.

첫째, 조선 후기 경제성장을 들 수 있다. 조선 후기 화폐의 통용, 상업의 발달 그리고 농업 생산량의 증가 등으로 부의 축적이 가능해졌고 이것은 소비생활에도 상당한 변화를 초래했다. 도박의 성행은 이러한 소비 수준 향상에 근거한 것이다. 경제발달이 소비의 증가를 초래하는 가운데 도박 역시 소비의 하나로 존재하게 된 것이다. 앞서 시정 공간에서 주로 중간계급 중심으로 도박이 성행하였다고 하였는데, 이들의 예를 좀더 자세히 살펴보자. 조선 후기의 경제발전은 직접적으로는 상인·역관 등 상업 관련자, 간접적으로는 이들과 관계를 맺었던 중간계급에 부를 축적할 기회를 제공하였다. 그리고 이렇게 축적된 부는 이른바 상업자본 등으로 재투자되기도 했겠지만, 한편으로는 그들의 소비 수준을 높이기도 하였다.

전자는 이미 상식이 되었으니 여기서는 후자에 대해 언급하겠다. 이 소비란 주로 조선 후기 관찬사료에서 빈번하게 거론되고 있는 음식·거주(건물)·복식 등의 사치가 되겠지만, 꼭 여기에만 국한되지는 않는다. 서화·골동 등 예술품의 수장(특히 북경에서 수입), 오락 서적의 집적, 그리고 음악 애호 등은 모두 조선 후기 소비 수준의 향상을 말해주는 것이며, 도박 역시 이러한 소비적 풍조에서 유래하였다.

이 지점에서 중간계급 가운데 새로운 인간형이 출현하니, 바로 '소비하는 인간'이다. 줄여서 '소비 인간'이라 할 수 있는 이 인간형은 18~19세기 문학이 비상하게 주목했던 바다. 이제까지 역사와 문학사 연구가 생산하는 인간에만 초점을 맞추고 소비하는 인간에 대해서는 언급하지 않고 있는 것은 매우 유감

책가도 병풍 | 책가도는 학문을 진작시킬 목적으로 그린 장식화로서 주로 책, 붓, 꽃병, 벼루, 향로, 화분 등이 있는 서재풍경을 묘사하였다. 화려하기 이를 데 없는 문방구나 도자기 등을 통해 조선 후기 소비적 풍조를 엿볼 수 있다.

스러운 일이다. 그럼 소비하는 인간의 전형이라 할 만한 두 인물의 행태를 한번 보자.

이 잡자식이 돈만 없으면 사람될 짓 초를 잡다가도 돈 곳 보면 도로 미쳐 일일장취 농창치며 안팎 사랑 친구 벗님 출일 상종 못난이와 잡기 노름하는 분네 열냥 내기 대강치기, 닷냥 내기 수투전에 백냥 내기 쌍륙치기, 가구놀음 순부동을 주야로 일삼으니, 사천 냥 넘는 돈을 사흘 만에 다 없애니 세상의 이런 잡놈 산화로 난 놈인가, 실성발광 미쳤는가.[20]

판소리 열두 마당 중 하나인 〈게우사〉의 한 부분이다. 이 소설의 주인공 '무숙이'는 상인 내지는 신흥 중간층으로 모두 상당한 재산을 소유한 인물로 그려져 있다. 그런데 이 소설의 내용인즉, 무숙이는 축적한 재산을 끊임없이 소비하다가 마침내 파멸에 이르는 과정을 그리고 있다. 이뿐만이 아니다. 〈이춘풍전〉의 주인공 이춘풍 역시 사치와 낭비로 파산하고 만다. 무숙이와 이춘풍은 동일한 성격의 인물인 것이다. 이들과 도박의 관계가 짐작이 가는가.

화폐의 유통 역시 도박 성행에 큰 몫을 하였다. 화폐는 도박

18세기 발행된 화폐 | 17세기 초부터 확산되기 시작한 화폐의 유통은 상업발달과 상업자본의 성장을 촉진하였으며, 국가경제의 관리 운용이나 일반 민중의 경제생활에도 큰 영향을 미쳐 중세적 생산양식과 가치체계를 해체시키는 요인으로 기능하였다.

에서 거래되는 모든 물질적 가치를 단일한 단위로 환원하였는데, 이는 도박의 실행(?)에 이루 말할 수 없는 편리를 제공하였다. 비슷한 예로 19세기 말에서 20세기 초에 화투가 커다란 사회문제가 될 정도로 성행했던 데에는 금속화폐보다 액면가가 높은 지폐의 유통이 일조를 했다고 한다.

### 우연과 불확실성이
### 똬리를 튼 세상

이상에서 지적한 바와 같이 조선 후기 경제발전으로 인한 부의 축적, 화폐의 유통 등이 도박 성행의 일차적 원인이었다. 하지만 그것은 필요조건이지 충분조건은 아니다. 서두에서 언급한 바와 같이 오늘날 경제 후진국에서도 도박은 얼마든지 성행하고 있다. 따라서 조선 후기 도박의 유행을 화폐경제의 발달만으로는 설명할 수 없다. 또 다른 요인을 생각하지 않으면 안 된다.

도박은 불확실성을 바탕으로 작동하는 게임이다. 몇몇 변수로 결과를 확실하게 예측할 수 있다면, 도박은 성립될 수 없다. 실제 하나의 사회적 현상으로서 도박의 성행은 사회 자체의 불확실성과 놀라울 정도로 일치한다. 가사 〈우부가(愚夫歌)〉를 인용한다.

사람마다 도적이오 원(怨)하나니 산소(山所)로다
천장(遷葬)이나 하여보며 이사나 하여볼까?
(중략)
주제 넘게 아는 체로, 음양술수(陰陽術數) 탐호(貪好)하여

당대발복(當代發福) 구산(求山)하기 피란(避亂)곳 찾어가며
올적 갈적 행로상(行路上)에 처자식을 흩어놓고[21]

〈우부가〉 주인공의 삶은 불안하다. 사람마다 '도적'으로 보인다. 그래서 '피란곳'을 찾아다니며 올적 갈적 행로상에 처자식을 흩어놓는다. 이런 일에 가산이 소모된다. 이들의 행태는 앞날을 도무지 예측할 수 없는 조선 후기 사회의 불확실성으로부터 유래하였다.

'피란곳'이란 무엇인가? 멀리 임병 양란을 들 것도 없이 18세기 이후의 잦은 정변과 이인좌(李麟佐)의 난과 같은 봉건권력층 내부의 반란, 그리고 장길산으로 대표되는 군도의 횡행, 전에 없던 전염병(장티푸스, 콜레라)의 유행, 과도한 수탈, 요원의 불길처럼 일어난 민중저항(민란), 홍경래(洪景來)의 난, 유언비어의 유포, 《정감록(鄭鑑錄)》과 같은 비기류(秘記類)의 유행 등으로 사회 전반에 불안감이 광범위하게 형성되자 풍수론을 바탕으로 도피할 곳을 찾게 되었으니 '피란곳'은 바로 그런 곳을 일컫는다. 사회적 불확실성의 증가는 개인의 삶을 전혀 예측 불가능하게 만들었다.

이러한 사회적 불확실성의 증가는 도박의 유행과 어떤 관련이 있는가? 도박에 골몰했던 이춘풍의 말을 들어보자. 이춘풍은 도박에 골몰하는 자신을 나무라는 아내에게 이렇게 답한다.

자네 내 말 들어보소. 사환 대실이는 술 한 잔을 못 먹어도 돈 한푼을 못 모으고, 이각동이는 오십이 다 되도록 주색을 몰랐어도 남의 집 사환을 못 면하고, 탑골 북동이는 투전 골

패 몰랐어도 수천 금을 다 없애고 굶어 죽었으니, 일로 볼작시면 주색잡기 하다가도 못사는 이 별로 없네. 자네 차차 내 말 잠깐 들어보소. 술 잘 먹는 이태백도 노자작(鸕鶿酌)·앵무배(鸚鵡盃)로 백년 삼만 육천일 일일수경삼백배(一日須傾三百杯)에 매일 장취하였어도 한림학사(翰林學士) 다 지내고, 자골전 일손이는 주색잡기하였어도 나중에 잘 되어서 일품 벼슬하였으니, 일로 볼지라도 주색잡기 좋아하기 남아의 상사(常事)로다. 나도 이리 노닐다가 일품 벼슬하고 이름을 후세에 전하리라.[22]

이춘풍에 의하면 인간의 삶은 예측 불가능하다. 이춘풍은 인간의 행위와 그 결과에 대한 인과적 필연성 자체를 믿지 않는다. 'a' 란 조건에 대해 'A' 란 결과가 필연적으로 발생하지 않는다는 것이다. 이춘풍의 발언은 반사회적이고 가치 전도적이지만, 자신이 살고 있는 사회의 불확실성을 정확하게 지적하고 있다는 점에서 주목할 만하다. 이춘풍의 사고는 불확실성에 바탕한 도박의 원리와 정확하게 일치한다.

이런 사고가 이춘풍만의 것인가. 한 예를 더 들어보겠다. 19세기 문인인 최태동(崔泰東 : 1844~1877)은 〈삼문(三問)〉이란 흥미로운 글을 남겼다. '주·색·잡기(도박)' 에 대한 세 가지 물음을 뜻하는 제목처럼, 이 작품은 도박꾼과 작자의 대화로 구성되어 있다. 그 중 도박에 관한 부분에서 도박꾼은 중국 역대의 탁월한 문인들이 빼어난 능력에도 불구하고 비참한 삶을 살았음을 상기시키고, 각고의 노력으로 문학을 전공해봤자 아무 소용 없으니, 남들이 기한에 떨 때 비단옷과 고량진미를 먹을 수 있으며 배우기에도 아주 쉬운 이 기술(투전)을 배우라고 권한다.

이 권고에 대해 작자는 상식적인 수준에서 도박의 일반적인 폐해를 들어 반박한다. 하지만 그것은 도박의 폐해이지 애초 제기한 물음, 곧 재능 있는 인간들이 왜 사회적으로 좌절·실패하는가에 대한 정확한 답은 아니다. 예컨대 당시 모든 사회구성원들이 절대적 가치로 여긴 관료로서의 출세는, 과거라는 합리적 방법을 통해서는 이루기 어려운 목표였다. 과거제도는 이미 체제가 약속한 프로그램대로 작동하지 않았다. 따라서 최태동의 답은 개인의 재능과 노력에 정비례하지 않는 사회적 성취의 부등식에 대한 답이 될 수 없으며 도박꾼을 설득할 수도 없다.

### 경제 현상에 적용된 도박의 원리

이춘풍 등이 갖고 있는 세계관, 곧 불확실성에 운명을 맡기는 도박의 세계관은, 조선 후기 사회의 불확실성에서 유래하였다. 내친 김에 도박의 원리가 경제 현상에서는 어떻게 작동되었는지 살펴보자. 다시 〈우부가〉를 참고한다.

기인취물(欺人取物)하자 하니, 일갓집에 부자 없고
뜬 재물 경영(經營)하고 경향(京鄕)없이 싸다니며,
(중략)
부자나 후려볼까? 감언이설 꾀어보세.
언막이며 보막이며, 은점이며 금점이며[23]

110 조선의 뒷골목 풍경

〈우부가〉의 '개똥이' 등은 재산을 다 날리자 '언(堰)막이' '보(洑)막이' '금점(金店)' '은점(銀店)'으로 부자에게 사기를 치기로 한다. 이 이야기는 과연 어느 정도 당대 사회상을 반영하고 있을까? '언막이' '보막이'부터 살펴보자. 윤기의 글을 다시 인용한다.

이(利)를 말하기를 좋아하는 자는 반드시 제언(堤堰)을 쌓아 논을 만드는 것이 상책이라 하며, "아무 곳에 공지(空地)가 있어 보(洑)를 만들 만한데, 만약 몇백 민(緡 : 돈꿰미)만 들이면 몇만 석 추수를 얻을 수 있다"고 한다. 그 말을 들으면 참으로 이(利)가 있는 까닭에 돈이 있는 자는 다소를 가리지 않고 스스로 물주가 되며, 빚을 놓은 사람은 그 감언이설에 넘어가 토지를 팔곤 한다.[24]

수리가 용이한 공한지에 제언을 쌓아 논으로 만드는 것이 '언막이' '보막이'인 바, 그 이면에는 "몇백 민만 들이면 몇만 석 추수를 얻을 수 있다", 곧 소액을 투자하여 최대한의 보상을 받을 수 있다는 도박의 원리가 작동한다. 봉이 김선달이 대동강 얼음 위에 짚을 썰어두고 논처럼 보이게 하여 팔아먹었다는 이야기도 바로 이런 사회적 배경에서 유포된 것이다.

한편 '금점' '은점'은 금광·은광 개발로 한몫 보려는 것이다. 금광·은광은 18세기 이후 본격적으로 개발됐다. 은은 북경무역의 주 결제수단으로, 일본과의 무역에서 얻은 멕시코 은이 대부분을 차지했다. 그러나 18세기 초반부터 일본이 중국과 직교역을 함으로써 중개무역이 위축되고 일본으로부터 유입되는 은이 격감하자 국내 은광을 개발할 필요가 생겼다. 금광·은광의 개발은 이익이 많이 남았으므로 불법채광인 잠채(潛採)가 유행했다.

조선 후기 금광·은광의 개발과 언막이·보막이가 대대적으로 성행했음은, "세상에서 부랑한 파가(破家)의 자제라고 일컫는 자들은 늘 '광산을 개발하고 제언을 쌓는다'고 말하기 때문에 어울려 애를 쓰며 종사하는 자들이 꼬리를 물고 이어졌다"는 남공철(南公轍)의 말에서 충분히 짐작할 수 있다.[25]

그럼 이에 종사했던 인물을 예로 들어보자. 남공철의 발언은 〈동지중추부사안군묘지(同知中樞府事安君墓誌)〉에서 인용한 것인데, 이 작품의 주인공 안명관(安明觀)이야말로 그 적실한 예가 됨직하다. 대개의 묘지(墓誌)가 대상 인물을 미화하는 데 비해, 이 묘지는 대상 인물의 타락과 몰락을 그리고 있다는 점에서 대단히 흥미롭다.

> (안명관은) 사람됨이 호탕하고 시여(施與 : 베풀기)를 좋아하였으며, 남을 자기처럼 믿었다. 복식과 안마(鞍馬 : 안장을 얹은 말)를 호사스럽게 하지 않은 것을 부끄럽게 여겨 이 때문에 가산이 거듭 줄어들었다.[26]

안명관은 이춘풍이나 무숙이와 마찬가지로 호기와 사치로 재산을 소모한다. 이 묘지는 서두의 짤막한 도입부를 제외하고는 안명관의 두 가지 행각을 서술하고 있는데, 그 행각이란 다름아닌 은광 개발과 언막이다.

안명관은 남의 말을 듣고 '가옥 1구(區)'와 '전지(田地) 2백경(頃)'을 팔아 수천 금을 마련해 은광 개발에 뛰어든다. 그러나 아무리 갱을 깊이 파도 은은 나오지 않았고, 약간 나온 은도 순도가 낮아 파산하고 만다. 그는 거지가 되어 집으로 돌아온다.

그 뒤 안명관은 강원도 인제현(麟蹄縣)의 침수지에 제언을 쌓아 논으로 만들면 5백 곡(斛)의 세(稅)를 받을 수 있다는 말에 솔깃하여 화협공주방(和協公主房)의 허가증을 얻고 호조(戶曹)에서 빚을 내 언막이에 뛰어들지만, 부근 묘지를 침수시킨다는 고발로 인해 도망하게 되었고, 쌓았던 제언도 홍수에 무너져 다시 한 번 파산한다.

언막이 등은 그 자체가 도박은 아니다. 그러나 〈우부가〉의 주인공과 안명관이 행한 언막이와 광산 개발 등이 사기와 불법으로 점철됐다는 점을 상기할 필요가 있다. 그것은 성실한 노동과 합리적 경영을 생략하고 최소한의 투자로 최대한의 이익을 노리는 도박의 원리에 철저히 의지한 것이었다.

### 도박 권하는 사회

이제까지 살펴본 대로 조선 후기 도박은 단순한 오락을 넘어선 것이었다. 도박의 원리는 조선 후기 사람들의 의식과 경제활동 전반에 깊숙이 침투해 있었다. 조선 후기인들은 합리성과 확실성이 아닌 비합리성과 불확실성의 바다에서 허우적대고 있었던 것인가? 아니 어쩌면 모든 인간이 추구하는 합리성과 확실성 자체가 환상일지도 모른다.

지금도 도박은 성행한다. 그러나 체제는 개인적 도박을 불법으로 규정한다. 도박은 '심심풀이'—이것의 한계가 어디인지

의문이다. 돈 많은 인간들은 수억, 수십억 원도 심심풀이로 여길 수 있지 않은가—를 넘는 순간 불법이 된다. 체제는 왜 도박을 불법화하는 것일까? 과연 체제는 도박 자체를 용인하지 않는가? 그렇지 않다. 수익이 큰 이 장사를 왜 외면하겠는가. 국가는 오로지 도박을 독점하기 위해 자신이 허락한 도박 외에는 모두 금지한다.

대표적인 것이 복권과 경마다. 고스톱은 금지하지만 복권과 경마는 장려한다. 특히 후자는 '레저'란 이름으로 권장한다. 복권은 체제에 의해 합법화된 도박의 전형이다. 증권 역시 나라에서 권장하는 도박에 다름아니다. 증권을 일컬어 '자본주의의 꽃'이라 하지만 그 꽃은 흉측한 데다 악취를 풍긴다. 시세차익을 노리고 덤벼드는 인간들의 추태를 보라. 증권의 특징은 어느 누구도 주가의 등락을 예측할 수 없다는 데 있다. 만약 주가의 등락이 예측 가능하다면 증권시장은 성립하지 않는다. 도박이 그렇듯 증권 역시 사람들로 하여금 자신의 테크닉으로 돈을 딸 수 있다고 믿게 만든다. 사기도박과 마찬가지로 증권에도 불법 거래가 성행한다.

우리 역사에서 지금보다 도박이 성행한 시대는 없었다. 왜 그런가? 그 이유로 나는 도박의 두 가지 원리 중 후자를 들겠다. 도박은 인간이 세계를 이해하는 한 방식이다. 말하자면 도박은 모든 것이 불확실성에 의해 지배된다는, 세계에 대한 또 다른 이해의 방식이다. 인간의 역사는 비합리에서 합리로, 불확실에서 확실로 진보했던가? 그렇게 믿고 싶을 것이며, 또 그러했다고 이야기되고 있다.

그러나 나는 의심한다. 왜냐고? 내가 보고 경험한 세상이 그렇지 않기 때문이다. 세상의 밑바닥에는 우연과 불확실성이 똬리를 틀고 있다.

# 4 마셨다 하면 취하고 취했다 하면 술주정

― 금주령과 술집

　술에 관한 이야기는 차고 넘친다. 역사에 길이 남을 명저도 있다. 변영로의 《명정사십년(酩酊四十年)》과 양주동의 《문주반생기(文酒半生記)》는 이 방면의 포복절도할 쾌저(快著), 명저가 아니던가! 다른 문인들의 소소한 음주기(飮酒記)를 더러 읽어보았지만, 모두 이 두 명저에 몇 걸음 양보해야 하리라. 하지만 이 책에 불만이 아주 없는 것은 아니다. 음주에 관한 역사적 접근이 없다는 점에서 그렇다. 예컨대 조선시대 사람들은 어떤 술집을 즐겨 찾았으며 그러한 술집은 언제 생겨난 것인가? 이런 물음에는 아무도 답해주지 않으니 답답하다.

　술은 역사적·사회학적 고찰을 요하는 어휘다. 한국 기업의 접대문화는 술과 분리할 수 없는 바, '술상무'란 말에는 20세기 후반 한국이 경험했던 압축적 산업화와 근대화가 각인되어 있다. 또 지금 한국의 거창한 향락산업 역시 술 없이는 생각조차 할 수 없다.

그뿐인가? 술은 거대한 세원(稅源)이므로 국가경제와도 밀접하게 관련되어 있으며, 음주의 허용 연령은 청소년 문제와 연관된 사회학적 문제다. "여자가 술을?"이란 의문문은 한국사회의 뿌리 깊은 성차별을 한마디로 요약한다. 그러고 보니 술단지 밑바닥에 인간의 사회와 역사, 경제와 문화가 녹아 있다. 술이야말로 한번 다루어볼 만한 주제가 아닌가. 하나 이 방대한 주제를 다루기에는 필자의 역량에 한계가 있으니, 여기서는 조선시대 금주령과 술집에 대해 간단히 살펴보고자 한다.

### 곡식을 축내는 주범

국가권력이 음주를 향한 당신의 욕망을 좌절시킨다면, 즉 앞으로 1년 동안 혹은 석 달 동안 술을 마시지 못하게 하고, 이를 어길 경우 처벌한다면 어떻겠는가. 이런 음주 금지령이 발동된다면 술꾼인 당신은 평생을 어떻게 살겠는가.

조선시대에는 실제 이런 일이 벌어졌다. 국가가 수시로 금주령을 발동하여 개인의 음주를 금지했던 것이다. 그 이유는 매우 간단하고도 건전한 것이었다. 알코올은 주로 곡물과 과일에서 얻는다. 벌꿀이나 용설란 같은 것을 이용하기도 하지만, 대종을 이루는 것은 역시 곡물과 과일이다. 감자나 고구마 같은 작물은 18세기 이후에 들어왔고 원래 구황식물이라 알코올의 재료로 널리 쓰이지 않았다. 고구마가 주정이 된 것은 20세기의 일이다. 당연히 조선시대 술의 주재료는 쌀과 보리 등 곡물이었다. 곧 술은 귀중한 식량인 곡물을 축내는 주범이었던 것이다.

술은 먹지 않아도 살 수 있지만, 밥은 먹지 않으면 죽는다.

사회 전체가 농업생산에 목을 매고 있던 조선시대에 곡물의 안정적 확보는 체제안정과 통하는 문제였다. 흉년이 들었을 경우, 곡물의 낭비는 곧 죽음을 불러왔다. 그러니 곡물이 술로 낭비되는 것은 문제가 아닐 수 없었다. 아니 멀리 올라갈 것 없이 불과 20여 년 전까지만 해도 쌀로 막걸리를 담을 수 없지 않았는가. 물론 곡식 낭비라는 측면 외에도 드물게 천재지변이나 화재와 같은 재난이나 국상 등의 거창한 상사가 있을 때 근신하는 의미에서 금주령이 발동되기도 하였다. 이런 여러 가지 이유로 조선은 5백 년 동안 금주령을 기본정책으로 유지했다.

그럼 이제 국가가 어떻게 술을 통제했는지 살펴보자. 《태조실록》 7년 5월 28일 조에는 각 도에 술을 금하는 영을 거듭 엄하게 내렸다는 기사가 실려 있다. 이것이 내가 본 조선시대 최초의 금주령이다. 물론 그 구체적인 내용은 알 수 없다. 《실록》을 좀더 뒤져보자. 《태종실록》의 금주령이다.

> 금주령을 내렸다. 의정부에서 아뢰기를 "늙고 병든 사람이 약으로 먹는 것과 시정에서 매매하는 것도 모두 엄하게 금하소서" 하니, 그대로 따랐다. -《태종실록》10년 1월 19일

> 임금이 의정부에 명하였다. "금주령을 먼저 세민(細民)에게 행하고, 거가(巨家)에는 행하지 아니하였다. 또 술을 팔아서 생활의 밑천으로 삼는 자도 있으니, 공사연(公私宴)의 음주 이외는 금하지 말라." -《태종실록》12년 7월 17일

> 공사의 연음(宴飮)을 금지하였다. 환영과 전송에 백성들이

탁주를 마시는 것과 술을 팔아서 생활하는 자는 금례(禁例)에 두지 말게 하였다. -《태종실록》15년 1월 25일

모두 금주령이다. 대개의 금주령은 이런 식인데, 여기서 흥미로운 것은 술을 팔아 생계를 유지하는 백성의 존재다. 이들의 영업형태가 고객이 술을 마실 수 있는 일정한 공간을 마련한 주점을 의미하는지, 단지 술만 파는 가게인지는 분명하지 않다. 하지만 조선 전기의 기록을 두루 훑어보건대 우리가 생각하는 일반적인 술집, 즉 술과 안주를 함께 판매하는 상업적 공간에 관한 언급은 거의 보이지 않는다. 그렇다면 "술을 팔아 생계를 유지하는 사람"이란 도대체 무슨 의미인가. 이 문제는 잠시 뒤에 다시 고찰하기로 하자.

용수 | 다 익은 술독 안에 박아넣어서 맑은 술을 얻는 데 사용하는 도구이다. 술이 다 익은 후 술을 뜨기 하루 이틀 전에 술항아리 가운데 용수를 박아두면 용수 안에 맑은 술이 고이는데, 이 술이 바로 청주다.

### 가난뱅이만 걸려드는
### 불공평한 법

금주령은 개국 초부터 조선이 망할 때까지 5백 년에 걸쳐 강력하게 시행된 법령이었다. 실제 금주령에 관한 《실록》의 자료를 검색해보면, 그 엄청난 양에 놀라게 된다. 하지만 대개의 금주령은 금주령의 이유(보통 흉년, 가뭄), 금주 기간, 금주령의 범위로 간단하게 압축된다. 이 중 금주령의 적용범위가 가장 중요하다. 《태종실록》 7년 8월 27일의 기사는 금주 범위의 실례다. 사헌부의 말이다.

(1) 각사(各司)의 병술과 영접·전송, 귀신에게 지내는 제사, 다탕(茶湯)을 빙자하여 허비하는 따위의 일은 일절 금지

하고, 조반(朝班)과 길거리에서 술에 취하여 어지럽게 구는 대소 원리(大小員吏)를 또한 규찰하게 하되, (2) 다만 늙고 병들어서 약으로 먹는 것과 시정에서 술을 팔아 살아가는 가난한 자는 이 범위에 넣지 않게 하소서.

(1)이 금주의 대상이고, (2)가 제외의 대상이다. 늙고 병든 사람이 술을 약으로 마시는 경우, 가난하여 술 파는 것을 직업으로 삼는 경우는 금주령에서 제외되었다. 물론 금주의 범위는 늘 가변적이다. 《세종실록》 2년 윤1월 23일 기사에 의하면, 금주령 기간 중이라도 부모 형제의 환영이나 전송, 늙고 병든 사람의 복약(服藥), 또 이런 경우에 사용될 술을 매매한 사람은 처벌에서 제외되었고, 오로지 놀기 위하여 마시거나 부모 형제가 아닌 사람을 영접 전송하며 마시는 경우, 또 이들에게 술을 판 경우는 모두 처벌 대상이었다.

하지만 이 범위는 상황과 정책 담당자의 성격에 따라, 혹은 임금의 의지에 따라 유동적이었다. 예컨대 무사들이 사후(射侯 : 활쏘기 연습)할 때 음주를 허락할 것인가가 중요한 토론대상이 되기도 하였다(《세조실록》 4년 5월 10일, 《성종실록》 9년 5월 29일). 논의의 초점은 활을 쏠 때 술의 힘을 빌어야 잘 맞는다는 것이었는데, 이 경우 역시 허락과 부정을 반복했다. 요약하면 대체로 늙고 병든 사람이 약을 먹을 때 마시는 술과, 혼인·제사·헌수·사후나 병술은 금주령의 처벌대상에서 대체로 제외되었다(《성종실록》 14년 3월 6일).

금주령은 강력했지만 실제 단속에 걸려드는 이들은 힘없는 백성들뿐이었다. 청주를 마신 자는 걸려들지 않고, 탁주를 마신

자는 걸려들어 처벌을 받는다 했으니(《세종실록》 2년 윤1월 23일), 요즘으로 치면 양주 마신 사람은 괜찮고 소주 마신 사람은 걸려든 셈이다. 금주령으로 인해 처벌받는 사람은 언제나 가난하고 불쌍한 백성들이고, 고대광실에서 호사스럽게 술을 즐기는 자들은 처벌받지 않았으며(《세종실록》 8년 2월 23일), 가난뱅이는 우연히 탁주 한 모금을 마시다가도 체포되지만, 세력과 돈이 있는 자는 날마다 마셔도 누구 한 사람 감히 입에 올리지 못했다(《세종실록》 11년 2월 25일). 법이 약자만 옭아매는 것은 예나 지금이나 마찬가지인가 보다.

한편 금주령을 내릴 때 특별히 단속대상이 된 술이 있었으니, 소주가 그러했다. 조선 건국 이후 체제가 안정되자 술도 점점 고급화되어 소주의 소비가 점차 늘어났다. 조선시대에는 지금과 달리 소주가 고급술이었다. 소주처럼 알코올 함량이 높은 증류주를 만들려면 곡식이 많이 소모된다. 세종 15년 이조판서 허조(許稠)는 자신이 처음 벼슬길에 들어설 때는 소주를 보지 못하였으나, 지금은 집집마다 소주가 있다고 증언하고 있다 (《세종실록》 15년 3월 23일). 허조는 조선 건국 직후부터 관료의 길을 걷기 시작한 인물이니, 건국 초기에는 소주가 드물었는데 세종 연간에 와서 소주 마시는 풍조가 성행하기 시작했던 것으로 볼 수 있다. 성종 21년의 자료에 의하면, 세종 때만 하더라도 소주는 사대부가에서도 드물게 쓰는 술이었으나, 당시는 보통 연회에도 모두 소주를 사용하였다고 한다(《성종실록》 21년 4월 10일). 이처럼 관청에서 시정에 이르기까지 소주 마시는 풍습이 널리 퍼지자 소주 마시는 것을 금지하기도 했지만(《성종실록》 22년 2월 22일), 금령의 효력은 한때뿐이고 소주는 이내 다

소줏고리 | 소주를 증류할 때 사용하는 기구로 윗부분은 위쪽이, 아랫부분은 아래쪽이 트였으며, 허리 부위에 경사진 주둥이가 달려 있다. 솥 안에 술을 담고 솥 위에 고리를 앉혀 불을 때면, 술이 끓고 이어서 증기가 고리 속으로 들어간다. 윗부분에 찬 물을 자주 갈아주면 밑에서 올라온 증기가 물방울이 되어 옆에 달린 주둥이를 통해 밖으로 흘러나온다. 이것이 소주다.

시 음용되었다.

'신래침학(新來侵虐)'에도 소주가 사용되었다고 하니 흥미로운 일이다. 신래침학은 과거에 합격하여 처음 관청에 보직을 받아 출근하는 사람에게 고참들이 술과 요리를 요구하며 온갖 희학을 벌이는 일종의 입사의식인데, 이때 고참들에게 값비싼 소주를 바쳐야 했다.《중종실록》19년 8월 1일 조에 의하면 남곤은 "민간의 의식이 부족한 것은 술 때문이고, 그 중에서도 소주를 만들기 위해 미곡을 낭비하는 것이 가장 심하며, 소주는 특히 신래를 침학할 때 반드시 요구한다"고 증언하고 있다. 신참은 "가산을 팔고 힘을 다하여 준비한다"고 했으니 오죽했겠는가.

### 음주의 시대, 술독에 빠진 양반들

술의 금지는 금주령만으로는 이루기 어려웠다. 그런 까닭에 요즘 금연 캠페인을 벌이듯, 음주의 해악을 지적한 책을 제작 보급하여 국민을 의식화시키는 방법도 고안되었다. 세종 15년의 일이다. 세종의 명으로《계주윤음(戒酒綸音)》이란 책을 주자소에서 인쇄하여 반포했다(《세종실록》15년 10년 28일). 내용이야 뻔하다. 술의 부정적 효과를 늘어놓고 있으니, 그 논리를 잠시 따라가보자.

우선 술은 "곡식을 썩히고 재물을 허비한다." 이건 설명이 필요없다. "술은 안으로 마음과 의지를 손상시키고 겉으로는 위의(威儀)를 잃게 한다." 그렇다. 술에 취하면 내 마음과 의지는 사라지고 술이 나를 지배한다. 평소 지켜온 몸가짐을 잃을 수밖에 없다. "술 때문에 부모의 봉양을 버린다." 알코올에 중독되면 부모도 눈에 보이지 않는다. "남녀의 분별을 문란하게 한다." 남녀 사이의 부도덕한 관계는 대부분 술김에 이루어진다. "해독이 클 경우 나라를 잃고 집을 패망하게 만든다." 당연하다. 술에 빠져 나라를 망치고 가정을 망친 사람이 어디 한둘이던가. "해독이 작으면 성품을 파괴시키고 생명을 상실하게 한다." 그렇다. 알코올 중독자의 언어와 행동을 생각해보라. 술로 인한 질병으로 죽는 사람은 또 얼마나 많은가. 세종은 이 책을 서울과 지방의 관청에 보급하여, 족자로 만들어 관청 벽에 걸어

〈중묘조서연관사연도(中廟朝書筵官賜宴圖)〉 | 1535년(중종 30) 경복궁에서 당시 왕세자였던 인종이 자신을 가르치던 서연관에게 내린 법연의 모습을 그린 그림이다. 악공의 연주에 맞추어 기녀가 춤을 추며 흥을 돋우고 있다. 얼마나 술을 마셨는지 취하여 몸을 가누지 못하는 대신들을 부축하여 나가는 모습이 재미있다. 고려대학교박물관 소장.

두고 늘 술을 조심하는 마음을 가지라고 주문했다. 하지만 아무 효과도 보지 못했음은 두말할 필요가 없다.

조선 전기는 음주의 시대였다. 임진왜란이 일어나기 7년 전인 1585년 지평 한응인(韓應寅)은 이렇게 말하고 있다.

> 요즈음 여항에서는 대소귀천을 가릴 것 없이 모두 연회에 절도가 없어 주육(酒肉)이 낭자하고 음악이 시끄러운 것이 태평하여 근심이 없을 때와 같으니 매우 한심합니다. 술병을 가지고 다니는 것을 일체 금단하소서. -《선조실록》 18년 4월 29일

로마의 평화가 아닌 조선의 평화는 그야말로 '대소귀천' 모두를 술에 빠지게 했다. 물론 대소귀천 운운하지만, 술의 최대 소비자는 양반이었다. 술은 곧 곡식이었으므로, 궁핍한 백성들은 마음대로 술을 마실 수 없었다. 공장에서 대량생산되는 값싼 알코올이 등장하고 난 뒤에야 비로소 가난한 사람들도 알코올 중독에 걸릴 수 있었던 것이지, 오로지 곡식에 목을 매고 살았던 중세의 보통 백성들에게 알코올은 너무나 값비싼 기호식품이었다.

조선시대 마음대로 술을 마실 수 있는 이들은 지배자 곧, 양반관료였다. 각 관청마다 주고(酒庫:술창고)가 딸려 있었을 뿐 아니라, 영접·전송 등의 행사에 모두 술을 사용하였다. 《중종실록》 36년 11월 13일의 기사를 보자. 이 기사에 의하면, 품계가 높은 서울의 아문과 육조 소속 각 관청에서는 자체로 술을 빚어 술을 물처럼 마시고, 이 때문에 원래 술 판매에 종사하던 각 관아의 노복들이 생업을 잃기도 하였다고 한다. 또 서울 시

〈한강음전도(漢江飮餞圖)〉 부분 | 1508년(중종 3) 영천 군수로 떠나는 이현보(李賢輔)를 전송하기 위해 동료 문사들이 행한 전별연 광경을 그린 그림이다. 한강변에서 연회를 벌이고 끝나갈 무렵인 듯 인사를 나누고 있다. 이와 같은 양반들의 전송, 환영행사 등에는 술이 빠지는 법이 없었는데, 그림 속에서도 어김없이 술병이 보인다. 농암(聾巖) 종가 소장.

내 각 시장에 누룩을 파는 곳이 7~8군데 있고, 거기서 하루에 거래되는 누룩으로 빚는 술의 양이 쌀 1천여 석에 이른다고 하였다. 과장이 약간 섞였겠지만, 엄청난 양이 아닐 수 없다. 이 때문에 흉년을 핑계로 관청의 주고를 혁파하지만, 그렇다고 술의 소비량이 줄어들지는 않았다.

양반계급의 술 소비는 당연히 역사성을 갖는다. 조선시대 양반들은 자신들이 누릴 수 있는 사회적 특권과 쾌락을 누리는 데 열중하였으며, 음주 역시 그 특권적 쾌락의 일단이었다. 또한 조선은 임진왜란 이전까지 거의 2백 년 간 평화를 누렸다. 크고 작은 정변과 외교적 갈등이 없지 않았으나, 이토록 장구한 평화는 실로 드물었으니, 이 장구한 평화가 양반들의 음주벽을 진작시켰다.

## 병술 파는 주류 판매업 등장

조선시대 이처럼 음주문화가 성행하였다면, 그 구체적인 행태가 궁금하지 않을 수 없다. 조선시대 사람들은 오늘날처럼 술집에서 술을 마셨을까? 오늘날에는 그야말로 매식이 가능한 곳에서는 거의 다 술을 마실 수 있다. 대개의 식당이 밥과 술을 겸해서 판매하고 있어, 굳이 술집에 가지 않더라도 어디서든 술을 마실 수 있으며, 술만을 전문적으로 파는 곳도 허다하다.

그렇다면 조선 전기에도 술을 팔았을까? 술집이란 것도 있었을까? 전자의 의문에 대해서는 앞에서 본 바와 같이 '그렇다'라고 답할 수 있지만, 후자에 대해서는 '아마도 없었을 것이다'라고 답할 수밖에 없다. 추측성 답을 한 것은 이제까지 필자가 접한 문헌 중에 술집에 관한 자료가 없었기 때문이다. 술집에 관한 정보가 없는 것은, 술을 마실 수 있는 상업적 공간이 실제로 없었거나 그런 공간이 극히 드물었기 때문일 것이다. 예컨대 방대한 《실록》에도 조선 전기 술집에 관한 기록은 거의 보이지 않는다. 다만 세종 16년 4월 11일 조에 성균 생원 방운(方運) 등이 불교의 폐단을 비판하면서 백성들은 굶어 죽는 일이 있으나 승려들은 일을 하지 않고도 굶어 죽는 일이 없다 하고, 이런 말을 덧붙이고 있다.

급기야는 교만하고 방자한 버릇이 생기어 어떤 자는 찻집[茶肆]이나 술집에 나와 놀면서 스스로 서로 잘난 척하고 뽐내며, 어떤 자는 약한 백성과 서로 이익을 다투어 재물 모으기를 꾀하고, 처자를 끼고 먹이어 청정한 곳을 더럽히고,

추악한 행동을 드러냅니다.

이 자료는 상당히 문젯거리다. 술집과 함께 찻집이라니! 찻집은 조선 역사에는 존재하지 않으므로 정밀하게 따져보아야 할 문제이다. 다만 여기서 등장하는 술집과 찻집은 아마도 고려의 유풍이 아닌가 한다. 이 자료 이후 찻집은 물론 술집에 관한 기록은 거의 보이지 않는다.

그렇다면 사람들은 어떻게 술을 마셨을까? 조선 전기 《실록》에는 '회음(會飮)'을 금한다는 기록이 자주 나오는데, 회음은 앞서 이야기한 대로 환영, 전송, 잔치, 꽃놀이 등의 기회에 모여서 술을 마시는 것이다. 이것이 가장 일반적인 음주형태다. 그렇다면 술은 어떻게 마련하는가. 술은 대개 자가(自家)의 양조주(釀造酒)이고, 앞에서 본 바와 같이 관청에서도 술을 빚었다. 그 밖의 경우는 당연히 술을 담가 판매하는 사람이 있어 그 사람에게 술을 사서 마셨다. 앞서 인용한 금주령에 관한 《태종실록》의 기록에서도 술을 빚어 생계를 유지하는 이들의 양조는 금지하지 않는다고 하였다.

그런데 조선 전기 술의 판매는 지금과 형태가 조금 달랐던 것으로 생각된다. 우선 술집 문제는 접어두고 병술이란 말부터 알아보자. 병술은 문자 그대로 병에 담은 술이란 뜻이다. 지금 이 말은 죽은 말[死語]이 되었지만, 조선 전기 《실록》에는 자주 등장한다. 즉 금주령을 내리면서 그 범위를 제한할 때 흔히 나오는 단어이다. 앞서 금주령의 예로 든 《태종실록》 7년 8월 27일조에서도 이미 나온 바 있다. 좀더 구체적인 자료를 보자.

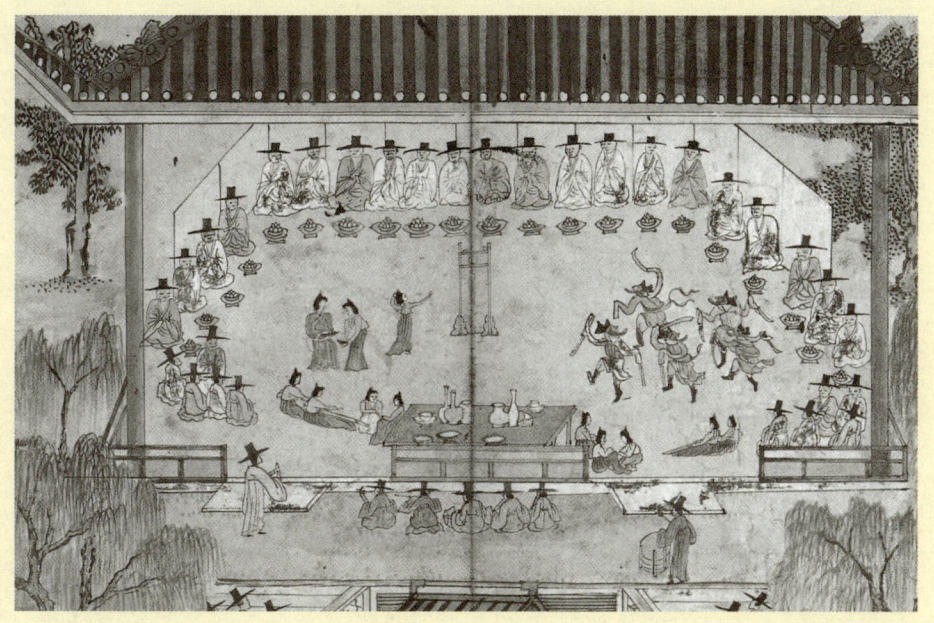

〈이원기로회도(梨園耆老會圖)〉 | 1730년(영조 6) 이원(李園)에서 벌인 연회를 묘사한 그림이다. 기로(耆老) 21인이 참석하였는데 대부분 숙종에서 영조 연간 관리를 지낸 인물들이다. 이런 연회에 역시 가무와 함께 음주가 빠질 리 없었다. 국립중앙박물관 소장.

사헌부에 전지하였다.

"장마비가 재해가 되어서 밭을 제때에 거두지 못하니, 진실로 마땅히 상하(上下)에서 수성(修省)하여 천견(天譴)에 보답해야 할 것이다. 늙고 병들어서 약으로 복용하거나 혼인 제사, 부모의 헌수(獻壽) 및 서인(庶人) 다섯 사람 이하가 술을 마시는 것과, 길에서 병술을 가지고 가는 것 외에는 중외(中外)에서 술을 쓰는 것을 금하라." -《성종실록》 9년 5월 29일

병술은 보통 금주령의 적용 범위에서 제외되었다. 이처럼 대개의 금주령은 병술은 금하지 않았으므로, 병술을 금한 성종 13

년 5월 8일의 《실록》 기사는 매우 희귀한 사례다. 집의 강귀손(姜龜孫)이 가뭄을 이유로 병술까지 금지할 것을 요청하자, 성종은 병 때문에 약으로 먹는 사람이 있을 경우 금하는 것은 너무 각박하다는 이유로 거부한다. 하지만 강귀손의 말도 일리가 있다. 즉 사후(射侯)나 복약을 핑계로 병술을 1백 병이나 가지고 다니면서 마셔댄다면 어떻게 할 것인가. 성종은 강귀손의 요청을 받아들여 보리와 밀이 익을 때까지 병술도 금하라고 명령한다. 그러나 이는 예외적인 것이고, 대개의 경우 금주령에도 불구하고 병술을 지니는 것은 허락되었다.

병술은 앞서 말한 바와 같이 병에 담은 술을 말하는데, 그 외 또 다른 의미가 추가된다. 우선 병술은 휴대용 술이란 의미를 갖는다. 예컨대 집 밖에서 약을 먹기 위해 술이 필요한 경우 술을 병에 담아 휴대할 수밖에 없다. 또한 병술에는 양이 적다는 의미도 있다. 병술을 금하지 않았다 함은, 적은 양의 술을 먹는 것은 굳이 금지하지 않겠다는 뜻이다. 그렇다면 이 병술과 술집은 어떤 관계가 있었을까?

**주합(酒盒)** | 소풍 등 야외에 나갈 때 술을 담아가던 그릇. 이러한 휴대용 술은 대개 금주령의 대상에서 제외되었다.

바침술집은 예전에 주세가 없고 아무나 술을 만들 때에, 술만 만들어 파는 집이고, 그 집에도 문간에 병을 그려 붙이고 중간에 '바침술집' 이라고 쓴다. 그러므로 '병술집' 이라고도 한다.[1]

술을 파는 집 중에 병술집(바침술집)이란 것이 있는데, 여기서는 오로지 술을 병에 넣어 판매만 할 뿐 현장에서 마실 수 없다는 이야기이다. 이 바침술집, 곧 병술집이 병술을 판매하는 집이었을 것이다. 물론 이 자료는 19세기 말의 상황을 증언하고 있다. 하지만 조선시대 사회 풍습에 대해 해박한 지식을 갖고 있는 김화진(金和鎭)의 증언이므로, 믿기에 부족함이 없다. 또 이 간단한 형태의 술 판매점이야말로 간단하기에 별 변화 없이 오래 이어졌을 것이며 그 유래도 상당히 위로 소급할 수 있을 듯하다. 나는 조선 전기 가난한 백성들이 바로 이런 방식으로 술을 사고 팔았을 거라 생각한다.

말이 난 김에 바침술집에 대해 약간 더 살펴보자. 국어사전에는 '받힘술집' 이 옳은 표기로 되어 있다.[2] '받힘' 은 '받히다' 라는 동사의 명사형이다. '받히다' 는 현재 거의 쓰지 않는 말로, '모개(전체)로나 도매로 팔다' 라는 뜻이다. 따라서 '받힘술집' 은 술을 많이 담아 모개로 술장수에게 넘겨주는 술집이란 뜻이 된다. 즉 주점에 술을 공급하는 술공장이다. 국어사전에 보면 여기에다 병술로도 파는 집이라는 설명을 덧붙이고 있으니, 바침술집은 술공장(술도가)이면서 아울러 병술을 파는 집으로 볼 수 있겠다.

요컨대 조선 전기에는 지금의 술집처럼 술과 안주를 함께 제

〈대쾌도〉부분, 유숙 | 한 사내가 술병과 술잔을 앞에 늘어놓고 앉아 있다. 이 사내는 병술을 갖고 다니며 술을 파는 들병장수이다. 언청이와 곱추가 술을 사려는 듯 돈을 꺼내고 있다. 서울대학교박물관 소장.

공하는 형태의 술집은 존재하지 않았던 것으로 보인다. 다만 술만 파는 형태의 주류 판매업인 병술집은 분명히 존재했다. 40대 이상의 독자들이라면 어렸을 때 부모님 심부름으로 주전자를 들고 막걸리를 받으러 다녔던 일을 기억할 것이다. 병술집은 대개 이와 비슷하다. 그러고 보면 술을 받으러 가는 일도 역사가 무척 오래된 셈이다.

### 점점 늘어나는 술집들

오늘날과 같은 형태의 술집은 조선 후기에 출현하였다. 그런데 술집에 관한 기록은 그래도 드물다. 왜일까? 술과 술집은 우리 주변에서 너무나 쉽게 찾아볼 수 있는 일상화된 영역에 속한다. 일상화된 것은 쉽게 감지되지 않는다. 기록에 남길 만큼 중요한 일이 아닌 때문이다. 이것이 특히 개인의 기록에서 술집과 관련된 내용을 찾기 어려운 가장 큰 이유가 아닌가 한다. 일단 이 점을 감안해두자.

《숙종실록》 22년 7월 24일 업동의 사건기록을 말머리삼아 조선 후기 술집에 대해 살펴보도록 하자. 업동의 사건기록에서 술집이란 단어가 나오는 문장은 이렇다.

방찬이 또 응선을 꾀어 술집에 가게 하여 취한 틈을 타서 방찬이 그 호패를 잘라서 주고 이홍발에게 갖다 주게 하였는데, 제가 그 말대로 전하여주었습니다.

업동의 사건은 매우 복잡하여 자세히 살피기는 어렵고, 다만 이를 통해 숙종 22년에 술집이 존재하였음을 확인할 수 있다. 이런 상황에서《영조실록》4년 6월 18일 조에 실린 형조판서 서명균(徐命均)의 상소는 퍽 중요하다.

들건대, 근래 도민(都民)의 살 길이 점점 어려워져서 술을 팔아 생업으로 하는 자가 날로 더욱 많아지고 그 가운데에서 많이 빚은 자는 혹 1백 곡(斛)이 넘기도 하였으나, 시가가 뛰어올라 폭력을 휘두르고 살상까지 한다 합니다. 차츰 금지하려고 신칙(申飭)하는 뜻으로 오부(五部)에서 감결(甘結)을 받았는데, 나라의 풍속이 두려워하고 와전되어 금란(禁亂)을 가탁하여 속이고 협박하며 뇌물을 요구하기 때문에 그 가탁하는 자 두어 사람을 잡았더니, 바로 사헌부에서 내쫓긴 하인과 포도청에서 물러난 군졸이었습니다. 그러나 이 뒤부터 술집에서 내기술을 마시는 일은 거의 그쳤는데 쌀가게에서 부르는 값은 갑자기 더하므로, 바야흐로 들어가 아뢰어 먼저 술 많이 빚는 자를 금하고 이어서 옛 제도를 더욱 밝히기를 청하려 하는데 승선(承宣)이 문득 폐단을 끼친다고 말하니, 폐단을 고치려다가 도리어 백성에게 폐해를 가져온다는 뜻일 것입니다.

술집이 늘어나고 있음이 확인된다. 특히 "술집에서 내기술을 마시는 일"이란 말에 주목하기 바란다. 이는 분명 병술집이 아닌 주점이다. 시정에 확실하게 주점이 출현한 것이다. 영조는 2년 전 붕당과 사치와 음주의 폐해를 신하들에게 간곡하게 언급하였음을 상기시키고, 관련자들을 엄벌에 처하여 훗날의 대사령 때에도 용서하지 말라고 명한다.

서명균의 상소가 있고 난 석 달 뒤 《실록》의 기록을 보건대, 영조의 명으로 술집에 대한 단속이 철저하게 진행된 듯하다. 《영조실록》 4년 9월 16일 조에 실린 사간(司諫) 강필경(姜必慶)의 말에 의하면, 단속으로 인하여 술집이 일시에 거의 종식되었던 모양이다.

"주금을 신칙(申飭)한 뒤로 술집으로 이름난 것은 모두 술 빚는 일을 끊었습니다."

하지만 여기에도 예외는 있었다.

송교(松橋) 근처 큰 술집 하나가 있는데 내자시(內資寺)에서 도장을 찍은 첩자(帖子)를 높이 걸고 어공(御供)하는 술이라 칭하여 법부(法府)에서 손을 대지 못하게 하고 뜻대로 매매하여 꺼리는 것이 없으니, 내자시의 해당 관원을 먼저 파직하고 서원(書員, 書吏)은 유사(攸司)를 시켜 가두고 처벌하소서.

내자시는 대궐에 필요한 식료품 자재를 공급하는 관청이다. 이 관청이 술을 빚어 팔면서 어공, 즉 임금에게 바칠 술이라고 속여 한성부·형조·사헌부 등 사법권이 있는 관청의 단속을 피한다는 것이 아닌가. 예나 지금이나 '청와대'를 빙자하여 법망을 피하는 인간들이 있기는 매일반이다. 내자시의 관원과 서원들은 당연히 처벌받았다. 이후 영조는 금주령을 본격적으로 추진한다.

### 과잉단속, 함정단속으로 벌어진 소동

대개 숙종 연간, 적어도 17세기 말 확실하게 시정에 나타난 술집은 영조 연간의 가혹한 금주령으로 거의 사라지게 된다. 술꾼들에게 영조 치세는 정말 지옥 같은 세월이었다. 영조는 1724년 8월부터 1776년 3월까지 53년 간 재위하여, 조선시대 왕 중에서 재위기간이 가장 길다. 무려 반세기 동안 금주정책이 시행된 것이다. 물론 금주령은 이전에도 있었다. 하지만 흉년이 들면 금주령을 발동했다가 식량 사정이 좋아지면 푸는 것이 통례였다. 하지만 영조는 달랐다. 영조는 재위기간 내내 금주령을 강력하게 시행하였다. 국가의 제사인 종묘제례에도 술을 쓰지 않았으니, 민간의 제사에도 술을 쓰지 않았던 것은 물론이다. 이 과격한 금주령으로 인해 별별 소동이 다 벌어졌다. 몇 가지 사례를 들어보겠다.

첫째, 과잉단속. 영조 9년 장령 안경운(安慶運)의 상소 내용을 보자. 포도종사관(捕盜從事官) 김성팔(金聲八)이 밤에 술집에 간다. 술집에 관한 정보를 듣고 단속하러 갔던 것으로 보인다. 김성팔은 욕설을 퍼부으며 술집 주인을 심하게 구타하고 다음날 포도대장에게 보고하였다. 술집 주인은 포도청 감옥에 갇혀 '절도범을 치죄하는 형'을 받아 죽고 만다. 그런데 이어 일흔 살이 다 된 술집 주인의 아버지가 아들의 죽음에 충격을 받아 이내 사망하고, 아흔 살의 조모 역시 상심하여 비통해하다가 죽는다. 3대가 연달아 죽은 것이다. 이 사건으로 김성팔은 사형당하고 포도대장은 파직된다. 이 모두가 술집에 대한 과잉단속으로 인해 발생한 일이었다(《영조실록》 9년 4월 13일).

둘째, 단속의 횡포. 영조 28년 우의정 김상로(金尙魯)가 금주령 이후의 폐단을 말한다. 금주령 이후 술집 단속 권한을 갖고 있는 형조와 한성부의 이속들이 술집 단속 전담반인 '금란방(禁亂房)'을 설치하여 은밀히 술을 파는 집을 찾아 다니며 돈을 뜯는다는 것이다. 요즘 매스컴에 심심치 않게 등장하는 타락한 공무원의 행태와 비슷하다. 김상로는 형조에 이 폐단을 개혁할 것을 요구했고 임금도 허락했지만(《영조실록》 28년 12월 20일), 글쎄 잘 지켜졌을지는 의문이다.

셋째, 함정단속. 형조 낭관이 몰래 사람을 술집에 보내 술을 사서 마시게 한 다음 그것을 적발하여 처벌하였다. 함정단속이다. 보고를 받은 영조는 "이것은 형(刑)에 걸리도록 유도한 것"이라면서 형조 낭관을 파직한다(《영조실록》 32년 1월 9일).

영조의 금주령은 가혹하기 짝이 없었다. 금주령으로 목숨이 달아난 사람이 있을 정도였다. 금주령으로 인해 참형을 당한 윤구연(尹九淵)의 예를 보자. 영조 38년 9월 5일 대사헌 남태회(南泰會)가 남병사(南兵使) 윤구연을 고발한다.

영조 어진 | 영조는 재위 기간 동안 금주령을 매우 엄격하게 시행하였다. 술꾼들에게는 지옥 같은 기간이었을 것이다.

자신이 수신(帥臣)이면서도 나라에서 금하는 것이 지엄함을 염두에 두지 않고 멋대로 금주령을 범하고 술을 빚어 매일 술에 취한다는 말이 낭자합니다. 이와 같이 법을 능멸하는 무엄한 사람을 변방 장수의 중요한 자리에 그대로 둘 수 없습니다. 청컨대 파직하소서.

이에 영조는 "과연 들리는 바와 같다면 응당 일률(一律 : 사형)을 시행해야 한다. 어찌 파직에 그치겠는가"라며 윤구연을 체포하라고 명하였다. 윤구연이 잡혀오자 영조는 숭례문(남대문) 앞에 나아가 윤구연의 목을 직접 칼로 쳤다. 영조가 이렇게 성급했던 것은, 사실 확인차 보낸 선전관이 윤구연이 있던 곳에서 술냄새가 나는 항아리를 가져와 대령했기 때문이었다. 그러나 술 항아리에 담겨 있던 술은 금주령 이전에 담은 것이었다(《영조실록》 38년 9월 5일).

해명할 기회도 주지 않고 사람의 목을 벤 것은 전제군주의 횡포다. 영의정 신만·좌의정 홍봉한·우의정 윤동도가 차자를 올려 윤구연의 목숨을 구하려 하였으나, 영조는 비답을 내리지도 않고 세 사람을 파직했다. 사간원과 홍문관·사헌부의 신하들도 재조사를 요청했지만, 도리어 말한 사람만 벼슬이 떨어졌다(《영조실록》 38년 9월 17일). 부수찬 이재간(李在簡)은 섣불리 사형을 집행한 것과 말리는 신하들을 파직한 것은 너무하다는 항변성 발언을 하다가 졸지에 성환찰방(成歡察訪)으로 좌천되었다(《영조실록》 38년 9월 18일). 그 후에도 억울하게 죽은 윤구연을 신원하여 명예를 회복시켜야 한다는 신하들의 요청이 계속되었다. 그러나 영조는 12년 후인 1774년 2월 24일에야 윤구연에게 직첩을 돌려주라고 명하였다.

### 술과의 전쟁을 선포하다

영조의 금주령은 이렇듯 과격하고 잔인하였다. 비판의 목소리가 끊이지 않았으나, 영조는 의지를 꺾지 않았다. 다만 금주령을 범하는 사람을 사형에 처하는 것은 너무 지나치다 싶었는지 사형만은 철회하게 된다. 영조 39년 6월 사헌부 지평 구상(具庠)이 금주령을 범한 이를 사형에 처하는 것은 너무 지나치다며 조심스럽게 말을 꺼내자 (《영조실록》 39년 6월 23일), 영조는 금주령을 범하고 마신 술의 다과(多寡)로 등급을 나누어 죄를 정하게 하라고 명하였다. 이 건 상당한 완화였다.

그러나 이것도 잠시, 1년 뒤 영조는 양반으로서 금주령을 범하고 술을 빚은 자를 찾아내 홍화문 앞으로 잡아 오라고 포도청에 명령한다. 영조 때 서울 도성 안 인구는 많아야 20~30만 명이다. 포도청에서는 순식간에 도성을 수색하여 일곱 명을 잡아왔다. 영조는 "죽은 할아비에게는 (제사 지낼 때) 감주를 쓰고 그 손자는 술을 마시니 명색이 사대부로서 이런 짓을 한단 말이냐?" 하고 엄형을 가한 뒤, 군중에게 그 모습을 보이고 서민으로 강등시켜 절도(絶島)와 육진(六鎭)에 귀양을 보냈다(《영조실록》 40년 4월 26일). "죽은 할아비에게 감주……" 운운한 것은, 영조가 제사에도 술 대신 감주를 쓰게 한 것을 가리킨다.

그런데 이 사건은 금주령을 완화시키려는 신하들의 의도에 영조가 자극을 받아 발생한 것이었다. 사건이 일어나기 며칠 전 (4월 23일) 정언 구상이 종묘에 감주가 아닌 술을 쓸 것을 요청하였다. 이는 영조의 가혹한 금주령을 늦추어보자는 의도에서 나온 요청이었다. 물론 영조는 허락하지 않았다. 그런데 구상의 요청이 있고 난 뒤 영의정 홍봉한이 구상의 진언으로 인해 금주령이 완전히 풀렸다는 소문이 퍼져 술을 마구 담고 거리에서 술을 파는 자까지 출현하였다며, 금주령을 더욱 강화할 것을 요청한다. 이에 격노한 영조가 도성을 뒤져 사람을 잡아들이게 한 것이다.

영조가 사형을 철회하기는 하였으나, 금주령을 범한 사람들은 계속 적발되어 귀양행렬이 줄을 이었다. 영조의 시퍼런 금주령은 그의 치세 동안 수그러드는 법이 없었다. 신하들이 어떤 진언을 올려도 소용없었다. 같은 해(영조 40) 9월 11일 정언 박상로(朴相老)가 10개 항목에 걸쳐 금주령의 폐단을 조리 있게 논박했으나 영조는 들은 척도 하지 않았다. 도리어 박상로만 사적(士籍)에서 이름이 삭제되는 무거운 처벌을 받았을 뿐이다 (《영조실록》 40년 9월 11일).

하지만 술이란 것이 애초당초 없었다면 모를까, 아니면 이슬람처럼 종교적 금지가 있다면 또 모를까, 그렇지 않다면 근심을 망각하게 하고 열정과 환희를 불러오는 이 기묘한 중독성 물질에서 빠져나오기란 실로 어렵다. 금주령에도 불구하고 술꾼들은 여전히 숨어서 술을 마셨다.

《영조실록》 46년 1월 26일 조에 기록된 주강(晝講)의 한 장면이다. 주강이란 임금이 낮에 경연관을 불러 경전을 강독하고 정사를 토론하는 엄숙한 자리다. 그런데 이 엄숙한 자리에 웬 술냄새인가. 참찬관으로 참여한 승지 조정(趙䣝)이 범인이었다. 영조는 강(講)하는 막중한 자리에 술냄새를 풍겼다면서, 앞으로 그를 벼슬에 서용하지 말라고 명령하였다. 조정은 술냄새를 풍긴 죄로 그 좋은 승지 벼슬이 떨어지고 말았다. 조정의 일로 인하여 술에 관한 이야기가 다시 나오게 되었다. 영조가 한익모(韓益謨)에게 물었다.

"민간에서 술로 발생하는 화가 자못 헤아릴 수 없이 많지 않은가?"
"성상의 하문(下問)이 이에 미치시니, 백성들에게 다행스런 일입니다. 국가에서는 다만 사전(祀典)에 술을 사용하나, 민간의 경우 대수롭지 않은 잔치에도 모두 술에 빠져 크게 술을 빚는 일이 서로 잇따르고, 곳곳에 주정하는 자가 여기저기 흩어져 있습니다."

영조는 형조(刑曹)로 하여금 술을 많이 빚은 자에게 장형을 가하게 하고, 또 주등(酒燈)을 켜는 것을 금하였으나, 끝내 금할 수가 없었다고 한다. 여기서 중요한 것이 주등이다. 주등은 술집을 알리는 징표로, 요즘으로 치면 술집의 네온사인이다. 주등 운운은 곧 시정에 술집이 다시 출현했음을 뜻한다. 아, 알코올을 향한 인간의 집요한 욕망이여! 이후 영조는 죽을 때까지 다시 술과의 전쟁을 벌였다. 그 이야기는 끝없이 이어지니 이쯤에서 줄일까 한다.

## 바야흐로 열린 술집의 시대

영조가 죽고 정조가 즉위했다. 임금이 죽었으니 슬픈 일이지만, 금주령을 악착같이 추진하던 영조의 죽음은 술꾼들에게 해방의 복음과도 같았을 것이다. 《정조실록》 6년 5월 26일 조에 금주령에 관한 이야기가 나온다. 좌의정 홍낙성(洪樂性)은 "곡식이 허비되는 것이 술에 있으니, 술을 많이 빚는 것을 금할 것"을 요청한다. 하지만 정조는 곡식을 줄이는 효험도 보지 못하고 백성들만 소요시키게 된다는 이유로 금주령 발동을 거부한다. 정조는 영조 시절의 가혹한 금주령이 백성들을 괴롭히기만 하고 실제로는 별 효과가 없었음을 간파한 것이다. 훌륭한 임금이여!

정조의 관대한 정책으로 술의 소비는 폭발적으로 늘어난다. 《정조실록》 6년 6월 2일 조의 첨지중추부사 정술조(鄭述祚)의 상소를 보자.

> 팔도에서 술을 빚는 데 허비되는 것을 통틀어 계산하여보면 이를 백성의 식량에 견줄 경우 삼사 분의 일은 될 것 같습니다만, 서울을 가지고 말하여보건대 의당 반의 숫자에 해당이 될 것입니다. 방금 만백성이 굶주림에 시달리고 있어 낱알 하나가 금 같은 때를 당하여 어떻게 함부로 무익한 곳에다 곡식을 허비하게 할 수 있겠습니까? 오직 대소의 제사와 장례에 필요한 것 외에 몰래 술을 많이 빚어서 여러 점포에서 판매하는 부류들은 일체 아울러 엄금하게 되면 거의 폐단을 구제하는 데 일조가 되겠습니다.

〈주사거배(酒肆擧盃)〉, 신윤복 | 조선 후기 선술집 곧 목로주점의 모습을 담은 그림이다. 의금부 나장과 별감 그리고 손님으로 보이는 남성들이 있고, 심부름꾼인 중노미와 술을 퍼주는 주모도 보인다. 간송미술관 소장.

"술을 많이 빚어 여러 점포에서 판매하는 부류"가 출현했다니, 이는 술집에 술을 공급하는 술도가가 출현했음을 뜻한다. 그만큼 시정에 다수의 주점이 성업중이었던 것이다. 바야흐로 술집의 시대가 열린 것이다.

정조가 전혀 주금책을 쓰지 않았던 것은 아니다. 《정조실록》에도 역시 금주령이 보이기는 하지만, 그것은 원래의 한시적인 금주령으로 돌아가 있었고 더욱이 금주령을 범했다 해서 목숨이 떨어지거나 귀양 가는 일은 없었다. 정조의 관대한 정책으로 이제 시정에 술집이 범람하게 되었다. 《정조실록》 14년 4월 26일 조 대사간 홍병성(洪秉聖)의 상소문을 보자.

국가를 다스리는 계책은 재정을 넉넉히 하는 것보다 앞설 것이 없는데, 식량을 낭비하는 것으로 술보다 더한 것은 없습니다. 근래 도성 안에 큰 술집이 골목에 차고 작은 술집이 처마를 잇대어 온 나라가 미친 듯이 오로지 술 마시는 것만 일삼고 있습니다. 이는 풍교(風敎)만 손상시킬 뿐 아니라 실로 하늘이 만들어준 물건을 그대로 삼켜버리는 구멍이 되고 있습니다. 마땅히 너무 심한 것은 제거할 생각을 하여 세상 사람들로 하여금 조금이나마 나라의 금령을 알게 한다면 몇 달 안에 오부 안에서 몇만 섬의 곡식을 얻어내게 될 것입니다. 이 어찌 작은 보탬이겠습니까.

서울 시내에 "큰 술집이 골목에 차고 작은 술집이 처마를 잇대었다"고 한다. 물론 과장이 조금 섞였을 것이다. 하지만 술집이 폭발적으로 늘어나고 있고, 술을 금지하면 몇 달 안에 몇만 섬의 곡식을 얻게 될 것이라는 말에서 술 소비량이 급증하고 있음을 알 수 있다. 그러나 정조는 머리가 트인 사람이었다. 그는 술로 곡식을 낭비하는 것이 비록 폐단이 되지만, 어떻게 온 나라가 술을 마시는 데까지야 이르렀겠냐며, 홍병성의 말을 허락하지 않았다.

정조 이후 시정의 술집이 폭발적으로 늘어나고 있음은 여러 기록에서 확인된다. 《순조실록》 3년 8월 9일 조에서 사간 이동식(李東埴)은 "서울의 쌀은 모두 술을 만드는 집에 들어가고, 저자의 어육은 죄다 술집에 돌아가니, 근래에 물가가 오르고 백성들의 생활이 고생스러운 것은 주로 이런 때문"이라며, 금주령 발동을 요청했다. 술집이 여전히 성업중이었던 것이다. 이후 고종 때까지 금주령은 수시로 발동되지만 큰 효과가 없었다. 《순조실록》 32년 윤9월 17일 조에, 주금을 어겼을 경우 형조에서 처벌하는 상세한 규칙을 만들었다는 기사가 실려 있지만, 그것이 무슨 소용이 있었겠는가. 영조 사후 그 어떤 강제도 음주의 욕망을 억압하지 못했다.

### 서민들의 일상 속으로 파고든 술집

그럼 정조 이후 폭발적으로 늘어난 술집의 구체적인 모습을 살펴보자. 다음은 정조 때의 자료이다. 정조가 신임했던 채제공은 술집의 변화에 대해 이렇게 말하고 있다.

비록 수십 년 전의 일을 말하더라도, 매주가(賣酒家)의 술안주는 김치와 자반에 불과할 뿐이었습니다. 그런데 근래에 백성의 습속이 점차 교묘해지면서, 신기한 술 이름을 내기에 힘써 현방(懸房)의 쇠고기나 시전(市廛)의 생선을 따질 것도 없이 태반이 술안주로 들어갑니다. 진수성찬과 맛있는 탕[妙湯]이 술단지 사이에 어지러이 널려 있으니, 시정의 연소한 사람들이 그리 술을 좋아하지 않아도 오로지 안주를 탐하느라 삼삼오오 어울려 술을 사서 마십니다. 이 때문에 빚을 지고 신세를 망치는 사람이 부지기수입니다. …… 시전의 찬물(饌物) 값이 날이 갈수록 뛰어오르는 것은 바로 이 때문입니다.[3]

이 희귀한 자료는 정조대 술집에 대한 귀중한 정보를 제공한다. 채제공은 1720년에 태어났다. 이 자료의 연대가 정조 16년(1792) 9월 5일이니, 그의 생애의 전반기는 영조 시대에 걸친다. 금주령이 삼엄했던 시절 술집 안주란 김치와 자반 같은 소박한 것이었을 테다. 하지만 정조 이후 금주령이 완화되고 난 뒤 술집이 본격적으로 발달하자, 술의 종목과 안주가 크게 변하기 시작했다. 경쟁적으로 새로운 술을 개발하고, 안주로 현방의 쇠고기나 시전의 생선 등이 등장했던 것이다. 술보다 안주에 혹하여 파산하는 자가 있다 했으니, 술집의 영업이 날로 번창했음을 짐작할 수 있다.

시정의 술집이 발달하면서 점차 그 종류도 다양해졌을 것인데, 이에 대해서는 물론 아직까지 정확하게 연구된 것이 없다. 하기야 필자처럼 한심한(?) 연구자 말고는 누가 이런 주제에 관심을 갖겠는가. 가장 완비된 자료는 역시 앞에서 인용한 김화진의 〈옛날의 음식점〉이다. 여기서 그는 "지금으로부터 약 70년 전까지 서울 안에 음식점은 목로(木櫨)술집·내외(內外)술집·사발막걸리집·모주(母酒)집이고, 이채를 띠고 여자가 조흥(助興)하는 술집은 색주가뿐이었다"라고 증언하고 있다.

김화진의 증언에 등장하는 술집에 대해 간단히 살펴보자. 목로주점은 서서 술을 마시는 선술집이고, 내외주점은 "행세하던 집 노과부가 생계에 쪼들려 건넌방이나 뒷방을 치우고 넌지시 파는 술집"[4]이다. 그리고 색주가는 여자가 술을 따르고 노래를 불러 흥을 돋우는 그렇고 그런 술집이다(매음도 한다). 목로주점·내외주점·색주가에 대해서는 이미 다른 책에서 소상하게 언급한 바 있기에 이쯤에서 줄이겠다.[5]

주막 풍경 | 위의 그림은 김홍도의 풍속화첩에 실린 〈주막〉이고(국립중앙박물관 소장), 아래는 구한말 주막 풍경이다. 손님으로 보이는 이들의 차림새나 상을 받은 모양, 주모의 앉음새 등이 매우 비슷하다. 싼 값에 밥과 술을 제공하는 주막은 서민들에게 매우 친근한 공간이었을 것이다.

다음 '사발막걸리집'은 국어사전에 사발막걸리를 파는 목로라고 정의내려져 있다. 사발막걸리는 사발 단위로 값을 정하고 파는 막걸리다. 곧 사발막거리 집은 목로주점의 형태이긴 한데, 막걸리만 팔고 안주도 훨씬 간단한, 말하자면 급수가 처지는 간이주점이 아니었던가 한다. 모주집은 말 그대로 모주를 파는 술집이다. 모주란 '술찌끼를 걸러 마시는 것'으로 "술 중에 천품이요, 빈한한 자와 노동자의 반양식이라 없지는 못할 것이며, 추운 새벽과 해질녘에 이런 사람의 일등 가는 요리"[6]였다. 술찌끼를 다시 걸러 마시는 모주는 비지에 무청이나 김치 따위를 넣어 끓인 전골을 안주 삼아 먹는 노동자의 술이었다.

김화진의 〈옛날의 음식점〉의 집필 연대는 1967년이므로, 그로부터 70년 전이라 하면 김화진이 태어난 1895년이다. 그의 증언은 구한말의 상황인 것이다. 따라서 구한말에 이 다섯 가지 술집이 있었던 것은 물론이다. 문제는 이런 형태의 술집이 언제부터 있었는가이다.

이 다섯 가지 술집 중에서 조선시대에 존재했음이 문헌적 증거로 남아 있는 것은 목로주점과 색주가뿐이다. 신윤복의 풍속화에 목로주점이 나오고, 유만공(柳晚恭)의 《세시풍요(歲時風謠)》(19세기 저작이다)에 "젊은 계집이 있는 술집을 색주가라 한다"는 말이 있는 것으로 보아, 적어도 19세기에는 확실히 존재했으며 조금 더 소급하여 18세기 후반경에 생겼다고 보아도 상관없을 듯하다. 그리하면 대개 정조 때와 비슷한데, 그 이전 영조 때 금주령이 시행되었음을 생각한다면 거의 틀림이 없을 것이다. 물론 영조 전의 상황은 알 수 없다.

그 외 내외주점과 사발막걸리집, 모주집의 기원은 알 수 없

구한말 술도가 | 조선시대 술의 원료는 누룩과 찰밥이다. 마당 가득 찰밥으로 지은 술밥이 널려 있다.

다. 이서구의 《주막, 서민의 바아》는 내외주점의 출현 시기를 개화기로 잡고 있는데, 이서구의 글 자체가 오류가 많아 조금 미심쩍기는 하다. 그러나 〈황성신문〉 등 19세기 말 20세기 초 신문에 처음 내외주점이란 것이 보이니, 아마도 그 문헌적 증거의 상한선은 19세기 말쯤이 될 것이다.

### 마셨다 하면 취하고, 취했다 하면 술주정

이제 술집에 대한 당대의 비평을 살펴보자. 실학자 박지원이 《열하일기》에서 술집에 대해 언급한 내용이 너무나 흥미롭다. 1780년 7월 10일 중국 성경(盛京)에 도착하여 그곳의 주루(酒樓)에 들어간 박지원은, 중국 술집의 규모와 화려함, 그리고 그 운치 있는 풍경에 충격을 받는다. 이후 그는 술집에 관한 기록을 꽤 남기는데, 8월 20일에는 중국 술집을 침이 마르도록 칭찬하다가 문득 우리나라 서울의 술집에 대해 한마디한다.

우리나라 사람이 술 마시는 것은 천하에서 가장 독하고, 이른바 술집이란 것은 모두 항아리 입 같은 창에 새끼줄로 만든 문지도리가 있다. 길 왼편의 작은 각문(角門)에 새끼줄 발을 드리우고, 쳇바퀴로 등롱을 만든 것은 틀림없는 술집이다. 우리나라 시인들이 흔히 말하는 푸른 깃발은 모두 사실이 아니다. 나는 지금까지 술집 등마루에 꽂힌 깃발 장대를 도무지 본 적이 없다.[7]

조선의 술집은 항아리 입구처럼 생긴 들창에 새끼로 지도리를 만든 문이 있고, 길 옆 작은 각문에 새끼로 발을 늘이고 쳇바퀴로 등롱을 만들어 달아 술집임을 표시한다고 하였다. 영조 말년 《실록》에 나온 주등이 바로 이것이다. 그리고 우리나라 시인들이 운운했던 '술집의 깃발'은 시의 관습적 표현일 뿐 실제 그런 것은 없다는 이야기이다.

중국의 화려하고 거창하고 청결한 술집을 본 연암에게 조선의 술집이 눈에 찰 리 만무하다. 어디 이뿐인가. 중국의 명사와 벼슬아치들은 기생집과 술집에 출입함을 꺼리지 않는다. 때문에 중국의 술집은 조정의 벼슬아치들이 퇴근길에 들르는 곳이요, 해내(海內)의 명사들이 몰려들어 술 취한 김에 시를 짓고 글씨를 쓰고 그림을 그리는 운치 있는 공간이다. 반면 조선의 술집은 어떤가?

그러나 술 마시는 양만은 너무나 커서 큰 사발에 철철 따라

이맛살을 찌푸리며 들이킨다. 이는 무작정 술을 쏟아붓는 것이지 마시는 것이 아니고, 배를 불리려는 것이지 흥취를 위해서가 아니다. 그래서 마셨다 하면 취하고, 취했다 하면 술주정이고, 술주정을 했다 하면 싸움질이고, 싸움을 벌였다 하면 술집의 술항아리며 술잔을 죄다 걷어차 깨버린다. 이른바 풍류를 즐기는 문아(文雅)한 모임이란 것이 어떤 것인지를 알지 못할 뿐만 아니라, 이런 풍류 문아한 술자리를 되레 술배를 불리는 데 무익하다고 비웃는다. 이런 술집(중국의 골동품과 화초로 장식한 술집)을 우리나라에 옮겨 온다 해도, 하루 저녁을 못 넘기고 그 골동품을 깨부수고, 화초를 꺾고 밟을 것이니 이것이 가장 애석한 일이리라.

고상한 풍치는커녕 술을 뱃속에 쏟아붓고, 주정을 하고 싸움

1900년대 주점과(왼쪽) 선술집(오른쪽) | 복덕방과 주점이 나란히 붙어 있다. 문 좌우에 주점이라고 쓰여진 등을 매달아두었고, 지붕 위에는 용수를 널어놓았다. 행길의 선술집에서는 앉을 자리도 없이 손님이 서서 술을 들이키고 있다. 조선 후기 술집의 모습도 이와 크게 다르지 않았을 것이다.

을 벌이고 급기야 술집을 마구 부수는 것이 이 시대 술집의 풍경이었던 모양이다. 아름다운 풍경은 아니다. 하지만 개혁가들은 언제나 현실을 어둡게 묘사하지 않는가. 열렬한 개혁주의자 박지원 역시 화려무비한 중국을 본 때문인지, 조선의 것들을 약간 폄하하는 느낌이 없지 않다. 중국의 화려하고 거창한 술집에 비할 수는 없지만, 이 정도의 술집이나마 조선사회의 발전 과정에서 나온 것이니 감싸주어야 하지 않을까.

숙종조에 모습을 보인 시정의 술집은 영조 치세의 혹독한 금주령 아래서 일시 위축되었다가 18세기 후반 정조 때 본격적으로 출현한다. 그러나 술집이 발달한 가장 큰 이유는 경제적 발전에 있을 것이다. 손에서 입으로 가져가는 경제규모에서는 주점을 기대할 수 없다. 또 술을 사서 마신다는 것은 아무래도 금속화폐의 발달을 전제하지 않으면 안 된다. 주지하다시피 18세기 조선은 화폐가 본격적으로 사용되고 대동법과 균역법의 전면적인 시행으로 도시상공업이 발달하였으며 농업 분야에서도 기술적 진보로 인하여 잉여 생산물이 생겨나는 등 경제규모가 크게 확대된다. 이런 것들이 궁극적으로 생활의 여유를 가져오고 시정의 술집까지 출현케 한 요인일 것이다.

술집의 역사에 대하여 대략 살펴보았는데, 아직 다루지 못한 것들이 허다하다. 예컨대 나는 TV 사극에서 단골로 등장하는 주막을 보고 늘 궁금하였다. 조선 전기나 후기 할 것 없이 모든 사극에서는 주막이 교통로를 중심으로 하여 여행자들을 위한 숙소 혹은 잠시 쉬며 목을 축이는 간이주점으로 묘사되어 있다. 과연 그럴까? 나는 주막이 등장한 것은 조선 후기 때 와서가 아닌가 한다. 주막은 상공업의 발달을 전제하지 않으면 안 된다.

〈대쾌도〉, 김후신 | 술에 만취한 남자를 두 사람이 끌고 밀고 어디론가 가고 있다. 끌려가지 않으려고 버티고 있는 듯한 남자의 표정이 우스꽝스럽다. 요즘 밤거리에서도 쉽게 연출되는 광경이 아닌가. 간송미술관 소장.

과연 임진왜란 이전에 지방 곳곳에 주막이 출현할 만큼 상품경제가 발달했던가. 나는 주막이야말로 조선 후기 경제 변화에 부응하여 생겨난 것이라고 생각한다.

어디 이뿐이랴. 술의 종류는 좀 많은가. 이런 저런 다양한 종류의 술은 어떻게 생겨났을까. 〈황성신문〉이나 〈대한매일신보〉를 한 페이지만 들추어보아도 맥주와 일본 청주의 도입, 그리고 시정의 수많은 술집의 출현으로 인해 조선인의 음주 양태가 획기적으로 바뀌었음을 알 수 있다. 19세기 말~20세기 초 근대의 시작이 술과 음주문화에도 깊이 각인되어 있는 것이다. 어떤가? 술이야말로 한번 깊이 파고들어가 연구할 만한 주제가 아닌가. 물론 나처럼 한심한 연구자가 또 있을지 모르겠지만 말이다.

# 타락과 부정으로 얼룩진 양반들의 잔치

## ─ 과거

　　얼마 전 서울대생 중 일반의 예측을 뛰어넘는 많은 수의 학생이 전공을 불문하고 '고시'를 준비하고 있다는 뉴스가 보도되었다. 어디 서울대뿐이랴. 거의 모든 대학에서 적지 않은 수의 젊은 혹은 늙은 학생들이 고시에 청춘을 불사르고 있으며 대학 밖에서도 또 그만큼의 사람들이 고시 준비에 매달리고 있다 한다.

　바야흐로 고시열풍이다. 이는 건전한 사회현상인가. 독자들은 짐작할 것이다. 젊은 인재들이 고시의 한 길로 몰려드는 사회는 이미 건강한 사회가 아니다. 고시열풍은 고용구조가 불안한 자본주의사회에서 공무원이 갖는 직업의 안정성, 신분의 수직 상승, 권력과 돈에 대한 기대 등이 얽혀 빚어진 결과이다. 실로 고시열풍은 한국사회의 병리적 요소와 모순이 총집결된 현상이다.

　이런 고시열풍을 보고, 조선시대의 과거(科擧)를 생각한다. 둘은 너무나 닮아 있다. 하지만 과거를 제대로 설명하기 위해서는 엄청난 지면이 필요할 뿐 아니라 이미 이에 대해 전문적으로 서술한 책도 있으므로 나는 관점을 약간 달리하려 한다. 과거제도의 타락과 실패에 대해 살펴보고자 하는 것이다.

보통 조선시대를 양반관료 사회라 한다. 양반관료가 그 사회의 주체요 지배자란 뜻이다. 자본주의 사회인 지금은 돈이 으뜸 가치지만, 조선시대 최고의 가치는 입신양명, 곧 고급관료가 되는 것이었다. 관직에 대한 조선 사람들의 열망은 현대인의 상상을 초월한다. 몰락한 가문을 일으키는 것도, 사랑을 이루는 것도 관료가 됨으로써 해결할 수 있었다. 수많은 영웅소설의 주인공들도 마지막에는 높은 벼슬에 올라 이름을 떨치고 가문을 다시 일으켜 세운다. 이도령과 춘향의 사랑도 이도령이 임금에게 신임을 받는 암행어사가 됨으로써 결실을 맺지 않았는가.

### 양반관료 사회의 등용문

관료가 되려면 과거를 거쳐야 한다. 먼저 조선시대 과거에 대해 잠깐 정리해보자. 과거에는 문과(文科), 무과(武科), 잡과(雜科)가 있다. 문과 무과는 다 알 터이니, 굳이 설명하지 않겠다. 잡과는 역관·의관(醫官) 등 기술관료를 뽑는 시험이다. 잡과는 일반적으로 중인들만 응시하므로 보통 과거라 할 때 같이 치지 않는다.

문과와 무과 중 문과가 훨씬 중요했음은 두말할 필요가 없다. 대개 과거라 하면 주로 이 문과를 가리킨다. 문과는 다시 소과(小科)와 대과(大科)로 나뉜다. 소과는 생원과 진사를 선발하는 시험이고, 대과는 국가의 정식관료 33명을 선발하는 시험이다. 일반적으로 과거라 함은 바로 이 문과의 대과를 지칭하며, 이 글에서 이야기하는 과거 역시 주로 문과의 대과를 의미한다.

현재 행정고시를 비롯한 국가고시는 거개 1년에 한 번 시행된다. 하지만 과거는 달랐다. 정기시험으로 3년마다 한 번씩 치르는 식년시(式年試 : 33명 선발) 외에 비정기적인 과거가 무수히 시행되었다. 식년시 외에 증광문과(增廣文科)·별시문과(別試文科)·외방별시(外方別試)·알성문과(謁聖文科)·정시문과(庭試文科)·춘당대시문과(春塘臺試文科) 등의 문과가 설행되었는가 하면, 성균관 유생에게 한정하여 치르는 인일제(人日製)·삼일제(三日製)·칠석제(七夕製)·구일제(九日製)가 있었고, 이 외에도 황감제(黃柑製)·도기과(到記科) 등이 있었다. 이처럼 과거의 종류와 절차, 시험방식 등은 엄청나게 복잡하다. 이 모두를 언급하자면, 수백 페이지에 달하는 지면이 필요할 것이다. 실제 이를 다룬 책도 있으니, 궁금하면 그 책들을 참고하면 될 터이다.

개인의 능력과 노력을 평가하여 관료를 선발하는 과거제도는, 중세사회에서 가장 공정한 인재등용 방법이었다. 과거를 실시한 사회는 생래적 혈통에 따라 권력과 사회적 특권을 보유하는 귀족사회에 비해 진일보한 사회이다. 골품제를 유지했던 신라사회보다 과거제를 도입했던 고려사회가 진보한 사회인 것은 물론이다.

그런데 현실 속의 과거는 정말 공정했을까? 과거는 실제 시행 과정에서 엄청난 불공정을 내포하고 있었으며, 이 불공정성이야말로 중세사회적 불평등을 그대로 담고 있다. 천민을 제외하면 그 누구도 과거 응시에 제한을 받지 않았지만, 과거 준비에 필요한 비용과 교육기회는 양반의 전유물이었다. 인구의 대부분을 이루는 농민과 상민은 과거에 응시할 현실적 여건을 갖지 못했던 것이다. 그들에게 과거는 그림 속의 떡일 뿐이었다.

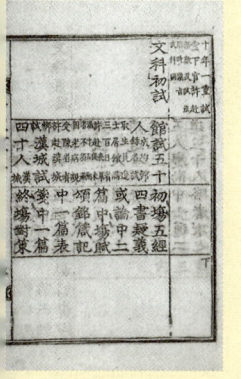

《경국대전》에 실려 있는 문과초시에 관한 법령.

〈낙남헌방방도(洛南軒放榜圖)〉 |
1795년 정조가 화성행궁 낙남헌에서 과거시험 합격자를 발표하고 시상하는 장면이다. 국립중앙박물관 소장.

## 과거에 동원된
## 희한한 부정들

과거는 양반사회 내부의 게임이었다. 그런데 이 게임마저도 공정하게 이루어지지 못했다. 과거도 하나의 시험이니, 시험의 음영인 '부정'이 당연히 존재했다. 과거에 관한 저서나 문헌을 뒤지면 그야말로 인간이 상상할 수 있는 모든 부정한 방법이 동원된 사실에 놀라게 된다. 예상 답안지를 미리 만들어 가는 것, 시험지를 바꾸는 것, 채점자와 짜고 후한 점수를 주는 것, 합격자의 이름을 바꿔치는 것 등 이루 다 꼽을 수가 없다.

첨단기술(?)도 동원된다. 예를 하나만 들어보겠다. 숙종 때의 일이다. 성균관 앞 반촌(泮村)의 한 아낙이 나물을 캐다가 땅에 묻힌 노끈을 발견하고 잡아당겼는데, 끈이 대나무 통과 이어져 있었다. 그 대나무 통은 과거 시험장이었던 성균관 반수당(泮水堂)으로 연결되어 있었다. 대나무 통을 길게 매설하고 통 속에 노끈을 넣은 후, 과거장에서 시험문제를 노끈에 매달아 신호를 보내면 밖에 있는 자가 줄을 당겨 시험문제를 확보하여 답안지를 작성해 노끈에 묶어 보낸 것이다. 첨단기술이 아닌가. 조사를 했으나 범인은 잡을 수 없었다(《숙종실록》 31년 2월 18일).

이처럼 과거에는 온갖 부정이 다 동원되었다. 응시자 혼자 책을 베끼거나, 출제자·채점자와 공모하거나, 서리를 매수하거나, 첨단기술을 사용하거나, 특정 정파가 자파 세력에게 의도적으로 후한 점수를 주거나, 친인척을 뽑거나 하는 일들로 인해 시비가 일어났으며, 부정의 흔적이 없는 시대는 없었다. 하지만 여기서 말하려 하는 것은 그런 희한한 부정이 아니라 범죄로 인

식되지 않은 일상화된 부정, 곧 이미 관례가 되고 풍속이 된 부
정이다. 예컨대 과거장에 책을 가지고 들어가는 것은 원래 금지
사항이었다. 그런데 책을 가지고 과거장에 들어가는 것이 일상
화되었다면 어떻게 할 터인가. 부정이 범죄의식 없이 일상화되
면 그 제도는 물론이고 그 제도 위에 서 있는 체제의 정당성마
저 흔들리게 된다. 이제 과거에 동원된 부정의 일상화에 대해
살펴보자.

### 과거장에서 벌어진
### 치열한 몸싸움

과거를 치르는 장면을 구체적으로 묘
사한 글은 찾아보기 어렵다. 이 점에서 〈한양가(漢陽歌)〉에서
묘사하고 있는 19세기 중엽의 과거시험 장면은 너무나 흥미롭
다. 워낙 길어 중요한 장면만 인용한다.

> 춘당대(春塘臺) 높은 언덕 영화당(暎花堂) 넓은 뜰에
> 배설방(排設房) 군사들과 어군막(御軍幕) 방직(房直)이가
> 삼층 보계판(補階板)을 광대하게 널리 무고
> 십칠량(十七樑) 어차일(御遮日)을 반공에 높이 치고

과거를 치르는 장소는 창덕궁(昌德宮)이다. 창덕궁의 춘당대
영화당 넓은 뜰에 어좌(御座)를 설치했으니, 임금이 친림하는
과거다. 임금이 친림하는 과거인 알성시·정시·춘당대시 중
하나일 것이다. 다음은 과거장에 입장을 기다리는 주인공 과유
(科儒)들의 모습이다.

선비의 거동 보소, 반물 들인 모시 청포(靑袍)
검은 띠 눌러 띠고, 유건(儒巾)에 붓주머니
적서(積書) 복중(腹中) 하였으니,
수면(粹面) 앙배(央背)하는구나.
기상이 청수(淸秀)하고 모양이 조촐하다.

반물은 검은 빛을 띤 짙은 남색이다. 이 색을 들인 모시 청포를 입고, 검은 띠에 유건을 썼다. 글 읽고 몸 닦은 단정한 선비 차림이다. 그러기에 기상은 청수하고 모양은 조촐하다고 하지 않았는가. 하지만 이어지는 장면은 청수하고 조촐한 선비의 모습과는 전혀 딴판이다.

집춘문 월근문과 통화문 홍화문에
부문(赴門)을 하는구나. 건장한 선접군(先接軍)이
자른 도포 젖혀 매고 우산에 공석(空石) 쓰고
말뚝이며 말장이며 대로 만든 등(燈)을 들고

영화당 | 영화당 동쪽 넓은 마당에 과거장을 마련하고, 임금이 친히 참석하여 인재를 뽑았다.

각색 글자 표를 하여 등을 보고 모여 섰다.
밤중에 문을 여니 각색 등이 들어온다.
줄불이 펼쳤는 듯 새벽별이 흐르는 듯
기세는 백전(白戰)일세, 빠르기도 살 같도다.[1]

'부문(赴門)'은 문으로 나아간다는 뜻으로, 과거장으로 입장하는 것을 가리킨다. 입장하는 문은 넷이다. 홍화문(弘化門)은 창경궁의 정문이고, 나머지 집춘문(集春門)·월근문(月覲門)·통화문(通化門)은 창경궁 담장에 있는 작은 문이다. 이 네 문으로 거자(擧子)들이 입장한다. 그런데 시험장에 들어서면 긴장이 되어 조용한 법인데 왜 이다지도 법석인가. 나라의 인재를 선발하는 시험장이 근엄하고 정숙하지 못하고 왜 이토록 야단스러운가? 또 '건장한 선접군'이란 대체 누구란 말인가?

과장(科場)은 지금의 시험장과는 달리 번호가 매겨진 자기 좌석이 없었으므로, 과장에 들어서면 좋은 자리를 잡아야 한다. 좋은 자리란 시험문제를 빨리 볼 수 있는 곳, 답안지를 빨리 낼 수 있는 곳이 으뜸이다. 이 좋은 자리를 확보하려면 남보다 먼저 입장해야 하는 바, 이때 치열한 몸싸움이 벌어진다. 곧 '부문'에는 '치열한 몸싸움을 벌이는 입장'이라는 뜻이 포함되어 있다. 이때 몸싸움을 전문적으로 떠맡는 건장한 축이 바로 선접

〈소과응시〉 | 소과응시장의 풍경을 담은 매우 드문 그림이다. 사람들이 옹기종기 모여앉은 모습이 엄숙한 분위기를 풍기는 시험장의 모습과는 조금 거리가 먼 듯하다. 국립중앙박물관 소장.

군이다. 선접군은 짜른 도포를 젖혀 매어 옷매무새를 단단히 하고, 우산과 공석(빈 자리), 말뚝 막대기(말장) 등 이상한 도구들을 들고, 자기 접(팀)이 쉽게 알아볼 수 있게 표시를 한 등을 밝히고 문 앞에 선다. 밤새 기다린 끝에 문이 열린다. 등불은 줄불 흐르듯 새벽별이 흐르듯 화살처럼 쏟아져 들어간다.

밤새워 기다릴 만큼 자리 잡기 경쟁이 치열했던 이유는 뭘까? 바로 응시자가 폭발적으로 늘어난 때문이었다. 날이 갈수록 과거 응시자가 늘어나고 있었다. 정조 24년 3월 21일 경과의 정시(庭試) 초시(初試)에 응시한 수는 11만 1,838명, 거둬들인 시권(試卷 : 답안지)은 3만 8,614장이었다. 이튿날인 3월 22일에 열린 인일제에는 응시자가 10만 3,579명, 받아들인 시권은 3만 2,884장이었다. 이틀에 걸쳐 21만 명 이상의 거자가 서울 시내에서 시험을 치른 것이다.

영조 15년의 알성시에 응시한 거자가 1만7천 명~1만8천 명이었으니, 이때부터 정조 24년까지 61년 동안 과거 응시자가 5배 이상 급증한 것이다. 당시 서울의 성안 인구가 20만~30만 명 사이였던 것을 생각해 보면, 서울 인구의 절반에 해당하는 사람이 과거를 치른 셈이다.

지금 서울 인구를 대략 1천만 명이라 하고, 그 절반인 5백만 명의 사람이 행정고시·사법고시를 치르기 위해 서울에서 북적거린다고 생각해보라. 아마 끔찍한 일이 벌어질 것이다. 이런 판이니 과거장에서 좋은 자리를 잡는 것은 두말할 필요도 없이 중요한 일이었다.

## 몸싸움 전담한 어중이떠중이, 선접군

그렇다면 이들이 모두 순수한 수험생이었을까? 우하영(禹夏永, 1741~1812)은 《천일록(千一錄)》에서 이렇게 말하고 있다.

과거철이 되면 서울과 시골의 빈둥거리며 놀고 먹는 잡된 무리들이 '관광'이라 핑계를 대고 세력가의 수종(隨從)이 되기를 자원하여 부문 쟁접(爭接)을 자기를 내세우는 노고와 공로로 삼는다.²

이들이 앞에서 전문적으로 몸싸움을 담당하였다는 선접군이다. 어중이떠중이들이 세력가의 수종이 되어 과거장에서 부문과 쟁접을 떠맡는다는 것이다. 이들은 과거시험을 치러 온 것이 아니다. 그들의 속셈은 딴 데 있다. 이 문제는 잠시 덮어두고 '쟁접'이란 말이 나왔으니, 이것부터 살펴보자. 다시 〈한양가〉다.

현제판(懸題板) 밑 설포장(設布場)에 말뚝 박고 우산 치고
후장 치고 등을 꽂고, 수종군(隨從軍)이 늘어서서
접(接)마다 지키면서 엄포가 사나울사
그 외에 약한 선비 장원봉(壯元峰) 기슭이며
궁장(宮墻) 밑 생강 밭에 잠복 치고 앉았으니
등불이 조요(照耀)하니 사월 팔일 모양일다³

과거시험을 치를 때는 따로 문제를 인쇄한 답지를 나눠주지 않았다. 현제판(문제를 적은 판)을 보고 적어 와야 했으므로 현제판 가까이에 자리를 잡는 것이 최고다. 현제판 근처에 도착하면, 자기 접을 부르고 장막을 치고 자리를 깐다. 그리고 우산을 씌운다. 왜 선접군이 말뚝과 말장, 우산을 지참했는지 이제 알 것이다. 접이란 한 팀을 말하는 바, 과거장에서 상부상조하기로 약속한 한 팀이다. 접과 접은 좋은 자리를 차지하기 위해 치열하게 경쟁한다. 이것이 쟁접이다. 다시 우하영의 말을 들어보자.

> 부문할 때는 짓밟는 폐단이 있고, 쟁접할 때는 치고 때리는 습관이 있다. 밟히면 죽고 맞으면 다치게 되는 것은 그럴 수밖에 없는 것이다.[4]

부문과 쟁접은 주먹질과 발길질이 마구 오가는 것이었기에 자연 힘깨나 쓰는 자를 동원하지 않을 수 없고, 또 세력가에 자원하는 축들도 있었던 모양이다. 이 자원한 선접군들은 부문과 쟁접에서 힘을 쓴 대가로 세력가의 도움을 받아 남의 글과 글씨를 빌어 답안지를 작성해 바친다. 고시관은 그것이 차작(借作)인지 차필(借筆)인지 모르므로, 이들이 간혹 합격하는 수가 있었다. 이를 노리고 할 일 없는 어중이떠중이들이 권세가의 수종군으로 나섰다고 한다. 우하영은 "과장운수 알 수 없다(場中得失, 未可知也)"는 당시 속담을 인용하고 있으니, 그야말로 과장은 실력보다 운이 통하는 곳이었던 모양이다.

〈소과응시〉 부분 | 자리를 깔고 우산을 받치고 모여앉은 이들은 서로 상부상조하기로 약속한 접이다. 시험을 보러 나온 사람들이라고 하기에는 표정이 매우 한가롭다.

### 난장판이 되어버린 시험장

과거장은 이미 국가의 인재를 선발하는 신성한 장소가 아니라, 폭력이 난무하고 사상(死傷)이 다반사가 된 난장판이 되었다. 〈한양가〉가 19세기 중반에 쓰여졌으니, 이는 19세기적 현상일 따름이라고 해야 할까? 결코 그렇지 않다. 박제가(朴齊家, 1750~1805)의 《북학의(北學議)》를 보자.

> 현재는 그때보다 백 배가 넘는 유생이 물과 불, 짐바리와 같은 물건을 시험장 안으로 들여오고, 힘센 무인들이 들어오며, 심부름하는 노비들이 들어오고, 술 파는 장사치까지 들어오니 과거 보는 뜰이 비좁지 않을 이치가 어디에 있으며, 마당이 뒤죽박죽이 안 될 이치가 어디에 있겠는가?
> 심한 경우에는 마치 상대를 치고, 막대기로 상대를 찌르고 싸우며, 문에서 횡액을 당하기도 하고, 길거리에서 욕을 얻어먹기도 하며, 변소에서 구걸을 요구당하는 일이 발생한다. 하루 안에 치르는 과거를 보게 되면 머리털이 허옇게 세고, 심지어는 남을 살상하는 일이나 압사(壓死)하는 일까지 발생한다.
> 온화하게 예를 표하며 겸손하여야 할 장소에서 강도질이나 전쟁터에서 할 짓거리를 행하고 있으므로 옛사람이라면 반드시 오늘날의 과거장에는 들어가지 않을 것이다.[5]

거자뿐만 아니라 힘센 무인(아마도 선접군인듯)과 심부름하는 노비들까지 시험장에 들어온다. 기강이 말씀이 아니다. 이 판에 술 파는 장사치까지 들어왔다니, 그야말로 난장판이다. 좁은 공간에 사람이 몰리면 당연히 싸움이 벌어진다. 난투극이 벌어지고 마침내 사람이 죽고 압사하는 일까지 생긴다.

《북학의》는 정조 때 쓰여진 것이니, 〈한양가〉에서 다룬 이야기가 이미 18세기에 일반화된 일이었음을 알 수 있다. 정조 때라면 조선의 르네상스 운운하는 시기다. 이 르네상스에 이런 난장판이라니, 납득이 가는가.

잠시 우스꽝스러운 이야기를 해보자. 위에서 인용한 〈한양가〉에서 자리잡기에 밀려난 "장원봉 기슭과 궁장 밑 생강밭에 잠복 치고 앉은" 약한 선비들은 도대체 무엇 하러 과거에 참여했던 것인가? 정조 24년에 치른 시험에는 10만 명 정도가 응시하여 3만 명 정도가 답안지를 내었다 하는데, 그럼 답안지를 내지 않는 사람은 왜 과거에 참여했단 말인가? 영조 때 화가인 장한종(張漢宗)의 《어수신화(禦睡新話)》란 책에 짧지만 과거의 모순을 찌른 이야기가 나온다.

어떤 시골 선비가 식년(式年)에 과거길을 걱정하고 있었다. 종놈이 묻기를,
"서방님, 무얼 그리 근심하셔유?"
"간구한 양반이 또 과기(科期)를 당하니 어찌 근심이 안 되겠느냐?"
"매번 과거만 닥치면 서방님 행차합시느라 노마(奴馬)에 부비가 불소한데 어려운 가세에 마련이 극난하구 말굽쇼. 금년 과장에는 쇤네가 대신 가기로 합지유. 명지(名紙)와 노비만 들 터이고 기타 부비야 크게 절감될 것이 아닙니까유?"

"예끼 이놈, 네라서 양반이 하는 일을 한단 말이냐?"
"시지(試紙)를 다리 밑으로 던지는 일쯤이야 쇤네라고 못합니까유."[6]

이 선비는 과거에 응시하여 답안지를 제출하기는커녕 늘 답안지를 다리 밑으로 던져 종에게 비꼼을 당한 것이다. 답안지를 내지 못하는 인간들까지 몰렸으니, 어찌 과거장이 터져나가지 않았으랴. 아울러 과장에 출입하는 것이 양반 행세를 하는 중요한 근거이기도 했음을 지적해둔다.

### 족집게 대리시험 전문가, 거벽과 사수

자, 한바탕 난투극을 치르고 난 거자들은 접을 모아 장막을 치고 자리를 확보해 앉은 후 시험문제를 기다린다. 임금이 들어와 전좌하고 난 뒤 내시가 시험문제를 현제판에 내다 건다.

> 관풍각(觀豊閣) 지나시고 관덕정(觀德亭) 지나셔서
> 보탑(寶榻)에 전좌(殿座)하사 군병 방위 정한 후에
> 어악(御樂)이 일어나며 모대(帽帶)한 환시(宦侍)네가
> 어제(御製)를 고이 들고 현제판 임하여서
> 홍마삭(紅麻索) 끈을 매어 일시에 올려다니
> 만장중(滿場中) 선비들이 붓을 들고 달아난다.[7]

선비들은 현제판에서 문제를 베껴 달아나듯 자기 접을 찾아

간다. 이제부터 본격적으로 부정이 시작된다.

    각각 제 접 찾아가서 책행담(冊行擔) 열어놓고
    해제(解題)를 생각하여 풍우같이 지어내니
    글하는 거벽(巨擘)들은 귀귀(句句)이 읊어내고
    글씨 쓰는 사수(寫手)들은 시각을 못 머문다.[8]

'책행담'이란 무엇인가? 행담은 싸리나 버들로 만든, 가지고 다니는 작은 상자다. 말하자면 책가방과 같은 것이다. 이 가방 속에는 예상 답안지와 참고서적 등이 들어 있었다. 그런데 시험장에 웬 책가방인가. 시험장에 책을 가지고 들어가는 것을 '협서(挾書)'라고 한다. 협서는 유사 이래 커닝의 가장 고전적 방법이다. 예컨대《성종실록》18년 2월 23일 조에도 협서를 한 사람이 보이는데, 그것은 엄연한 범죄였다. 하지만 이수광(李睟光, 1563~1628)에 의하면[9] 그의 시대에는 법이 해이해져 드러내놓고 책을 가지고 들어가 과거장이 마치 책가게와 같았다고 한다. 이수광의《지봉유설(芝峰類說)》은 광해군 6년(1614)에 탈고되었으니, 임진왜란 이후 17세기 초반에 이미 과장의 법이 극도로 문란해졌음을 알 수 있다. 이익(李瀷, 1681~1763) 또한 자신의 시대에 협책 금지령이 완전히 붕괴되었음을 증언하고, 50~60년 이래 거자들이 과장에 들어갈 때 여러 사람을 데리고 들어가고, 과장에 들어간 사람 가운데 글을 직접 짓는 사람은 10분의 1밖에 안 된다고 증언했다.[10]

그렇다면 '거벽(巨擘)'과 '사수(寫手)'는 무엇을 하는 사람들인가? 거벽은 전문적으로 과거 답안지를 대신 지어주는 사람이고, 사수 곧 서수(書手)는 글씨를 대신 써주는 사람이다. 거벽과 사수를 고용하면 시험 응시자는 작문을 할 필요도 글씨를 쓸 필요도 없는 것이다. 이제 접이 왜 필요한지 알겠는가. 거벽·사수 등과 어울려 한 팀을 이루는 것이 바로 접이다(물론 거벽과 사수 없이도 한 접이 되기도 한다).

《청구야담(靑邱野談)》에 실린 〈편향유박생등과(騙鄕儒朴生登科)〉[11]라는 작품을 보자. 이 작품의 제목은 "시골 유생을 속여 박생이 과거에 합격하다"라는 뜻이다. 여기서 박생은 영조조의 암행어사로 유명한 박문수(朴文秀)다. 박문수는 원래 문필이 짧은 터라 과거 합격은 생각하지도 못하는 인물인데, 시골 유생을 속여 과거에 합격한다는 내용이다. 이야기인즉 이렇다. 초시에 우연히 합격한 박문수가 회시(會試)를 앞두고 서울 성내를 돌아다니면서 어느 고장의 어떤 선비가 거벽이고 사수인가를 탐문하였다. 박문수는 이런 저런 방도로 그들과 안면을 익혀두었다. 시험날 거벽과 사수들은 자신들의 주인과 함께 입장하였다. 박문수는 그들을 고발하겠다고 협박하여 거벽에게는 글을

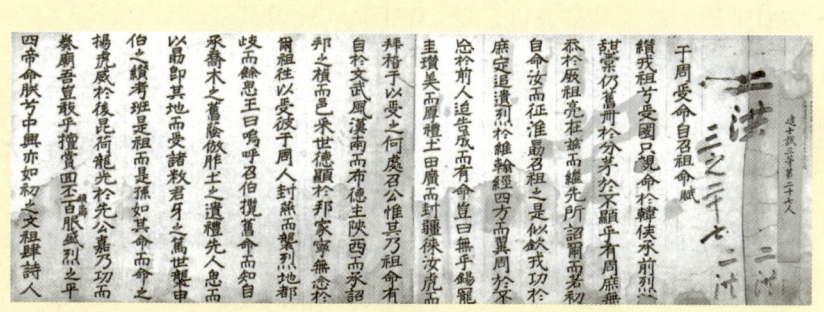

시권 | 순조대 치러진 과거시험 답안지. 옆에 '二洪'이라 쓴 것은 채점자가 매겨놓은 점수이다.

지어달라 하고, 사수에게는 글씨를 써달라 하여 그것으로 합격했다고 한다. 이야기는 뒤에 더 이어지지만 여기서 줄인다. 물론 이 이야기는 허구다. 하지만 거벽과 사수가 과거장에 우글거리고 있었던 사정은 더할 수 없이 정확하게 묘사되어 있다. 거벽과 사수는 소설에 등장할 정도로 이미 일반화되었던 것이다.

돈을 받고 과문(科文)을 대신 지어주었던 거벽 중에 지금까지 이름이 남아 있는 사람이 있다. 이옥(李鈺, 1641~1698)이 지은 〈류광억전(柳光億傳)〉[12]의 주인공 류광억은 실제 과문을 팔았던 사람이다. 그는 합천 사람으로 과문에 능하여 이것으로 생계를 삼았다. 어느 날 서울에서 파견된 시관, 곧 경시관(京試官)이 영남에 내려와서 감사에게 영남 제일의 인재가 누구인지 묻는다. 류광억이라고 대답하자, 경시관은 자기의 감식안으로 수많은 답안지 중에서 류광억의 답안지를 골라 장원으로 삼겠다고 말한다. 경시관의 감식안을 두고 내기가 벌어졌다. 이내 시험이 있었고, 경시관이 한 답안지를 보니 과연 으뜸이 될 만하였다. 그는 그 답안지를 류광억의 작품으로 여겨 1등으로 뽑았다. 그런데 또 다른 작품을 보니 그럴듯하여 2등, 3등으로 뽑았다. 그러나 그 답안지에는 모두 류광억의 이름이 없었다. 조사해보니 류광억이 돈을 받고 답안지를 대신 작성해주되, 받은 돈의 다과(多寡)에 따라 답안지의 수준을 조절해주었던 것이다. 경시관은 글을 보는 자기 안목을 검증받긴 했으나, 류광억의 이름이 없었기에 그의 자백을 받아내 자신의 감식안을 증명할 증거로 삼고자 하였다. 경시관은 애시당초 류광억을 처벌할 생각은 없었다. 하지만 류광억은 체포령이 떨어지자 잡히면 죽을 것이라 생각하여 자살하고 만다. 돈의 다과에 따라 답안지의 수준을 조절했다는 류광억의 예는, 거벽의 대필의 경지가 고도로 발달하였음을 증언한다.

과거의 모순을 증언하는 거벽과 사수들은 사실 과거의 모순에서 탄생한 존재였다. 이들은 원래 과유로서, 유능한 과문의 작성자였으나 재능만으로는 과거에 합격할 수 없어 과문 대필업에 종사하게 된 것이다.

### 답안지 빨리 낸 사람이 합격률 높아

거벽과 사수의 손으로 답안지를 작성하면 그 다음 순서는 무엇일까?

경각에 선장(先場) 들어 위장군(衛將軍) 외는구나
한 장 들고 두 장 들어 차차로 들어간다
백 장이 넘어서는 일시에 들어오니
신기전(神機箭) 모양이요, 백설(白雪)이 분분하다
수권수(收卷數) 몇 장인고 언덕 같고 뫼 같구나
사알 사약 무감 별감 정원사령 위장군이
열 장씩 작축(作軸)하여 전자관(塡字官) 전자(塡字)하고
주문(主文) 명관(命官) 시관(試官) 앞에 수없이 갖다 놓네
차례로 끓을 적에 비점(批點) 치고 관별(貫別)한다
그 외의 낙고지(落考紙)는 짐짐이 져서 낸다[13]

답안지를 제출하고, 제출한 답안지를 한데 묶어 채점하는 장

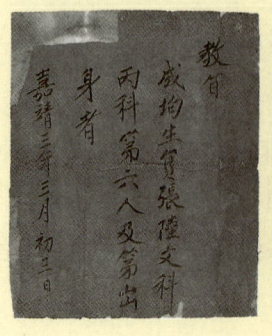 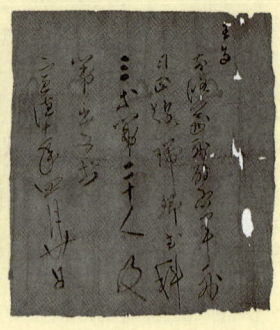

홍패 | 왼쪽은 문과급제자의 홍패, 오른쪽은 무과급제자의 홍패이다. 붉은 바탕의 종이에 합격자의 성적, 등급, 성명 등을 먹으로 썼다.

면이다. 설명할 것이 많지만 가장 눈에 띄는 희한한 장면은 백장을 넘어서면 답안지가 신기전처럼 날아서 들어오는 것 같고, 또 흰 눈이 내리는 듯 쏟아진다는 것이다. 답안지를 빨리 내려고 일대 경쟁을 벌인 것이다. 왜 답안지를 빨리 내려고 했을까? 앞에서 좋은 자리를 차지하려고 경쟁을 벌인 것 역시 답안지를 빨리 내고자 하는 의도와 관련이 있다.

답안지를 빨리 내는 것을 '조정(早呈)'이라 하는 바, 조선 후기 과거 관련 자료를 보면 이 조정의 폐단을 수없이 지적하고 있다. 왜 답안지를 빨리 내려고 했을까? 모든 과거는 주관식이었다. 주관식 답안지는 다 읽어보기 전에는 평가할 수 없으며, 또 채점하는 데 상당한 시간이 소요된다. 그런데 과거 응시자의 수가 증가하면서 "언덕 같고 뫼 같은" 엄청난 양의 답안지를 꼼꼼하게 읽어보고 점수를 매기기란 사실상 불가능해졌다.

앞에서 예를 들었던 정조 24년 경과의 정시(庭試) 초시 답안지와 이튿날 치른 인일제의 답안지가 각각 3만여 장이었다니, 며칠 만에 거의 7만 장을 채점해야 했던 것이다. 〈한양가〉에서 묘사하고 있는 과거는 국왕이 친림하는 시험으로서 당일 결과를 공포하는 즉일방방(卽日放榜)이다. 하룻만에 모든 답안지를 검토하고 합격자를 뽑아야 하는 판이니, 채점이 부실해질 수밖에 없다. 그래서 답안지의 앞머리만 훑어보고 채점하는 현상이 발생했다.

또한 이보다 더 큰 문제는 실제 일찍 제출한 답안지 중에서 합격자가 나오는 것이었다. 정조 21년의《실록》자료에 의하면, 그 해 가을 감시(監試)의 이소(二所 : 두번째 시험 장소)에서 합격한 답안지는 먼저 낸 3백 장 안에서 거의 다 나왔다(《정조실록》, 21년 9월 24일). 채점을 하는 시관이 일찍 낸 답안지 약간만 보고 채점을 하여, 나머지 대부분의 답안지는 채점 대상조차 되지 않았던 것이다. 이렇게 일찍 제출한 답안지에서 합격자가 나오자, 거자들은 답안지의 서두만 대충 써서 일찍 제출하는 방식으로 대응했다. 조정의 폐단은 이렇게 시작되었다. 조정의 폐단을 막기 위해 일정한 시간이 지난 후 답안지를 내도록 한다든가, 늦게 낸 답안지에서 합격자를 선발한다든가 하는 오만 가지 대책이 마련되었으나, 조정의 폐를 막지는 못했다. 급기야 〈한양가〉에서 묘사했듯 조정이 마치 풍속처럼 되어버린 것은, 급증하는 응시자를 감당할 수 없었기 때문이다.

### 과거, 그 최후의 타락상

이상에서 살핀 바와 같이 조선 후기에 오면 과거장에서 벌어지는 부정행위가 거의 풍습처럼 일상적인 일이 되어버렸다. 범죄라는 의식도 없었다. 갑오경장으로 과거가 폐지될 때까지 타락에 타락을 거듭했던 것이다. 이제 그 최후의 타락상을 보자. 김구 선생의《백범일지》에 조선시대 마지막 과거 풍경이 실려 있다. 백범은 19세기 말에 태어난 분으로, 과거에 참여한 적이 있었다. 백범이 기억하는 조선시대 마지막 과거의 풍경은 어떠한가.

백범은 정문재(鄭文在)라는 선생에게서 배운 적이 있다. 정문재는 상사람이지만, 과유로서 손꼽히는 사람이었다. 1892년 조선의 마지막 과거가 설행되었던 바, 백범은 아버지가 어렵사리 마련한 장지(壯紙) 다섯 장에 처음으로 답안지 글씨를 연습하고 정문재를 따라 해주(海州) 과장에 들어간다. 과비(科費)가 없어 아버지와 함께 과거 보는 동안 먹을 좁쌀을 등에 지고 갔다니, 어지간히 어려웠던 모양이다. 백범이 전하는 과장의 모습을 보자.

선화당(宣化堂) 옆 관풍각 주변 사방에는 새끼줄로 망을 둘러쳤고 정각에 부문을 하였다. 흰 베에 '산동접(山洞接)'이니 '석담접(石潭接)'이니 하는 접의 이름을 써서 장대 끝에 매달고 자기 접의 자리를 먼저 잡으려고 힘있는 자를 앞세워, 큰 종이양산을 들고 도포 입고 유건 쓴 선비들이 접접(接接)이 들어가는 대혼잡의 광경은 참으로 볼 만하였다. 과거장에는 노소 귀천이 없이 무질서한 것이 내려오는 풍습이라 한다.

또 볼만한 것은 늙은 선비(老儒)들이 걸과(乞科)하는 모습이었다. 관풍각을 향하여 새끼줄망 구멍 사이로 머리를 들이밀고 "소생의 성명은 아무개이옵는데 먼 시골에 살면서 과거 때마다 참석하여 금년 칠십 살입니다. 요다음 다시 과거에 참석하지는 못하겠습니다. 초시라도 한 번 합격하면 죽어도 한이 없습니다"며 진정하는 것이다. 어떤 이는 큰 소리로 외치고, 어떤 이는 목놓아 우니 비굴하기도 하고 가엾기도 하였다.[14]

어떤가, 〈한양가〉보다 더 생생하지 않은가? 조선시대 과거장에 대한 묘사 중 이보다 정확한 것은 없으리라. 더 읽어보자.

본접(本接)에 와서 보니 선생과 접장들이 글을 짓는 자는 짓기만 하고 글씨를 쓰는 자는 쓰기만 하였다. 나는 선생님에게 늙은 선비들의 결과하는 모습을 말씀드린 후 "이번에 제가 아니라 아버님의 명의로 과거 답안지를 작성하여주시면 좋겠습니다. 저는 앞으로도 기회가 많지 않겠습니까?" 하고 부탁하자 선생님은 내 말에 감동하여 흔쾌히 허락하여 수락하셨다. 이런 대화를 들은 어떤 접장 한 분이 "네 글씨가 나만은 못할 터, 네 아버님 답안지의 글씨는 내가 써주마. 너는 후일 과거 공부를 더 해서 직접 짓고 쓰도록 해라" 하고 거들어주신다. 나는 "예 고맙습니다"며 감사하였다. 이렇게 선생님이 짓고 접장이 쓴 아버님 명의의 과거 답안지를 새끼줄망 사이로 시관 앞을 향해 쏘아 들여보냈다.
그리고 나서 과거에 얽힌 이런 저런 말을 들었다. 시관에 대해 불평하는 말로는 "통인(通引) 놈들이 시관에게는 보이지도 않고 과거 답안지 한 아름을 도적하여 갔다"는 것이나, "과거장에는 글을 짓고 쓸 때 남에게 보이지 말아야 하는데 그 이유는 글을 지을 줄 모르는 자가 남의 글을 보고 가서 자기 글로 제출한다"는 것이다. 또 괴이한 말은 "돈만 많으면 과거도 벼슬도 다 할 수 있다. 글을 모르는 부자들이 큰 선비의 글을 몇백 냥 몇천 냥씩 주고 사서 진사도 하고 급제도 하였다"고 한다. 그뿐인가. "이번 시관은 누구인즉, 서울 아무 대신에 편지를 부쳤으니까 반드시 된다"고 자신하는 사람, "아무개는 시관의 수청 기생에게 주단 몇 필을 선사하였으니 이번에 꼭 과거를 한다"고 자신하는 자도 있었다.[15]

이것이 과거의 마지막 모습이다. 더할 수 없는 타락이다. 이러고도 조선이란 나라가 멀쩡할 수 있었겠는가?

## 소수 문벌가문의 관직 독점

18세기경에 오면 과거는 이미 인재선발 기능을 상실했던 것으로 보인다. 이익(李瀷, 1681~1763)은 《성호사설(星湖僿說)》의 〈과천합일(科薦合一)〉[16]에서 "과거시험은 장차 사람을 선발해 쓰려는 것이다. 그런데 시험을 치르고서 쓰지 않는다면, 시험이란 게 도대체 무엇 하려는 것인가"라고 반문하고 있다. 이익의 계산에 의하면, 문과 합격자가 갈 수 있는 벼슬자리는 실제 5백 개에 불과하였다. 3년마다 한 번씩 열리는 정기 과거시험인 식년시에서 문과 33명, 생원 1백 명, 진사 1백 명 합쳐서 233명을 뽑으니, 30년 동안 모두 2,330명을 뽑게 된다. 대개 한 사람이 입사(入仕)해서 치사(致仕)하기까지 30년이 걸리므로 30년을 계산한 것이다. 그러나 자리는 5백 자리뿐이다. 턱없이 부족한 숫자가 아닐 수 없다. 2,330명 중에서 5백 명을 제외한 1,830명은 실업자가 될 수밖에 없다. 이외에 앞서 살핀 바와 같이 비상설적 과거가 수시로 시행되어 엄청난 수의 합격자가 배출된다. 관료 예비군이 늘 넘쳐나는 상태였던 것이다. 이처럼 과거 합격자가 양산되었으니, 당연히 입사의 통로는 줄어들었다. 조선 후기의 온갖 엽관운동·관직매매는 이렇게 해서 생겨났다. 당쟁 역시 이로 말미암아 생겨났다는 것이 이익의 견해다.

과거에 합격해도 이후를 보장받을 수 없으므로, 이제 합격자 내부에서 경쟁이 시작된다. 기득권자들은 당연히 후발 주자들을 배제한다.

이야기를 약간 돌려보자. 앞서 이야기했듯 양민 이상이면 누구나 과거에 응시할 자격이 있었지만, 비용과 교육 기회 등의 현실적 문제 때문에 실제 과거에 응시하는 양민들은 거의 없었다. 하지만 중인과 서얼이라면 사정이 다르다. 이들은 비용과 교육 기회를 갖추고 있었으므로 당연히 과거에 응시할 수 있었다. 그러나 이들이 과거에 응시하는 경우는 드물었다. 과거에 응시할 수 없었던 것이 아니라, 응시하지 않았던 것이다. 과거에 합격해도 장래가 어두웠기 때문이다. 중인과 서얼은 한품서용제(限品敍用制)로 인해 올라갈 수 있는 벼슬의 한계가 정해져 있었다. 또 중인과 서얼은 과거에 합격해 이름이 방목에 실리면, 이름 밑에 '중인(中人)' '서(庶)'가 병기되었다. 내놓고 자기 신분을 선전하는 셈이다.

중인가문의 예를 살펴보자. 영조 연간의 시인 홍신유(洪愼猷)의 가문은 전형적인 중인가문이다. 그의 집안은 고조 대인 홍서구(洪敍九)·홍서주(洪敍疇) 때 주과(籌科) 중인으로 진출한 후, 조선 후기의 유력한 주과 중인가문이 되는데 홍신유의 가계만은 여기서 약간 벗어난다. 그의 아버지 홍성귀(洪聖龜)

〈삼일유가(三日遊街)〉 | 삼일유가란 과거에 급제한 사람이 사흘 동안 시관(試官)과 선배, 친척 등을 방문하는 풍습을 가리킨다. 과거합격 자체가 가문의 영광이었기에, 마치 동네 잔치판이라도 벌어진 듯 흥겨운 분위기가 넘쳐흐른다. 국립중앙박물관 소장.

가 역관 쪽으로 진출하여 당대 꽤나 유명한 역관으로 활약한 것이다. 즉 홍신유의 대에 오면 그의 가문은 전형적인 기술직 중인가문이 된다. 하지만 홍신유는 역관이나 주과 중인으로 나아가지 않았다. 그는 영조 44년(1768) 정시문과에 병과로 합격한 문과 출신이다. 영조대 역관 무역이 위축되어 역관으로의 진출로가 좁아지자, 중인들이 과거로 진출하는 현상이 나타났다. 하지만 중인 출신 홍신유가 과거에 합격한들 무슨 대단한 출세가 있을 수 없다. 그는 봉상시(奉常寺)·통례원(通禮院)의 말직과

찰방(察訪), 성균관 전적(典籍) 등 기술직 중인에게 허락되는 벼슬을 전전했을 뿐이다.

중인이나 서얼은 과거에 합격한다 해도 명예와 권력이 집중된 관직, 이른바 청현직(淸顯職)에는 오를 수 없었다. 예컨대 임금의 자문역인 홍문관 벼슬, 비서역인 승정원 벼슬, 병조·이조의 벼슬, 사간원·사헌부 등의 벼슬, 그리고 이런 벼슬을 거쳐야만 하는 정승 판서 자리는 이들과 상관이 없었다. 과거에 합격한다 해도 중인이나 서얼, 그리고 문벌이 시원찮은 양반들은 먼저 분관(分館)의 과정에서 차별을 받았다. 분관은 과거에 합격한 사람이 거치는 일종의 수습기간이다. 교서관(校書館)·성균관·승문원(承文院) 세 관청으로 분관이 되는데, 승문원 분관을 받지 못하면 출세는 거의 불가능하였다. 승문원 분관을 받아야 뒷날 정승 판서까지 바라볼 수 있고, 성균관 분관은 정승은 불가능하지만 사헌부 사간원 벼슬은 할 수 있었다. 하지만 교서관 분관은 처음부터 미관말직으로 끝날 사람들이 가는 곳이었다.

이뿐 아니라 과거에 합격한 사람이 출세를 하려면 반드시 홍문관 벼슬을 거쳐야 하는데, 이 홍문관 벼슬의 후보자를 선발하는 과정이 극히 까다로왔다. 문벌이 없으면 홍문관 벼슬의 후보자에도 들지 못했다. 기득권층인 문벌 있는 양반가들은 이런 이중 삼중의 과정을 통해 이익을 도모했던 것이다. 이해가 잘 안 된다면 현재 지방대 출신의 고시 합격자가 걷는 행로를 생각해보라.

### 권력 독점의 희생자들

과거가 공정성을 잃어가는 과정은 벌열(閥閱)의 형성, 노론 일당 독재, 세도정권 성립과 일치한다. 실제 과거를 아무리 자주 시행해도 권력의 핵심은 소수 가문이 차지하였다. 정약용은 과거의 남설(濫設)과는 반비례하여 권세가에서는 오히려 과거 공부를 하지 않는다고 말한다.

> 이제는 과거학도 쇠진했다. 그래서 명문 거족의 자제들은 이를 공부하려 하지 않고, 오직 저 시골 구석의 헐벗고 굶주린 사람들만이 공부하고 있다. 따라서 문예를 겨루는 날에는 권세가의 자제들이 시정의 노예들을 불러모아 이들에게 접건(摺巾)과 단유(短襦)를 입힌다. 그러면 이들은 눈을 부라리고 주먹을 휘두르며 자기 주인의 시험지를 먼저 올리기 위해 첨간(簽竿)만 바라보고 서로 앞을 다투어 몽둥이질을 한다. 급기야 합격자를 발표할 적에 보면 '시(豕)'자와 '해(亥)'자도 분별하지 못하는 젖내 나는 어린애가 장원을 차지하게 되기 일쑤다. 이러니 이 과거학이 쇠잔하지 않을 수 없다.[17]

장원을 차지하는 젖내 나는 어린애는 물론 권세가의 아이다.

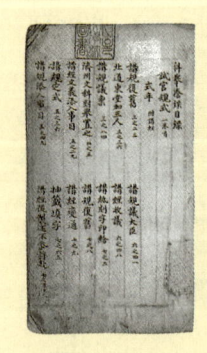
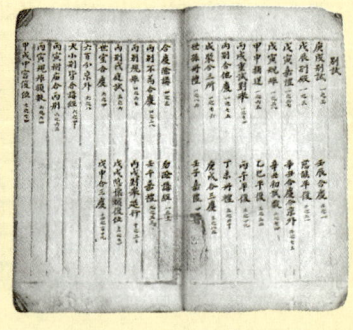

과거등록 | 과거 합격자를 기록한 명부. 18세기경이 되면 과거합격자 곧 관료 예비군의 수가 늘어나, 과거에 합격해도 미래를 보장받기 어려워진다. 규장각 도서.

이미 영구불변의 권력이 보장되어 있는데, 무엇 때문에 골머리를 썩여가며 과거 공부에 전념하겠는가. 다산은 〈하일대주(夏日對酒)〉란 시에서 소수 권세가의 권력 독점에 대해 이렇게 읊조리고 있다.

> 위세도 당당한 수십가(數十家)에서
> 대대로 국록을 먹어치우더니
> 그들끼리 붕당이 나뉘어져서
> 엎치락뒤치락 죽이고 물고 뜯어
> 약한 놈 몸뚱인 강한 놈 밥이라
> 대여섯 호문(豪門)이 살아남아서
> 이들만이 경상(卿相) 되고
> 이들만이 악목(岳牧) 되고
> 이들만이 후설(喉舌) 되고
> 이들만이 이목(耳目) 되고
> 이들만이 백관(百官) 되고
> 이들만이 옥사(獄事)를 감독하네.[18]

조선 후기 지배층은 과거의 타락상을 몰랐을까? 아니 너무나 잘 알고 있었다. 과거를 개혁하기 위해 수많은 논의가 쏟아졌다. 의식 있는 사람이라면 이구동성으로 과거개혁의 필요성을 부르짖었다. 하지만 갑오경장으로 과거제가 폐지될 때까지 과거의 폐단은 고쳐지지 않았다. 요는 이제까지 말한 바대로 소수의 권력 독점에 원인이 있었다. 과거에 응시하는 사람이 아무리 많아도 권력의 중심에 드는 가문은 열 개, 넓게 잡아 스무 개 가문을 벗어나지 않았다. 이들의 권력 독점이 과거의 모순에 기초하고 있었으니, 과거의 폐해가 바로잡힐 리가 없었다. 이런 권력 독점은 자연 권력에서 소외된 많은 사람들을 좌절시켰다. 〈하일대주〉를 더 읽어보자.

> 가난한 촌민이 아들 하나 낳았는데
> 빼어난 기품이 난곡(鸞鵠) 새 같아
> 그 아이 자라서 팔, 구세 되니
> 의지와 기상이 가을 대 같구나
> 무릎 꿇고 어버지께 여쭙는 말이
> "제가 이제 구경(九經) 읽어
> 천명(千名)에 으뜸가는 경술(經術)을 지녔으니
> 혹시라도 홍문록(弘文錄)에 오를 수 있나요."
> 그 애비 하는 말
> "원래 낮은 족속이라
> 너에게 계옥(啓沃 : 임금을 가까이서 보좌함)은 당치 않은 일."

미천한 시골 백성에게 뛰어난 자식이 태어나지 말라는 법은 없다. 이 똑똑한 아이는 자신의 학식이 이토록 풍부하니, 임금의 자문역인 홍문관 벼슬을 할 수 있을 것이라고 기대한다. 하지만 아비는 말한다. 너는 지체가 낮아 그럴 수가 없다. 아들은 방향을 바꾼다. 이제 무과를 염원한다.

> "제가 이제 오석궁(五石弓)을 당길 만하고
> 무예 익히기를 극곡(郤縠) 같이 하였으니

바라건대 오영(五營)의 대장이 되어
말 앞에 대장 기를 꽂으렵니다."
그 애비 하는 말
"원래 낮은 족속이라
대장 수레 타는 건 꿈도 못 꿀 일."

무과로 출세하고자 하는 아들에게 아비는 똑같이 답한다. 이제 아들은 지방수령 등으로 기대를 낮춘다.

"제가 이제 관리 일을 공부했으니
위로는 공수·황패(龔遂·黃覇 : 한나라 때의 유명한 지방관)
이어받아서 마땅히 군부(郡符)를 허리에 차고
종신토록 호의호식 해보렵니다."
그 애비 하는 말
"원래 낮은 족속이라
순리(循吏)도 혹리(酷吏)도 너에겐 상관없는 일."

자식은 절망한다. 자신의 재능을 꽃피울 수 없는 사회, 탈출구가 없는 사회에서 재능 있는 인간의 말로는 뻔하다.

이 말 듣고 그 아이 발끈 노하여
책이랑 활이랑 던져버리고
저포놀이, 강패놀이
마조놀이, 축국놀이에
허랑하고 방탕해 재목되지 못하고

늙어선 촌구석에 묻혀버리네

결국 도박으로 자신을 망친다. 희망이 보이지 않는 사회에서 절망한 때문이다. 이러한 권력 독점의 폐해는 권세가의 인간들에게도 나타났다. 다산의 시를 계속 읽어보자.

권세 있는 가문에서 아들 하나 낳았는데
사납고 교만하기 기록(驥騄)과 같아
그 아이 자라서 팔, 구세 되니
찬란하다, 입고 있는 아름다운 옷
객(客)이 말하길 "걱정하지 말아라
너의 집은 하늘이 복 내린 집이라
너의 관직 하늘이 정해놓은 것
청관(清官) 요직(要職) 맘대로 할 수 있는데
부질없이 힘들여 애쓸 것 없고
매일같이 글 읽는 일 할 필요 없네
때가 되면 저절로 좋은 벼슬 생기는데
편지 한 장 쓸 줄 알면 그로 족하리."

이 아이는 어떻게 되었던가?

그 아이 이 말 듣고 떨 듯이 기뻐하며
다시는 서책을 보지도 않네
마조놀이, 강패놀이
장기두기, 쌍륙치기에

허랑하고 방탕하여 재목되지 못하건만
높은 벼슬 차례로 밟아 오르네
일찍이 먹줄 한 번 퉁기지 않았는데
어찌하여 큰 집 지을 재목이 될까보냐.

세력가의 자식도 똑같이 타락하고 만다.

### 정작 국가에서는 그 재주를 쓸 곳이 없다

과거의 역사를 음미하다 보면 현재가 보인다. 조선 선비들이 골머리를 썩이며 공부했던 내용은 정말 유용한 것이었을까? 사실 과거시험 과목은 현실에서 거의 쓸모없는 것이었다. 과거시험에는 강경(講經)과 제술(製述)이 있었는데, 보다 중요한 것은 작문시험인 제술이었다. 제술 과목에는 문학작품인 시(詩)·부(賦)·송(頌)과 논문인 책(策)이 있었는데, 이 중 주로 출제된 것은 시와 부였다. 사실 과거에 가장 걸맞는 것은 현대의 논문과 같은 '책'이었으나, 책은 출제되는 경우가 별로 없었다. 모든 거자들이 시와 부에 목을 매었다. 하지만 시와 부는 그야말로 아무 짝에도 쓰지 못하는 것이었다. 그래도 시와 부의 작문을 공부하면, 일반적인 시와 부의 작품을 쓰는 데 도움이 되지 않을까 하지만 그것도 아니었다. 과시(科詩)와 과부(科賦)는 일반 한시나 부와는 체제가 아주 다르다. 박제가는 이렇게 말한다.

현재 치르는 과거에서는 과체(科體)의 기예를 통하여 인재

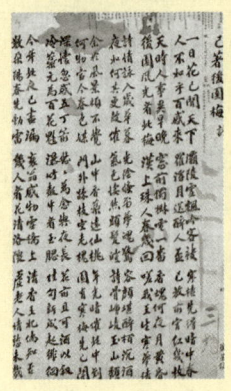 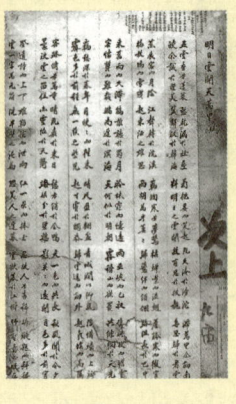

시권 | 왼쪽은 '시' 오른쪽은 '부'에 대한 답안지이다. 과거에는 주로 시와 부가 출제되었는데, 사실 이는 현실에서는 거의 쓸모가 없었다. 과거에 합격한다 해도 이전에 한 공부가 실제 행정에 도움이 되지 못한 것이다.

를 시험하고 있다. 그런데 그 문장이란 것이 위로는 조정의 관각(館閣)에 쓸 수도 없고, 임금의 자문에도 응용할 수 없을 뿐만 아니라, 아래로는 사실을 기록하거나 인간의 성정을 표현하는 데도 불가능한 문체다. 어린아이 때부터 과거 문장을 공부하여 머리가 허옇게 된 때에 과거에 급제하게 되면 그날로 그 문장을 팽개쳐버린다. 한평생의 정기와 알맹이를 과거 문장 익히는 데 전부 소진하였으나 정작 국가에서는 그 재주를 쓸 곳이 없다.[19]

과거시험을 보는 데 행정학이나 사법에 관한 지식은 소용이 없었다. 만약 지금 고시에 시를 한 수 지어보라고 한다든가 수필, 문학비평 등만을 문제로 출제한다면 어떻게 되겠는가. 그런 코미디가 없을 것이다.

과거공부가 과거합격 이후 행정에 아무런 도움이 되지 못하였으니 양반들은 그저 서리의 입만 바라보고 있었다. 그럼에도 조선의 지식분자들은 오로지 시험용 지식을 단련하는 데 골몰하였다. 정약용은 말한다. 이 세상의 많은 백성들은 무식하다. 경서와 사책을 공부해 정사(政事)를 담당할 수 있는 사람은 천 명이나 백 명 중 한 사람뿐이다. 그런데 사정은 어떤가.

지금 천하의 총명하고 슬기로운 재능이 있는 이들을 모아 일률적으로 과거라고 하는 격식에 집어넣고는 본인의 개성은 아랑곳없이 마구 짓이기고 있으니, 어찌 서글픈 일이 아닐 수 있겠는가.[20]

이 다원화된 사회에 젊은이들이 고시에 목을 매달고 있다. 서두에서 말했다시피 불안한 시대에 안정적인 직업을 확보하려는 의식과 여기에 더하여 신분의 수직상승, 권력과 돈 등이 젊은이들을 유혹하고 있다. 불안감을 조성하면서 끊임없는 무한경쟁을 부추기는 사회가 과연 온당한 사회인가? 고시를 신분상승의 수단으로 여기는 의식은 뭔가 문제가 있다. 관료와 법관이 왜 선망의 대상이 되는지 모르겠다. 그들에게 주어진 공무상의 권한을 개인의 권력으로 착각하는 것은 아닐까? 아무래도 고시열풍은 병리적인 현상으로밖에 보이지 않는다. 우리는 아직도 과거를 치르는 조선시대에 살고 있는 것이다. 지겨운 조선시대여!
〈하일대주〉는 "깊이 깊이 생각하니 애간장이 타들어 부어라, 다시 또 술이나 마시자"로 끝난다. 나도 술이나 마실까 보다.

# 6 누가 이 여인들에게 돌을 던지는가
## ─ 감동과 어우동

어우동이란 여인이 있다. 누구나 한 번쯤 들어봤을 만한 이름이다(《실록》에서는 '어을우동'이라 표기 되어 있지만, 알려진 이름 '어우동'으로 표기하겠다). 어우동을 주인공으로 한 소설도 있고 영화도 있다. 조선시대 최대의 성적 스캔들을 일으킨 어우동의 거침없는 남성편력과 성적 욕망의 표출은, 바야흐로 성(性) 산업의 노예가 된 현대인의 관심을 끌기에 충분하다. 어우동을 테마로 소설을 쓰고 영화를 만든 작가들은 아마도 이렇게 생각했으리라.

'성적 억압이 강고했던 중세사회에 나타난 한 여인의 성적 자유의 구가는 근대를 선취하는 선구자적 행동이 아닌가.'

그럴 법한 생각이다. 문제는 이 생각이 어우동을 돌출적인 존재로 본다는 데 있다. 뒤집어 생각해보자. 어우동과 관계를 맺은 남성들은 도대체 누구란 말인가. 그 남성들이 없었다면 '어우동'이라는 존재 역시 나올 수 없었다. 따지고 보면, 어우동 사건은 희대의 성적 스캔들이란 흥밋거리 차원의 문제가 아니라, 조선시대와 양반에 대한 우리의 이미지에 뭔가 오류가 있음을 깨우쳐주는 미묘한 사건이다.

조선시대에는 축첩제가 공인되어 있었고, 기생제도도 존재했다. 축첩제와 기생제도의 본질은 무엇인가? 그것은 남성의 성적 욕망을 충족시키기 위한 제도였다. 남성들의 성적 스캔들이 제도화·일상화되어 있었던 것이다. 그렇다면 여성의 경우는 어떠했는가? 남편 아닌 자와의 성관계는 철저하게 응징되었다. 이상한 불균형이다. 나는 이 글에서 어우동의 스캔들을 조선시대 남성의 성적 욕망의 분출과 병치시키고자 한다. 아마도 이 병치는 재미있는 결과를 낳을 것이다.

### 40여 명과 간통한 여인, 감동

어우동에 앞서 어우동과 비슷한 길을 걸었던 여인이 한 사람 더 있다. 유감동(兪甘同)이다. 유감동 역시 1988년 〈감동〉이란 제목으로 영화화된 바 있다(흥행성적은 별로 좋지 않았다). 감독은 유영진, 주연배우는 이보희였다. 이 깜동이 바로 유감동으로, 세종 때의 실존인물이다. 어우동의 예처럼 앞으로 감동이라 부르자. 감동의 아버지는 검한성(檢漢城: 벼슬 이름) 유귀수(兪龜壽), 남편은 평강현감 최중기(崔仲基)이니, 감동은 당당한 사족(士族) 양반이었다. 만약 감동이 사족이 아니었다면, 그녀의 남성편력은 사건도 되지 않았을 것이다.

사건이 처음 보고된《세종실록》9년 8월 17일의 기록에 의하면, 남편 최중기가 무안 군수로 부임할 때 감동을 데리고 갔는데, 감동이 병을 핑계로 도로 서울로 올라와 방종하게 굴자 최중기가 버렸다고 한다. '방종'이라 함은 아마도 성적 방종을 의미할 것이다. 과연《실록》은 감동의 사건을 처음 보고하면서,

그녀와 관계했던 남자로 이승(李升)·황치신(黃致身)·전수생(田穗生)·김여달(金如達)·이돈(李敦) 등 여섯 명의 이름을 밝히고, 그 외 이름을 숨긴 간통자가 이루 다 기록할 수 없을 정도라 하고 있다. 방종이라면 꽤나 거창한 방종이었던 셈이다.

감동의 사건은 세종 9년 8월 17일에 처음 《실록》에 이름이 오른 이후 9월 16일 변방의 노비로 정죄될 때까지 거의 두 달을 끌었다. 두 달 동안의 《실록》 자료를 정리하여 간통자를 모아보면 40명에 가까운데, 이 중 압도적인 다수를 차지하는 이들은 당연히 양반들이다. 총제 정효문(鄭孝文)·상호군 이효량(李孝良)·해주(海州)판관 오안로(吳安老)·전 도사(都事) 이곡(李谷) 등이 제법 유명한 사람이고(《세종실록》 9년 8월 20일), 장연 첨절제사(長淵僉節制使)·사직(司直)·부사직·판관·찰방·현감 등의 벼슬도 보인다(《세종실록》 9년 8월 30일). 그런가 하면 수공업 기술자인 공장(工匠)으로 수정장(水精匠)·안자장(鞍子匠)·은장(銀匠)도 있었으니(《세종실록》 9년 8월 20일), 감동은 그 당시 남자들처럼 신분에 따라 사람을 차별하는 째째하고 못난 사람은 아니었던 모양이다.

형편없기로는 이효량과 정효문이 훨씬 더했다. 이효량은 최중기의 매부이면서 감동과 간통했고, 정효문은 숙부 정탁(鄭擢)이 감동과 간통한(당시 감동을 첩으로 데리고 있었다 함) 사실을 알면서도 감동과 성관계를 가졌으니, 근엄하신 양반님네가 하실 짓은 아닌 것이다. 물론 정효문은 정탁과의 관계를 알지 못했다고 변명했으나, 사헌부의 조율(照律)에 기정사실화하고 있으니(《세종실록》 9년 9월 16일) 변명의 여지가 없다. 아무튼 형편없는 인간들이다.

영화 〈깜동〉과 〈어우동〉 포스터 | 조선시대 유명한 성적 스캔들의 주인공이었던 어우동과 감동의 이야기는 영화로도 제작된 바 있다.

《실록》의 기록은 간통의 내밀한 자취보다는 당연히 남편 외의 남자 40여명과 간통한 여인을 어떻게 처리할 것인가에 몰두하고 있다. 감동의 정죄는 그가 결혼한 여인이라는 데서 시작되었다. 《세종실록》 9년 9월 16일 조에 사헌부에서 감동의 형량을 결정했던 바, 감동은 간통자의 많고 적음이 아니라 '남편을 배반하고 도망하여 개가한 자'에 해당하는 처벌을 받았다. 즉 "유감동이 최중기와 부부로 살 적에 김여달(최초의 간통자)과 간통했던 바, 후에 남편과 함께 자다가 소변을 본다는 핑계로 달아나 김여달에게 갔다"는 것이 구체적 죄목이었고, 그 형량은 교형(絞刑)이었다. 한편 감동과 간통한 사람 중에는 20명이 처벌을 받았는데, 이들은 자자형(刺字刑)에서 곤장 40대에서 1백대, 태형 50대, 외방부처(外方付處), 파면 등의 처벌을 받았다. 감동이 받은 사형에 비하면 처벌이라고 할 수도 없는 가벼운 것이었다.

### 희대의 성 스캔들, 어우동 사건

감동의 사건(1427)이 일어난 지 53년 뒤인 성종 11년(1480) 너무나도 유명한 어우동 사건이 일어났다. 어우동의 이름은 《성종실록》 11년 7월 9일 조에 처음 나온다. 요지는 이렇다. 의금부에서 어우동이 태강수(泰江守) 이동(李仝)의 아내였을 때 방산수(方山守) 이난(李瀾)·수산수(守山守) 이기(李驥)와 간통한 죄는 율이 장 1백 대, 도(徒) 3년에 고신(告身)을 모조리 추탈하는 데에 해당한다고 보고하자, 성종이 장형은 속전(贖錢)으로 대신하게 하고 고신(告身 : 관리로 임명된 자에게 수여한 증서)을 빼앗은 뒤 먼 지방에 부처하라고 명한다. 이것이 어우동 사건과 관련된 최초의 기록이다.

이 기록에 이어 같은 해 10월 18일 어우동이 사형을 당하는 날까지 어우동과 관련된 자료가 적지 않게 남아 있는데, 대부분은 어우동과 간통한 사람을 밝히고 처벌의 형량을 정하는 과정이다. 그런데 형량을 정하는 과정이 흥미롭다. 예컨대 방산수 이난이 어우동과 간통한 사람이라고 지목했던 어유소(魚有沼)·노공필(盧公弼)·김세적(金世勣)·김칭(金偁)·김휘(金暉)·정숙지(鄭叔墀)의 처벌 과정을 보자. 사헌부에서는 이들을 철저히 조사하여 중벌에 처할 것을 요구했으나, 성종을 비롯한 일부 대신들은 이난이 자기 죄를 가볍게 하기 위해 많은 사람을 끌어들였다는 이유로, 어유소·노공필·김세적은 석방하여 신문하지 않고, 김칭·정숙지 등은 다만 한 차례 형신하고 석방하였다. 성종의 처분은 당연히 논란이 되었으나, 끝내 이들에 대한 본격적인 처벌은 없었다. 사실 병조와 이조의 판서에다 좌찬성까지 지낸 어유소 같은 중신을 처벌하기는 어려웠을 것이다. 또 방산수 이난과 수산수 이기는 종친이기도 했다. 그 외 간통한 사람들도 처벌을 받기는 하였으나, 모두 가벼운 것이었고 2년 뒤에는 모두 풀려났다(《성종실록》 13년 8월 8일).

남자들에 대한 처벌이 이토록 가벼웠던 데 반해 어우동은 극형, 곧 사형에 처해졌다. 물론 어우동의 형량을 두고 갑론을박이 치열했다. 원래 의금부에서 조율한 죄목과 형량은 다음과 같았다.

태강수 이동이 버린 처 어을우동이 수산수 이기와 방산수 이난, 내금위 구전(具詮), 학유(學諭) 홍찬(洪燦), 생원 이승언(李承彦), 서리 오종년(吳從年)·감의형(甘義亨), 생도 박강창(朴强昌), 양인(良人) 이근지(李謹之), 사노(私奴) 지거비(知巨非)와 간통한 죄는, 율이 결장(決杖) 1백 대에, 유(流) 2천 리에 해당한다. -《성종실록》 11년 9월 2일

이 형량을 두고 신하들의 의견은, 대개 두 가지로 갈라졌다. 그 중 하나는 법전에 의해 조율한 의금부의 형량을 그대로 따르자는 입장이었다. 정창손(鄭昌孫)의 말을 들어보자.

어을우동은 종친의 처이며 사족의 딸로서 음욕(淫欲)을 자행한 것이 창기(娼妓)와 같으니, 마땅히 극형에 처해야 합니다. 그러나 태종과 세종 때에 사족의 부녀로서 음행이 매우 심한 자는 간혹 극형에 처했다 하더라도 그 뒤에는 모두 율에 의하여 단죄하였으니, 지금 어을우동 또한 율에 의하여 단죄하소서.

극형에 처해야 하나, 조종(祖宗)의 전례에 따라 정해진 법률에 의해 단죄하자, 곧 가벼운 형을 주장한 것이다. 만약 범죄가 가증스럽다 하여 율 밖의 형벌을 적용하면 자의적으로 율을 변경하는 실마리가 된다는 이유였다(김국광과 강희맹의 견해). 어우동의 죄는 무겁지만 율은 사형에 이르지 않는다는 것이 중론이었다(채수와 성현의 견해).
그러나 최종 결론을 내리는 것은 왕의 권한이었다. 성종은 법률 밖의 법률을 따르자는 심회(沈澮) 등의 의논을 따랐다. 성

《열녀전》 | 조선시대 여성의 성적 욕망은 철저한 단죄의 대상이 되었다. 이와 같은 일방적인 도덕 관념이 뿌리내리는 데《열녀전》과 같은 책이 큰 역할을 하였다.

종은 음란 방종한 행위를 일삼은 어우동을 죽이지 않는다면 뒷사람을 징계할 수단이 없다는 이유를 들어, 의금부에 사율(私律) 곧 법률에 없는 율을 적용하라고 명하였다. 사형이 결정된 것이다.

그렇다면 무엇을 사형의 이유로 할 것인가. 성종 11년(같은 해) 10월 18일 의금부에서 다시 어우동의 형량을 조정하여 왔다. 《대명률》의 '남편을 배반하고 도망하여 바로 개가한 것'에 비의(比擬)하여, 교부대시(絞不待時)에 처해야 한다고 했다. 교부대시는 교형에 처하되, 시간을 기다리지 않는다는 것이다. 사형에는 참형과 교형이 있는 바, 참형은 칼로 목을 베는 것이고 교형은 교살형이다. 사형은 죽은 자의 원기가 천지의 조화로운 기운을 해친다 하여, 만물이 생장하는 봄 여름을 피해 집행하였다. 그러나 범죄의 성격이 워낙 모질면 시기를 기다리지 않고 즉각 처형하도록 했으니, 이것이 교부대시 또는 참부대시(斬不待時)였다. 어우동의 교부대시를 놓고 다시 의견을 조율하는 과정에서 의논이 분분했으나, 성종이 어우동을 죽이기로 결심한 터에 결론이 바뀔 리가 없었다. 과연 그날(10월 18일) 어우동의 목에 올가미가 걸렸다.

### 당당한 사족의 딸이
### 음녀淫女가 된 사연

어우동이 한 일은 범죄인가? 일부일처제 사회에서 어우동의 행위는 분명 간통이다. 하지만 간통이 죽임을 당할 만큼 큰 죄인가? 나는 쉽게 그렇다고 말하지 못하겠다. 게다가 남성에 대한 처벌과 비교해보면, 어우동의 사형은 억울하다. 그러나 어우동은 죽임을 당하고, 음녀로 역사에 이름을 남기게 되었다.

어우동에 관한 《실록》의 기록은 풍성하지만, 거개 관련자들의 처벌 문제에 관한 것이고 어우동의 남성편력에 관한 기록은 상대적으로 적다. 어우동의 행적은 어우동이 교형을 당한 그날 《실록》에 자세히 실려 있다. 이 자료를 근거로 어우동의 행각을 조금만 언급해보겠다. 어우동은 승문원 지사 박윤창(朴允昌)의 딸로 종친인 태강수 이동과 결혼했다. 당당한 사족의 딸로 종친에게 시집을 갔으니, 꽤 지체 높은 집안의 여인이었다. "시집가서 행실을 자못 삼가지 못하였다"는 기록을 그대로 받아들인다면, 약간 헤픈 여자가 아니었나 한다.

태강수가 어우동을 버린 것도 그런 이유에서였다. 태강수가 은장(銀匠)을 불러 은그릇을 만드는데, 어우동이 은장이에게 호감을 느껴 계집종 옷을 입고 은장과 이야기를 나누는 것을 보고 남편이 내쫓았던 것이다. 이것이 어우동이 쫓겨난 내막이다. 자세한 사연은 알 길이 없다. 쫓겨나 친정집에 머무르던 어우동을 타락의 길로 이끈 사람은 계집종이었다. 계집종은 어우동에게 오종년이란 사람을 소개했다.

사람이 얼마나 살기에 상심하고 탄식하기를 그처럼 하십니까? 오종년이란 이는 일찍이 사헌부의 도리(都吏)가 되었고, 용모도 아름답기가 태강수보다 월등히 나으며, 족계(族系)도 천하지 않으니, 배필을 삼을 만합니다. 주인께서 만약 생각이 있으시면, 마땅히 주인을 위해서 불러오겠습니다.

계집종은 오종년을 데리고 왔다. 이것이 시작이었다. 《실록》은 이후 어우동이 먼저 유혹하거나 혹은 유혹당하거나 오종년을 시작으로 방산수 이난, 수산수 이기, 전의감 생도 박강창·이근지, 내금위 구전, 생원 이승언, 학록 홍찬, 서리 감의형, 밀성군의 종 지거비 등과 자발적으로 혹은 강제로 관계를 맺은 사실을 열거하고 있다.

어우동 사건은 당대에는 물론 지금에도 여전히 당혹스러운 사건이다. 조선은 성리학을 국가이념으로 삼은 나라였다. 성리학은 기본적으로 윤리학이다. 우리가 귀가 따갑도록 들은 삼강오륜이 그 윤리학의 핵심이다. 언필칭 전통을 내세우며 도덕 운운하는 분들은 조선시대가 매우 도덕적인 사회였다고 이야기하는데, 이 윤리적 사회에서 유감동과 어우동의 존재는 매우 이질적이고 돌출적으로 보인다. 그러나 나는 감동과 어우동의 출현이 전혀 돌출적 현상은 아니라고 생각한다.

### 도덕의 나라에서 간통사건이 빈발한 이유

《세종실록》 18년 4월 20일 조를 보자. 이석철(李錫哲)이 처제인 종비와 통간한 사건을 처리하는 과정에서 세종은 자신이 기억하는 유명한 간통사건들을 떠올린다.

- 변중량(卞仲良)의 누이동생이 가노(家奴)와 간통.
- 유은지(柳殷之)의 누이동생이 중과 비밀히 간통하고, 가노 세 사람이 이 사실을 알고 있는 것을 꺼려서 다 죽임.
- 관찰사 이귀산(李貴山)의 아내가 지신사 조서로(趙瑞老)

와 간통.
- 승지 윤수(尹須)의 아내 조씨가 고종오빠 홍중강(洪仲康) 과 장님 하경천(河景千)과 통간하여 역시 극형에 처함.
- 검한성 유귀수의 딸 유감동이 기생이라 사칭하고 중외에 서 자행.
- 금음동(今音同)과 동자(童子)는 모두 양가의 딸로서 혹은 종형과 통간하고, 혹은 외인과 통간하여 풍속을 문란케 하였으므로, 율에 따라 결죄(決罪)하고 천인으로 만듦.
- 유장(柳璋)의 딸인 안영(安永)의 아내가 고종오빠 홍양생 (洪陽生)과 통간.
- 이춘생(李春生)의 딸인 별시위 이진문(李振文)의 아내(어리가)가 부사정 이의산(李義山)과 양인 허파회(許波回)와 통간.

이 사건들은 세종의 기억에 간직된 것이고 또 사건화된 것이니, 드러나지 않은 이면의 수많은 경우야 말해 무엇하랴. 도덕의 나라에서 어떻게 이런 일이 가능했을까? 사족의 남녀가 자유롭게 접촉할 수 있었던 것도 아닐 텐데 말이다. 위의 예 중 세종 15년 어리가 사건의 기록을 보자. 어리가는 병조참판 이춘생의 딸로서 별시위 이진문의 아내였으니 양반 중의 양반이었다. 하지만 '양반집 부녀로서 상복(常服)을 입고 길거리를 쏘다니며 함부로 음란한 행동을 하여' 이의산과 비첩(婢妾) 소생인 허파회와 간통했다(《세종실록》 15년 11월 25일, 15년 12월 4일). 사건이 알려지자, 어리가는 해진(海珍)에, 이의산은 기장(機長)에 안치되었고, 허파회는 영북진(寧北鎭)에 충군(充軍)되었다

〈서생과 아가씨〉 | 수염도 나지 않은 서생이 정자관을 쓰고 있고 긴 낭자머리의 아가씨는 기둥을 붙들고 숨어 서생의 글 읽는 소리를 듣는 듯하다. 여성의 내밀한 심정을 드러낸 작품이다. 국립중앙박물관 소장.

(《세종실록》 15년 12월 5일). 이 사건을 처리하는 과정에서 사헌부에서 이런 말을 한다.

> 본조에서는 사족의 집 부녀는 나갈 때에는 반드시 얼굴을 가리고 수레를 타게 하였습니다. 옛날이나 지금이나 금지하고 막는 것이 지극히 엄중한 것은 여염 부녀자들에 비할 바가 아닙니다. -《세종실록》 15년 12월 4일

사족에 대한 도덕적 금제는 매우 완강했다. 이런 사회에서 감동과 어우동 사건, 그리고 여타 빈발했던 간통사건은 어떻게

일어나게 되었을까?

  성관계는 남녀 둘이 있어야 가능하다. 여자끼리 혹은 남자끼리의 성관계가 없는 것은 아니로되, 이는 성적 소수자의 일이다. 따라서 감동과 어우동의 이야기는 여성의 이야기인 동시에 남성 이야기이기도 하다. 감동과 어우동뿐 아니라, 그들과 관계한 남성들도 간통자인 것이다. 그러니 이제 도덕의 이름으로 감동과 어우동을 치죄한 남성들에게 시선을 돌려보자.

### 양반들의 광탕함이 이와 같았다

흔히 고려 말의 도덕적 타락상을 많이 이야기하는데, 조선 전기 양반들도 그에 못지 않았다. 예컨대 이런 사건도 있었다. 성종 20년의 일이다. 왕이 의정부·육조판서·경연 당상·승지·홍문관·예문관 등의 고급관료로 하여금 장악원에 모여 달 구경을 하게 하였다. 8월 15일 한가위의 낭만적인 밤이었다. 정서가 풍부한 임금 성종은 술과 음악을 하사했다. 태평성대의 아름다운 풍경이다. 그런데 《실록》 기사에는 엉뚱한 사관의 평이 실려 있다.

> 임금이 근신(近臣)을 우대하여, 은례(恩禮)가 심히 융성하였다. 이날 밤에 여러 신하가 회음(會飮)하였는데, 마침 검은 구름이 달을 가리어 어두컴컴하고 밝지 아니하니, 승지 조극치(曹克治)가 기생을 데리고 청사에서 음행하였다.
>
> - 《성종실록》 20년 8월 15일

8월 15일은 만월이지만, 마침 구름이 달을 가렸다. 이 야음을 이용하여 승지 조극치가 기생과 장악원 청사에서 성행위를 벌인 것이다. 이게 사대부가 할 짓인가. 조극치는 사관의 비난을 받았지만, 처벌을 받지는 않았다. 조극치가 이런 일을 벌일 수 있었던 것은, 그럴 만한 사회적 분위기가 형성되어 있었기 때문이다. 조폭영화가 유행하는 배경에 조폭이 존재하는 세상이 있는 것처럼 말이다.

세종 16년의 자료를 보자. 8월에 장맛비가 열흘을 내려 벼농사가 말이 아니었다. 당연히 금주령이 내렸고 왕도 근신중이었다. 이런 때에 각각 경상도 도절제사와 전라도 관찰사로 발령받은 이순몽과 조종생이 행사직(行司直) 홍거안(洪居安) 집에 여럿이 모여 기생과 광대를 불러 풍악을 잡히고 술판을 벌였다. 홍수에 잔치라니, 두 사람은 사헌부의 탄핵을 받아 부임하지도 못하고 벼슬이 떨어졌다. 그런데 이순몽에 관한 기사가 재미있다.

이순몽은 영양군(永陽君) 이등(李膺)의 아들인데, 아버지의 음덕으로 벼슬이 동지총제에 이르렀고, 기해년 대마도 정벌 때 전공(戰功)이 있어서 자헌(資憲)에 올랐으며, 지난해에 파저강 토벌에서도 노획한 바가 많아 판중추(判中樞)에 올랐다. 위인이 광음(狂淫)하고 방탕하였는데, 한번은 경상도에 가서 어머니 무덤에 성묘하고 돌아오다가 상주(尙州)의 기생을 데리고 문경현(聞慶縣) 초참(草岾)에 와서 기생과 같이 냇물에서 목욕을 한 뒤 나무 그늘 밑에 끌고 들어가서 크게 외치기를, "기생과 행음(行淫)한다" 하고 곧 행음하였

으니, 광탕(狂蕩)함이 이와 같았다. - 《세종실록》 16년 8월 5일

어떤가. 백주대낮에 기생과 성관계를 가지면서, 그것을 크게 외쳐댔다니, 무어라 할 말이 없다. 조극치는 야음을 틈탔지만, 이건 백주대낮이다. 조극치보다 단수가 높다.

이순몽보다 더 희한한 인물이 아들 이석장(李石杖)이다. 이석장은 아버지 이순몽의 첩 보금(寶今)과 통간하여 아이를 낳았다. 일이 알려지자 증거가 명백한데도 이 한심한 인간은 자기가 아비보다 먼저 보금과 성관계를 가졌다고 변명했다(《단종실록》 즉위년 6월 24일). 이 황당한 사건을 두고 사관은 이렇게 말했다.

"이순몽이 황음(荒淫)하여 법도가 없어 가법(家法)이 패하고 무너져 이 지경에 이르렀다."

그 아비에 그 아들이다. 이석장과 보금의 통간은 참부대시에 해당하는 중죄였다. 그런데 사건은 여기서 끝나지 않았다. 이석장이 보금을 옥중으로 계속 불러 측간(화장실)에 가서 간통하였는데, 보금이 아이를 배어 일이 발각된 것이다. 이석장은 장을 맞아 죽었고 보금은 쌍둥이를 낳다가 하나는 먼저 나오고 하나는 손 하나만 나오다가 낳지 못하고 죽었다. 아아, 끔찍할손! 이 인간을 무어라 평할 것인가. 마치 사드(Sade) 후작의 《소돔 120일》을 보는 것 같구나.

조극치·이순몽·이석장 등은 과연 감동이나 어우동보다 도덕적인가? 양반사대부의 이념은 도덕적이었으나, 실제 그들은 결코 도덕적이지 않았다. 우리는 그들을 도덕의 주체가 아닌, 섹스에 탐닉한 지배층 혹은 남성으로 불러내야 할 것이다.

## 양반들의 기생 쟁탈전

이렇게 말하면 반대의 목소리가 있을 것이다. 어느 시대를 막론하고 예외적인 인물은 있다고 말이다. 이들은 정말 예외적 인간일까? 태종 7년에 일어난 희한한 사건을 감상해보자.

《태종실록》7년 12월 2일 조를 보자. 이날 대호군 황상(黃象)을 파직시키고, 갑사(甲士) 양춘무(楊春茂) 등 네 사람을 수군(水軍)에 편입시켰다. 천역(賤役)인 수군에 편입된다는 것은 한 사람의 인생이 끝장남을 의미했다. 도대체 무슨 사건이 벌어진 것일까? 우스꽝스럽게도 기생 쟁탈전이 있었다. 황상이 첩으로 삼은 기생 가희아(可喜兒)가, 총제(摠制) 김우(金宇)와 통정한 사이였던 것이 발단이었다. 11월 12일 동짓날 가희아가 궁중 잔치에 불려갔다가 잔치가 끝난 뒤 대궐을 나와 황상의 집으로 돌아가는데, 김우가 자기 휘하의 기병과 보병 30여 명을 보내 대기하고 있다가 가희아를 납치하려 하였다. 한데 작전(?)이 실패로 돌아가, 황상의 집을 포위하고 갑사 나원경·고효성 등이 곧장 황상의 내실에 들어가 가희아를 찾았으나 찾지 못하고 가희아의 옷가지만 가지고 돌아갔다.

다음날 김우가 다시 수하의 종들을 보내 가희아를 납치해 오게 했는데, 수진방 어구에 이르렀을 때 황상이 이 말을 듣고 몽둥이를 들고 말을 달려 가희아를 뒤쫓았다. 그러자 김우가 즉시 갑사 양춘무·고효성·박동수 등 10여 명과 개인 수행원 20여 명을 출동시켜 황상과 몽둥이 싸움을 벌였다. 군대의 고급장교가 기생을 차지하기 위해 휘하의 병사를 동원하여 백주대로에서 전투를 벌인 것이다. 희대의 구경거리가 아닐 수 없었다. 구

구경꾼들이 구름처럼 모여들었다. 어떤가? 양반의 모습이.

황상의 사건은 결코 일회적인 일이 아니었다. 기생 쟁탈전은 빈번하게 발생하고 있었다. 《성종실록》 13년 1월 4일 조에 청풍군(淸風君) 이원(李源)이 전 부평(富平)부사 김칭(金偁)과 길거리에서 기생 홍행(紅杏)을 두고 머리채를 꺼두르고 설전을 벌인 사건이 기록되어 있다. 이 사건으로 김칭은 구속되고 이원은 종부시(宗簿寺)에서 국문을 당한다. 그런데 이후의 싸움이 더 흥미롭다. 12일 뒤 두 사람은 한 번 더 싸움을 벌이는데(《성종실록》 13년 1월 16일), 김칭이 홍행의 집에 가서 이원과 드잡이질을 벌이면서 이원의 왼손을 깨물어 상처를 냈다. 옆에 있던 홍행은 김칭이 다칠까봐 이원의 허리를 안아서 옷까지 찢어지게 만들었다. 이 일로 김칭은 장 1백 대에 도(徒) 3년과 고신 추탈이란 중형을 받았고 홍행 역시 장 90대와 도 2년 반에 옷을 벗고 형장을 맞았다.

이원과 기생 홍행은 이전에도 비슷한 사건에 연루된 일이 있었다. 3년 전 이원이 자신의 7촌 숙(叔)인 송림(松林)부정 이효창(李孝昌)의 첩기였던 홍행과 간통한 사건으로 파직된 일이 있었던 것이다(《성종실록》 10년 7월 28일). 이원도 윤리의식이라고는 찾아볼 수 없는 인간이었다. 이원은 예전의 이 사건과 홍행의 집에 가서 그녀의 남편인 김칭과 다툰 사건으로 직첩을 박탈당하고 외방에 부처되었다(《성종실록》 13년 2월 1일). 한데 사건은 여기서 끝나지 않았다. 김칭이 홍행을 귀양지로 불러들여 관계를 갖다가 다시 처벌된 것이다(《성종실록》 13년 3월 26일, 13년 4월 7일). 이와 유사한 사건은 성종 20년 12월 1일에도 벌어졌다. 공조정랑으로 임명된 이계명(李繼命)의 인사가 합당한지

〈기방쟁웅〉 | 기방 앞에서 남성 둘이 멱살잡이를 하고 있다. 신윤복도 이와 비슷한 그림을 남긴 바 있다. 물론 이 그림은 조선 후기의 것이기는 하나, 이런 모습이 그림으로 남은 것을 보면 기방과 기생을 둘러싼 다툼이 보편적인 일이었음을 짐작할 수 있다. 국립중앙박물관 소장.

논의하는 자리에서, 그가 기녀를 두고 다른 사람과 다투다가 머리털이 잘린 적이 있다 하여 벼슬이 떨어질 뻔하였다.

부모의 상중에 기생과 관계하는 일도 다반사였다.《성종실록》18년 11월 10일의 기록을 보면, 김석이란 자가 나오는데 그 행실이 가관이다. 그는 어머니의 상중에 빈소를 차려놓은 상태에서 기생 백옥아(白玉兒)와 성관계를 가졌다. 또한 유연(柳淵)이라는 자는 아버지 부지돈녕 유중창(柳仲昌)이 죽자, 상중에 있으면서 기생 소진주(小眞珠)와 간통하고는 음악을 벌여놓고 술을 마시며 공공연히 고기를 먹은 사건으로 국문을 받았다(《세종실록》28년 12월 12일). 최말철(崔末哲)은 국상중에 기생 천금월(千金月)·중아(中蛾)와 간통하여 과부인 어미 집에 데려다 두고, 또 아비의 상중에 의녀 월비(月非)와 간통하여 불충불효의 죄목으로 귀양을 갔다가 벼슬이 떨어졌다(《세조실록》3년 6월 18일).

이런 류의 사건 중에서 가장 압권은 군기시 주부 이청(李聽)의 경우이다(《세종실록》22년 10월 30일). 이청은 임협(任俠)을 숭상하였다고 하니, 무뢰배와 어울려 다니며 힘깨나 쓰는 사내였다. 그는 어머니가 병들자 처음에는 병환을 시중하였으나, 병이 심해지자 시중은커녕 창기 패강아(貝江兒)에게 노래를 부르고 춤을 추게 하면서 술을 마시는 등 걱정하는 빛이 전혀 없었으며, 어머니가 죽자 패강아를 집에 숨겨두고 간음하였다. 사헌부에서 소문을 듣고 집을 수색하자 패강아가 나타나 "이청이 어떤 때에는 저를 종[奴]의 집에 숨기고, 어떤 때에는 빈소 옆에 숨겼습니다"고 하였다. 당시 의금부 지사(知事)였던 이청의 아버지 이종인(李種仁)은 아들의 부도덕한 사건에도 불구하고 태연히 출근했다가 파직되었다. 전 판사(判事) 이반(李蟠)의 손자이고 대제학 윤회(尹淮)의 사위였던 이청과 그의 아내는 근족간인데 이욕(利慾)을 탐내어 혼인했다고 한다. 사관의 평은 이렇다.

"이반과 윤회는 다 유자(儒者)이나 이욕의 사사로움을 이기지 못함이 이와 같았다."

이 양반들에게 윤리의식이 있다고 여겨지는가. 국상 때는 원래 기생과 성관계를 하지 못하게 되어 있었다. 물론 이는 말도 안 되는 법이지만, 이런 법이 있어도 아랑곳하지 않았다. 《실록》에는 국상중에 기생과 관계하다가 처벌받은 경우가 무수히 보인다. 예컨대 《성종실록》 4년 8월 27일 조를 보자. 안철손(安哲孫)이 국상을 당한 중에 감사(監司)로서 관기를 마음대로 간통하여 홍주(洪州) 온 고을이 시끄러웠고 충청도 온 도가 시끄러웠으며, 조정이 떠들썩하여 성상에게까지 들리게 되었다. 이 자의 처벌 문제를 두고 한동안 논의가 끊이지 않았다.

기생이 아니라 민간의 부녀를 겁탈한 사건도 없지 않았다. 《성종실록》 13년 1월 17일 사헌부의 보고에 의하면, 안악군수 곽순종(郭順宗)은, 신천(信川)에서 고을 수령과 주석을 같이하고, 관비 우동(于同)에게 술을 따르게 하고 노래를 부르게 하였으며, 우동의 남편을 잡아 가둔 뒤 밤새도록 우동을 범했으니, 실로 인간 이하라 하지 않을 수 없다.

### 가정 붕괴 초래한 양반들의 기생 점유

기생 쟁탈, 상중의 성행위, 민간의 부녀의 강간, 이런 행위들을 어떻게 생각해야 할 것인가. 이 사건들은 어느 정도 일반화된 일이었을까? 물론 통계적 진실은 알 수 없으며, 또 모든 현상들을 여기서 다 다룰 수도 없다. 편의상 여기서는 '기생 점유'라는 한 가지 현상으로 문제를 좁혀보겠다. 황상과 김우의 가희아 쟁탈전이 문제가 된 것은 군사를 동원해 백주대로에서 소란을 떨었기 때문이다. 그렇지 않았다면 문제될 것도 없는 그냥 그런 사건일 뿐이다. 이 사건을 접한 태종의 말을 들어보자.

내연(內宴)에 정재(呈才)하는 상기(上妓)를 간혹 제 집에 숨겨두고 제 첩이라 하여, 항상 내보내지 않는 일이 있다. 내가 일찍이 얼굴을 아는 기생도 내연에 혹 나오지 않는 자가 있어, 정재에 결원이 생긴다. 말할 가치도 없는 일이지만, 제 집에 숨겨 두고 '제 첩이라'고까지 하는 것이 도대체 무슨 말이냐. -《태종실록》 7년 12월 2일

정재는 궁중의 잔치에서 춤과 노래 등 연예를 보이는 것을 말한다. 궁중의 정재에 필요한 수를 채우지 못할 정도로 기생 점유가 유행했던 것이다. 기생은 원래 공(公)노비로 개인이 점유할 수 없었다. 기생 점유는 원천적으로 불법인 것이다. 며칠 뒤 태종은 사헌부 장령 탁신(卓愼)을 불러 명령하였다.

이제 들으니, 상기의 연고로 말미암아 탄핵을 당한 자가 많다고 하는데, 전날 내가 말한 것은 여러 해 동안 제 집에 숨겨두고 외출하지 못하게 하는 자를 가리킨 것이고, 조관(朝官)이 상기를 첩으로 삼지 못한다고 말한 것이 아니었다. 요컨대 기생을 불법적으로 점유하는 경우가 많아 처벌이 어

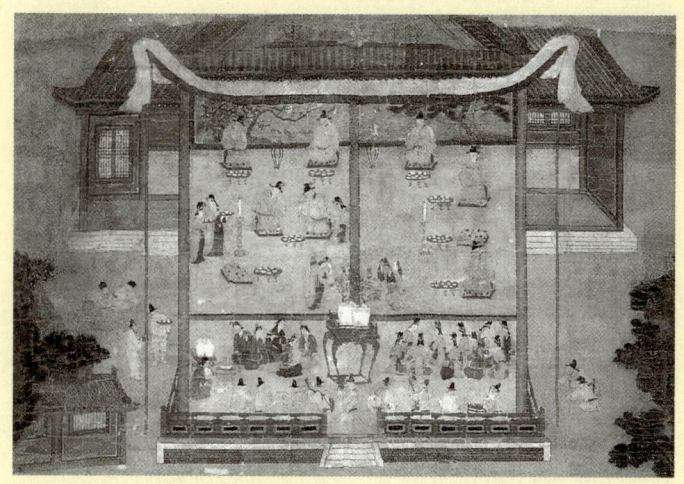

〈기영회도(耆英會圖)〉 | 기영회는 조선시대 정2품 이상의 실직을 지낸 원로 사대부들의 모임이다. 이 그림에서는 7명의 원로가 모임을 갖고 있는데, 음악을 연주하는 악사들과 함께 춤을 추고 있는 기녀의 모습도 보인다. 국립중앙박물관 소장.

렵다는 말이다. 처벌을 할 수 없을 정도로 양반들의 기생 점유는 광범위하게 이루어지고 있었다. 대책이 필요했다. 세종 원년 평안도 감사 윤곤(尹坤)은 지방관들이 관기와 성관계를 갖는 것을 엄금해야 한다고 건의한다(《세종실록》 1년 4월 14일). 윤곤이 묘사하는 양반 관료의 모습은 한심하기 짝이 없다. 요약해보자.

(1) 대소 사신(使臣)이 왕명을 받들고 외방에 나가면, 관기와 사랑에 빠져 직무를 전폐하고 욕심이 허락하는 한 즐긴다. 만약 기생과의 즐거움이 흡족하지 않으면, 해당 지방 수령이 아무리 유능하다 해도 털 불어 흠 찾기로 없는 죄를 찾아내어 죄망(罪網)에 몰아넣는다.

(2) 지방 수령의 경우도 법을 받들어 백성을 다스리는 이상, 사신이 성적 상납을 요구하면 법에 의해 처리해야 할 것이지만, 서울서 귀한 사람이 오면 강제로 관기와 성관계

를 갖게 하며, 관기가 순응하지 않으면 무겁게 처벌한다.
(4) 더욱 비인간적인 것은 모녀와 자매를 모두 기생을 만들고, 한 사람이 두루 성관계를 갖는 경우다.
(5) 명사들끼리나 한 고을 안에서 서로 좋게 지낸다는 자들도 혹은 기생 하나를 놓고 다투어, 서로 틈이 벌어져 종신토록 다시는 좋은 관계를 회복하지 못한다.

어떤가. 윤곤은 어떤 특수한 사례가 아니라 일반화된 경우를 말하고 있다. 물론 윤곤이 관기제도 자체를 폐지해야 한다고 주장한 것은 아니었다. 그는 음악을 제공하는 관기제도를 존속시키되, 사신이나 귀한 손님이 간음하는 것을 금지하고 어기는 경우 주객(主客)을 모두 처벌할 것을 요청했다. 세종은 예조에 명하여, 의정부·육조와 상의하여 대책을 만들어 올리게 한다. 후일의 자료를 보건대 대책은 일단 시행된 듯하나 아무런 효과가 없었다. 《세종실록》 20년 11월 23일 조를 보면, 사헌부에서 기생을 첩으로 삼는 것을 일체 금지할 것을 요청한다. 다시 기생 점유에 대한 제한책이 나온 것이다. 제안 이유를 들어보자.

《대명률》에 의하면 "관리로서 창가에서 자는 자는 장 60대에 처하고, 관리의 자손으로서 창가에서 자는 자도 죄가 같다"고 하고 있다. 그런데 본국의 대소 관리는 기생으로 첩을 삼아서 음란하고 더럽고 절개가 없다. 뿐만 아니라 기생 때문에 부부가 반목하고 부자 형제 사이가 벌어지고, 대대로 향화(香火)의 신의와 금석(金石)의 교제를 닦아오던 터이라도 서로 시기하고 몰래 중상하는 경우가 생긴다. 또 탐오(貪

汚)하여 장물을 범하는 자들은 대개가 여기에서 기인한다.

기생에 대한 탐닉이 거의 일반화된 일이었음을 말하고 있다. 이 제안에 대해 사관은 이런 말을 덧붙이고 있다.

이때에 위로는 대신으로부터 아래로는 선비와 서민에 이르기까지, 기생첩으로 집안일을 관리하게 하여 적처(嫡妻)와 다름이 없는 자가 꽤 많이 있었으므로, 혹은 이로 인하여 장물죄를 범하기도 하고 혹은 서로 구타하여 상해를 입히기도 하여, 서로 원수가 되어서 선비의 풍속이 불미하였던 까닭으로 이러한 청이 있었던 것이다.

기생을 점유하여 첩으로 만드는 풍조가 가정을 붕괴시키고 있었으며, 이 풍조는 수습이 불가능할 지경이었다. 《세종실록》 28년 5월 23일 조의 사헌부 보고에 의하면, 국상중에 어떤 벼슬아치가 기생 만환래(萬喚來)의 집에 들어갔다가 본부(本夫)에게 쫓기어 상복까지 빼앗긴 사건이 있었다. 이 사건을 처리하는 과정에서 세종은 "관리가 창기의 집에서 자는 것은 실로 더러운 행동이나 사풍(士風)이 보통으로 안다"고 개탄하고 있으니, 저간의 사정을 알 만하다.

세종 28년에 다시 기생 점유 문제가 불거졌다(《세종실록》 28년 1월 30일). 사헌부에서 조관(朝官)으로 출사하는 사람은 창기와 관계하지 못하도록 해야 한다고 요청했다. 우의정 하연(河演)은 윤곤의 일을 떠올렸다. 이 법은 몇 년을 시행했지만 효과가 없었다는 것이다. 즉 "대소 사신과 수령들이 음욕을 마음대로 행하여 폐를 끼침이 매우 많았다"는 것이다. 하연 역시 사헌부의 요청을 따를 것을 청했지만, 《실록》은 "끝내 시행되지 못했다"고 기록하고 있다. 《성종실록》 17년 10월 27일 조에서 왕이 전라도 관찰사에게 내린 명령을 보자.

> 국가에서 경외(京外)의 창기소(娼妓所)를 둔 것은 노래와 춤을 가르쳐 연향(宴享)에 대비하기 위한 것이다. 이제 들건대 우후(虞候) · 수령 및 대소 사신들이 사사로이 데려와서 자기 소유로 삼아 주(州) · 부(府)의 기생들이 이 때문에 거의 없어지게 되었다 하니, 경은 엄하게 조사하도록 하라.

역시 기생 점유가 일반적인 일임을 말하고 있다. 그러나 이런 명령은 그때뿐이고 아무 효력이 없었다. 1년 뒤 성종이 다시 "창기는 본래 노래와 춤을 위해 설치한 것인데, 조관(朝官)이 한 번 지나면서 좋아하여 공가(公家)의 물건을 자기 사유물로 삼았으니, 이것이 어찌 아름다운 일이겠는가? 이 같은 무리가 반드시 많을 것이니, 모두 추고하라"고 하였으니(《성종실록》 18년 6월 17일), 1년 전의 명령은 완전히 빈말이 된 셈이다.

### 기생제도의 본질

관료들이 기생을 점유하는 방법은 이렇다. 일단 마음에 드는 기녀를 발견하면 관리에게 부탁해 속신(贖身)해서 집에 데려 와서 살고, 대신 자기 집 여종을 기생으로 이름을 올린 뒤 죽은 것으로 서류를 꾸며 다시 집으로 데리고 온다. 이런 방식을 취하기 때문에 아무리 조사해보아도 모두 물고로 되어 있어 소용이 없다. 이 때문에 이런 경우까지 조사하자는 제안이 있었으나, 신하들은 "이미 지나간 일은 상고할 근거가 없고, 또 물고한 자는 채워서 세울 수 없습니다"라고 하여 조사가 이루어지지 않았다(《성종실록》 19년 7월 24일). 기생이라면 보통 황진이 같은 미인을 연상하는데, 이는 중세에 대한 낭만적 상상력의 소산에 지나지 않는다. 실제 기생은 평범한 여인들로 사대부들의 성적 욕망을 해소해주는 도구에 지나지 않았다. 조선시대 사람의 말을 들어보자. 어무적(魚無跡)이 연산군에게 올린 상소다.

> 지금 서울 기녀와 시골 기녀가 있는데, 이것은 《경국대전》을 상고해보면, 군사 가운데 아내가 없는 사람을 위한 것으로 되어 있습니다. 아! 이것이 어찌 군사를 위해 설치된 것입니까. 가령 군사를 위해 설치된 것이라도 여자가 군중에 있는 것은 병법에서 꺼리는 것이며, 더구나 선왕(先王)의 정치에 군사를 위하여 창기를 두었다는 말은 듣지 못했습니다. 신이 보는 바로 말하오면, 사대부들의 잔치 때에 노래하고 춤추는 도구에 지나지 않는 것입니다.
>
> –《연산군일기》 7년 7월 28일

어무적이야말로 기생제도의 핵심을 정확하게 찌르고 있지 않은가. 사대부들의 연회 때 노래하고 춤추는 도구가 바로 기생이었다. 그는 더 나아가 "창기는 미도(媚道)로써 사람을 홀리기를 여우처럼 하기 때문에 비록 행검이 높고 지조가 있다고 자처하는 사람일지라도 그 음부 속에 빠지지 않는 사람이 적습니다"라고 하여, 기생이 양반들의 성적 대상임을 우회적으로 말하고 있다.

그럼에도 "토지의 넓이와 둘레가 수천 리에 불과한 조선에, 주와 군마다 수천 명이나 되는 창기"를 왜 없애지 않는가? 어무적의 말을 더 들어보자. 그는 여악의 폐단이 불교와 도교보다 열 배나 더하는데도, 대간(臺諫)·재상·시종(侍從)의 신하들 중 비판하는 사람이 한 명도 없는 것은 바로 대간·재상·시종들이 여악을 좋아하기 때문이라고 하였다. 연산군의 답은 어떠했는가. 답은 없었다. 향락주의자 연산군이 답할 리 만무하다.

요컨대 노비 출신 여성이 기생 제도를 통해 성적 향락의 도구로 공급되고 있었고, 사대부들은 그들을 차지하는 데 골몰하였던 것이다. 물론 향락을 추구하는 사대부의 모습은 쉽게 드러나지 않는다. 하지만 조선 전기의 사대부들은 성적 향락을 맹렬히 추구하는 존재였고, 감동과 어우동은 그러한 분위기에서 출

〈해영연로도(海營燕老圖)〉 | 중종 대 황해도 감영에서 벌인 양로연의 모습을 담은 그림이다. 가운데 두 명의 기녀가 춤을 추고 있고 참가한 노인들도 모두 덩실덩실 춤을 추고 있다. 사대부들의 잔치나 연회를 그린 그림에서 기생은 거의 빠지지 않고 등장한다. 개인 소장.

현한 사람들이었다.

## 역사 속에 가려진 감동의 처절한 사연

남녀관계는 남·여 어느 한 쪽만 있어서는 성립하지 않는다. 감동과 어우동은 그녀들보다 성에 더 골몰했던 남성사회를 기반으로 출현한 존재다. 죄없는 사람만이 이 여인들을 돌로 칠 수 있다. 조선사회의 남성은 성에 관한 한 과연 무죄였던가. 무죄는 커녕 죄질이 극히 나쁜 유죄임에도 온갖 악명은 여성 혼자 뒤집어쓰고 형장의 이슬로 사라지는 일이 많았다. 남성들은 대개 이런 저런 이유로 구제되었다. 감동과 관계를 가졌던 이효량의 경우를 보자. 이효량은 감동의 남편 최중기의 매부임에도 감동과 간통을 했는데 이 사람은 세종 10년 첨총제(僉摠制)에 제수된다. 사관의 평을 보자.

> 이효량은 이화영(李和英)의 아들이었다. 일찍이 최식(崔湜)의 사위가 되었는데, 최식의 아들 최중기가 검한성 유귀수의 딸 유감동에게 장가를 들었던 바, 감동이 음란한 행동을 자행하여 효량과 사통하였다. 이것이 죄가 되어 파직하였던 것을 임금이 그 부조(父祖)가 공로가 있었다는 것으로 수개월이 못 되어 상호군(上護軍)을 제수하였는데, 그 뒤에도 효량은 그 버릇을 고치지 아니하고 방자하게 금수 같은 행동을 하였고, 아내 양씨가 그 첩과 더불어 투기한다 하여, 양씨를 길에서 구타하여 사람들이 모두 비루하게 여겼다.
>
> -《세종실록》 10년 12월 4일

이상하지 않은가. 감동은 노비가 되었지만, 효량은 고위관직에 다시 올랐다. 이후 행적에서도 도덕적인 모습은 보이지 않는다. 실제 감동 사건에서 대다수의 간부(姦夫)들은 가벼운 처벌을 받는 선에서 면죄되었다. 대부분 공신이니 뭐니 해서 처벌대상에서 제외되고, 나머지 인물들도 곤장 몇십 대로 사건이 종결되었다. 감동과 어우동만 혹형을 받았으나, 이 여인들의 변명은 어디서도 들을 길이 없다. 역사는 그들을 기록했으되, 그들의 변명은 기록하지 않았다. 남성이 언어를 장악하고 역사를 기록한 때문이다.

하지만 유의하여 살펴보면 그 주도면밀한 남성의 언어권력 속에서 진실의 일단을 발견할 수 있다. 감동과 관계된 기록을 하나 읽어보자. 감동 사건과 관련하여 지사간원사 김학지(金學知) 등은 상소문을 올려 김여달을 좀더 엄중하게 처벌할 것을 요구하면서 이렇게 말하고 있다.

유감동 여인의 추악함도 처음에는 이렇게까지 심하지 않았는데, 김여달에게 강포(强暴)한 짓을 당하여 이렇게 된 것입니다. 이전에도 부녀들이 강포한 자에게 몸을 더럽힌 사람이 간간이 있었지만 모두 시정과 민간의 미천한 무리뿐이었는데, 지금 김여달은 어두운 밤에 무뢰배와 작당하여 거리와 마을을 휩쓸고 다니다가, 유감동 여인을 만나 그가 조사(朝士)의 아내인 줄을 알면서도 순찰을 핑계하고는 위협과 공갈을 가하여 구석진 곳으로 끌고 가서 밤새도록 희롱했으니, 이것을 보더라도 유감동이 처음에는 순종하지 않는 것을 강제로 포학한 짓을 행한 것이 명백하니, 어찌 미천한 무리들이 간통한 것처럼 가볍게 논죄할 수 있겠습니까.

-《세종실록》9년 9월 29일

모든 일이 김여달로부터 시작된 것이다. 비접[避病]하러 가는 감동을 만난 김여달이 순찰한다고 속이고 위협하여 강간하였다니, 요컨대 감동은 김여달에게 성폭행을 당한 것이다. 김여달이 얼마나 악질이었는가 하면, 남편 최중기가 있는 집까지 드나들면서 계속 감동을 성폭행하고, 마침내는 감동을 데리고 도망하기까지 했다(《세종실록》9년 9월 29일). 감동은 자포자기 상태가 되었고, 그 이후의 행로는 앞에서 말한 바와 같다. 그럼에도 역사는 그 복잡하고 처절한 감동의 심리를 기록하지 않고 있다.

### 누군들 정욕이 없겠는가?

어우동의 경우는 어떤가? 어우동이 교형을 당하던 날 이런 기록이 남아 있다.

> 사람들이 자못 어을우동의 어미 정씨도 음행이 있을 것을 의심하였는데, 그 어미가 이런 말을 하였다. "사람이 누군들 정욕(情慾)이 없겠는가? 내 딸이 남자에게 혹하는 것이 다만 너무 심할 뿐이다. -《성종실록》11년 10월 18일

어우동의 어미는 사태의 본질을 정확히 파악하고 있다. 모든 인간은 성욕을 갖고 있다. 사람에 따라 강하게 표현될 수도, 약하게 표현될 수도 있을 뿐이다. 성욕이 약한 것은 비난의 대상이 되지 않지만, 어우동처럼 과한 경우는 비난의 대상이 된다.

하지만 성욕 때문에 죽임을 당하는 것이 과연 정당한가? 보다 정직하게 말하면, 어우동은 비난의 대상은 될지언정 죽임을 당할 이유는 없다.

> 지금 풍속이 아름답지 못하여, 여자들이 음행을 많이 자행한다. 만약에 법으로써 엄하게 다스리지 않는다면 사람들이 징계(懲戒)되는 바가 없을 텐데, 풍속이 어떻게 바루어지겠는가? 옛사람이 이르기를 '끝내 나쁜 짓을 하면 사형에 처한다'고 하였다. 어을우동이 음행을 자행한 것이 이와 같은데, 중전(重典)에 처하지 않고서 어찌하겠는가?
> 
> -《성종실록》 11년 10월 18일

어우동을 사형에 처한다는 판정을 내리면서 성종이 한 말이다. 나는 묻고 싶다. "풍속이 아름답지 않아 여자들이 음행을 많이 자행한다"는 판단은 정당한가? 감동과 어우동은 부도덕한 남성이 편만한 사회에서 필연적으로 출현할 수밖에 없는 존재였다. 실제 성에 대한 탐닉은 여성보다 남성들이 훨씬 심했다. 철저한 남성 중심 사회에서 권력을 독점한 남성들이 스스로를 처벌하지 않았을 뿐이다.

감동과 어우동을 성적 이상자라고 한다면(이것이 감동과 어우동을 치죄한 근거였다), 그녀들을 상대한 남성들은 더한 성적 이상자였다. 조선시대 왕들은 원하기만 하면 성적 상대를 얼마든지 바꾸어 취할 수 있었다. 그것도 자식을 많이 보아 왕실을 튼튼히 한다는 거룩한 명분 아래 말이다. 임금과 성관계를 맺은 여성은 '승은(承恩)' 곧 은혜를 입었다 하고 이내 후궁이 되었다. 제왕이 정비 이외에 후궁을 많이 둔다고 해서 간통이라 말하는 사람은 없었다. 간통이 제도화된 것이다.

조선사회는 일부일처제를 넘어 남성의 성욕을 충족시킬 수 있는 수단으로 축첩제와 기녀제가 제도화되어 있었다. 여성의 음행을 탓하는 양반관료들은 조건이 허락하는 한 축첩하고 있었고 기녀를 점유하고자 하였다. 여성들의 음행을 단죄한 성종도 왕비 세 명(폐비 윤씨 포함), 후궁 열 명을 두고 있었다. 후궁제도는 아무리 거룩한 명분을 둘러대도, 본질은 왕의 성욕을 충족시키기 위한 장치일 따름이다. 양반들의 축첩제 역시 마찬가지다. 아무리 변명한들 축첩제도는 남성의 성적 욕망을 충족시키기 위한 장치에 지나지 않았다. 축첩제도에서 '서얼(庶孼)'이 태어나고 아버지를 아버지라 부를 수 없고 형을 형이라 부를 수 없는 해괴하기 짝이 없는 '서얼차대'가 발생하였으며 또 그것이 거대한 사회문제가 되었으나, 조선조가 끝날 때까지 이 문제는 해결되지 않았다. 그것은 통제할 수 없는 남성의 성적 욕망에서 근거하였고, 이를 정당화한 것은 남성의 권력이었다. 남성의 성적 욕망을 바탕으로 출현한, 감동과 어우동이 그 남성들에 의해 정죄되었으니, 아이러니가 아닐 수 없다.

### 공식 언어에서 추방된
### 성적 욕망

이 글에서 묘사한 것은 대개 성종 때까지다. 성종을 이어 즉위한 연산군의 성적 방종은 구태여 말하지 않아도 알 것이다. 한데 연산군의 방종과 쾌락은 몰역사적인 것인가. 연산군은 성적 향락을 독점하고 할렘을 만들었다. 나는

⟨영감님과 아가씨⟩(위) | 한손에 서책을 들고 있는 영감님이 아가씨의 뒷모습을 훔쳐보고 있다. 국립중앙박물관 소장.

⟨노상풍정(路上風情)⟩, 성협(아래) | 점잖은 양반이 길거리에서 지나가는 기생을 훔쳐보고 있다. 국립중앙박물관 소장.

이 그림들에 등장하는 남성들은 여성을 정면으로 응시하지 못하고 훔쳐보고 있다. 중종 이후 《실록》을 비롯한 공식 기록에서는 성에 관한 언어가 사라지지만, 이러한 그림들을 통해 밑바닥에 감추어진 내밀한 성적 욕망을 느낄 수 있다.

연산군의 방종과 쾌락이 조선 전기 궁중과 사대부 사회의 향락열과 맞닿아 있다고 생각한다. 성종 대의 궁중과 사대부들은 소비와 향락에 들떠 있었다. 그 향락열의 연장에서 방종과 쾌락을 독점하던 연산군은 결국 사대부들에 의해 축출되고 만다.

이후 도덕정치를 표방하며 등장한 기묘사림이 기생제도를 폐지하며 인간의 쾌락을 단속하고자 했지만, 이들이 훈구세력에 의해 축출되면서 기생은 다시 설치되었다. 이후 선조 때부터 기묘사림의 후예인 사림들의 정치가 시작되었는데, 이들의 도덕주의에 의해 성적 향유와 욕망은 과연 사라졌을까? 욕망은 억압으로 사라지는 것이 아니다. 욕망은 다만 변형될 뿐이고 어디서든 자신의 존재를 끊임없이 드러낸다. 억압된 성적 욕망은 어디로 흘러갔을까? 한 가지 확실한 것은 성적 욕망을 묘사하는 언어가 《실록》과 같은 공식적 언어에서 추방되었다는 사실이다.

> 내(이언인)가 일찍이 허벅지에 종기가 나서 누워 있는데, 구씨(具氏)가 와서 아픈 곳을 묻고 인하여 종기를 문지르면서 음욕의 빛이 있는 것 같았습니다. 이튿날 또 와서 종기를 만지다가 드디어 음근(陰根)에 미치기에 내가 발로 찼습니다. 그 뒤 내 병이 나은 어느 날 어두운 밤중에 구씨가 나를 불러 밀과(蜜果)를 주어 먹게 하고 인하여 침방으로 끌고 들어가서 말하기를, "내가 차라리 어우동이 되어 죽더라도 정욕을 참을 수 없다"고 하므로 드디어 간음하였고, 그 뒤에는 매양 틈을 타서 간음하였습니다. 하루는 구씨가 내게 말하기를 "내가 오랫동안 월경이 없으니 아마도 임신이 된 것 같다" 하므로, 내가 그 말을 듣고 곧 고향으로 돌아갔었습니다. - 《성종실록》 17년 1월 22일

이언인의 간통 과정이 적나라하게 묘사되어 있다. 그러나 중종 이후 《실록》에서는 이런 성에 관한 언어가 사라진다. 문자텍스트에서 성과 관련된 담론을 추방함으로써 양반과 양반이 다스리는 사회가 윤리적 사회가 되었을까? 모를 일이다. 여기에 답하려면 앞으로 거창한 연구가 필요하리라. 그건 전인미답의 영역이므로.

# 7 서울의 게토, 도살면허 독점한 치외법권 지대 —반촌泮村

　　　　　인간은 자신이 살고 싶은 곳에 살 권리와 자유가 있다. 대한민국 헌법도 거주 이전의 자유를 국민의 기본권으로 보장하고 있지 않은가. 하지만 정말 그런가? 내가 아무리 북한산 아래 경치 수려한 곳에 살고 싶다 한들 나는 그럴 수가 없다. 헌법에 보장된 거주 이전의 자유는 오로지 돈과 권력을 가졌을 때 누릴 수 있다. 돈과 권력이 없다면, 거주 이전의 자유는 더욱 나쁜 거주지로 갈 자유이지 좋은 거주지로 갈 자유는 아닌 것이다. 그리하여 인간들의 거주지에는 구획이 생긴다. 유유상종(類類相從)이란 말은 돈과 권력의 보유 정도에 따른 인간의 어울림을 뜻한다.

　요즘 세상이 이러할진대, 과거에는 어떠했을까? 조선시대의 서울은, 양반 거주지와 중인 거주지, 상인 거주지가 대충 구분돼 있었다. 그리고 심한 경우 서울 시내에 오로지 특정 부류의 인간들만 주거할 수 있게 제한된 공간도 있었다. 물론 그 잘난 양반들은 아니다. 이런 특수한 공간은 거주민의 취향이나 기호에 의해서가 아니라 사회적 차별에 의해 결정되었다.

조선시대 서울 안에도 특수한 주민의 특별한 거주 공간이 있었으니, 그에 대해 살펴보도록 하자. 조금 엉뚱하지만 먼저 쇠고기에 관한 이야기부터 해보겠다. 옛말에 육식자(肉食者)란 말이 있다. 채식주의자의 반대말이 아니라 귀족이나 고급관료를 지칭하는 말이다. 고기를 먹는 사람이 곧 지배계급을 의미할 만큼 중세사회에서 고기는 극히 귀한 음식이었다. 농업사회인 조선에서 고기는 당연히 귀한 음식이었고, 그 중에서도 쇠고기는 정책적으로 식용을 제한한 특별한 식품이었다.

## 소의 도살이 가뭄을 초래한다?

《태종실록》을 말머리로 삼아보자. 태종 15년 6월 5일 임금은 육선(肉膳), 곧 고기반찬을 물리고 술을 끊었다. 동양사회에서 가뭄이나 홍수 등 기상이변이 일어나면 임금은 근신하는 의미에서 고기가 없는 밥〔素饌〕을 먹고, 술을 마시지 않으며, 성관계를 갖지 않았다. 태종 역시 그런 전례를 따른 것이다. 그런데 흥미롭게도 육조와 승정원에서 아뢴 가뭄을 초래한 여러 원인 중에 '소의 도살'이 포함되어 있었다.

소를 도살하지 말라는 금령(禁令)이 있는데, 근래에 도살이 더욱 심해지고 있으니, 도살자를 붙잡아 고발하는 자가 있으면 그 범인의 가산(家産)을 상으로 주고, 대소 인원은 쇠고기를 먹지 못하게 하되 이를 어기는 자는 죄를 논하소서. 그리고 저절로 죽은 쇠고기는 서울은 한성부에서 세금을 매기고, 지방은 관청의 명문(明文)을 받은 뒤에 매매를 허락하되, 어기는 자는 또한 법에 의해 죄를 논하소서.

　　금령을 어긴 소의 밀도살이 가뭄을 초래했으므로, 밀도살을 엄금해야 한다는 말이다. 그런데 좀 이상하다. 소의 도살과 가뭄이 무슨 관련이 있단 말인가?《숙종실록》9년 1월 28일 조를 보면 송시열(宋時烈)이 가뭄을 걱정하면서 정자(程子)의 말을 인용하여 그 이유를 밝히고 있다. 정자의 말은 이렇다. "농사가 흉년이 드는 것은 소를 잡는 데에서 이루어진다." 이어 사람들이 소의 힘으로 농사를 지어 먹고살면서도 소를 도살해 먹기 때문에 소의 원한이 천지의 화기(和氣)를 손상시키고, 이것이 자연의 운행질서를 깨뜨려 비가 내리지 않는다고 하였다. 평생 소의 육신을 부리고 그것으로도 모자라 고기마저 먹다니, 정말 잔인하지 않은가. 이것이 정자의 생각이었다.

　　물론 그 이면에는 농사를 짓기 위해 농우를 보호해야 한다는 농업사회의 실용적 동기가 있겠지만, 한편으로 그것은 생명에 대한 자연스런 배려이기도 하다. 수입해서라도 고기를 먹어야

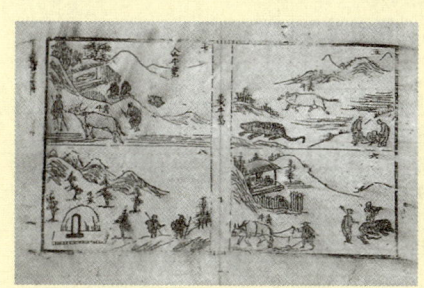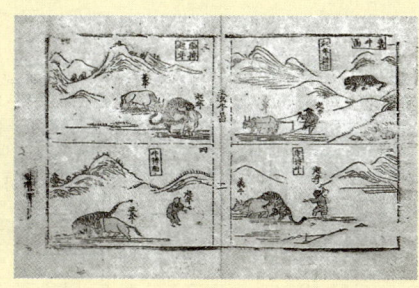

〈의우도〉| 호랑이와 싸운 끝에 주인을 구하고 죽은 소에 관한 전설이 담겨 있다. 소는 생구(生口)라 하여 가축이 아닌 사람 대접을 받을 만큼 존중받았으며, 소를 인격화한 이야기도 많이 전하고 있다.

만 직성이 풀리는 요즘 사람들이 한 번쯤 생각해보아야 할 대목이다. 덧붙이면 율곡 이이(李珥)는 이런 이유로 평생 쇠고기를 먹지 않았고, 율곡 집안에서도 율곡의 제사에는 쇠고기를 쓰지 않았다고 한다. 어쨌거나 소의 도살이 가뭄을 초래한다고 여긴 데에는 이런 이유가 있었다.

### 결코 지켜질 수 없는 법, 쇠고기 식용 금지

위 인용문에 나와 있듯, 조선 정부에서는 법령을 정해 금지할 정도로 도살억제 정책을 강력하게 추진했다. 조선 초기 법전인《경제육전(經濟六典)》에 이런 구절이 있다.

> 먹는 것은 백성의 근본이 되고 곡식은 소의 힘으로 나오므로, 본조(本朝)에서는 금살도감(禁殺都監)을 설치하였고, 중국에서는 쇠고기의 판매를 금지하는 법령이 있으니, 이는 농사를 중히 여기고 민생을 후하게 하려는 것이다.
>
> -《세종실록》7년 2월 4일

금살도감이란 관청을 설치하면서까지 소의 도살을 막았던 것이다. 실천도 강력하여 태종 11년에는 전문으로 소를 도살하는 신백정(新白丁)을 도성 90리 밖으로 내쫓았다. 그러나 이 정도로 고기를 밝히는 인간의 욕망을 억누를 수는 없었다. 세종 7년에는 한성부에서 도성으로 되돌아와 도살업에 종사하고 있던 신백정들을 바닷가로 축출하고 밀도살된 쇠고기를 사먹는 자는 제서유위율(制書有違律)로 다스릴 것을 논단하라고 요청하고 있다(《세종실록》 7년 2월 4일). 하지만 이런 법과 행정조치에도, 소의 도살과 쇠고기의 식용은 멈추지 않았다. 《성종실록》 4년 7월 30일 조에 실린 부제학 이극기의 상소문을 보자.

> 소의 도살을 금지하는 법령이 분명히 있지만, 그러나 서울 성내의 대소인(大小人)의 집에서 아침 저녁의 봉양(奉養)이나 빈객(賓客)을 연향(宴享)할 때에 대개 금지한 쇠고기를 쓰고, 관가(官家)에서 공급하는 것도 또한 간혹 쓰니, 이러한 고기들이 어찌 모두 저절로 죽은 것들이겠습니까? 이러한 일들이 나날이 반복되어 그치는 때가 있지 아니하니 정히 사방 농민들의 가축이 점차 없어질까 두렵습니다.

쇠고기 식용 금지는 결코 지켜질 수 없는 법이었던 것이다. 이후 이를 두고 문제가 끊이지 않았다. 처벌도 강화되어 '정당한 이유 없이' 소를 잡은 사람은 전가사변이란 극형에까지 처했지만(《연산군일기》 11년 4월 20일) 소용없었다.

《실록》에는 쇠고기와 관련된 적지 않은 정보가 담겨 있으나, 여기서 낱낱이 밝히기는 어렵다. 다만 법은 존재하되 지켜지지 않았고, 단속은 강화되었다가 이내 느슨해지기를 반복했을 뿐이다. 그 이유는 쇠고기를 소비하는 주 계층이 다름아닌 조선의 지배계급인 사대부였기 때문이다. 그런데 여기서 왜 뜬금없이 쇠고기 이야기를 하고 있는 것인가.

쇠고기를 먹으려면 소를 도살하는 사람과 유통하는 사람이 있었을 텐데, 뜻밖에도 이 점에 대해서는 알려진 바가 거의 없

〈논갈이〉, 김홍도 | 소는 일반 백성들의 생활을 소재로 하는 풍속화에 자주 등장한다. 농사 짓는 데 꼭 필요하고 재산으로서도 큰 구실을 하였기 때문에 귀한 대접을 받았다.

다. 소의 도살이라 하면 곧 백정을 떠올리고, 또 백정 하면 홍명희가 창조한 양주(楊州) 백정 임꺽정을 떠올릴 것이다. 좀더 아는 사람이라면, 백정에게 가해진 사회적 차별과 그것을 해소하기 위한 형평사(衡平社) 운동을 떠올릴 것이다. 이 또한 중요한 문제다. 하지만 내가 궁금해하는 것은 그런 사회사적 문제가 아니라 쇠고기의 생산과 유통, 곧 누가 언제 어떤 필요에 의해 소를 도살하고, 어떤 유통망을 통해 어느 정도의 가격으로 판매하였으며, 또 어떻게 쇠고기를 소비(요리)했는가 하는 문제다. 일종의 생활사적 문제인 것이다.

특히 흥미를 끄는 지역은 서울이다. 서울은 조선 제일의 도시로 인구가 가장 밀집한 곳이니 두말할 필요 없이 쇠고기의 최대 소비처였다. 서울에서 소비되는 소는 누가 도살하고, 어떤 방식으로 유통되었을까? 백정이 담당했을까? 앞서 지적한 바와 같이 백정은 조선 전기에 서울 시내에서 축출되었다. 그렇다면 어떤 이들이 소의 도살과 쇠고기 유통에 관여했는지, 이제 이 이야기를 해보자. 조선 전기는 자세한 사정이 나와 있지 않으므로 임진왜란 뒤의 일을 중심으로 살펴보겠다.

### 하루에 도살되는
### 소가 5백 마리

서울은 조선 최대의 인구밀집 도시이고 생활수준도 가장 높았으니, 당연히 음식과 요리의 수준도 다른 곳과 비할 바가 못 된다. 서울은 생산하는 곳이 아니므로, 당연히 거의 모든 식료품이 서울 외곽 지역이나 지방에서 공급되었다. 이 식료품을 유통시키는 곳이 시전이었다. 시전은 조선 건국 초기 국가에서 국가와 왕실, 서울 시민들의 수요에 응하기 위해 설치한 공식 시장이었다. 시전에서 판매된 물품을 분석해보면 당대 서울 시민, 나아가 조선 사람의 일상생활을 유추할 수 있다. 그 중에서 나의 관심사인 식료품을 다루되, 고기류에 한정해 살펴보기로 한다.

유본예(柳本藝)가 서울의 인문지리지 《한경지략(漢京識略)》 〈시전〉에 시전의 종류와 판매 물품을 자세히 소개하고 있는 바, 여기에 서울 시내에서 판매되는 고기의 종류가 나온다. 쇠고기를 뺀 나머지를 들면 다음과 같다.

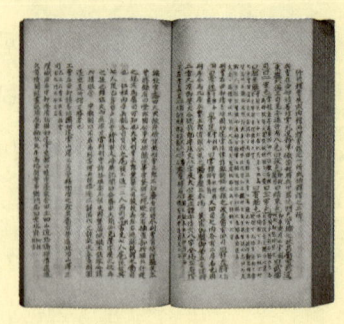

《한경지략》 | 조선시대 한성의 역사를 간략하게 서술한 책. 서울의 역사를 연구하는 데 매우 귀중한 자료이다.

- 생치전 · 건치전 · 생선전 : 병문(屛門)에 있다.
- 닭전 : 광통교에 있다. 계란전도 그 곁에 있다.
- 저육전 : 여러 곳에 있다.¹

생치(生雉)는 산 꿩, 건치(乾雉)는 말린 꿩이다. 꿩은 아마 사냥으로 잡은 것일 터이다. 꿩고기, 닭고기, 돼지고기(저육)가 서울 시민들에게 팔리고 있었던 것이다. 이상이 쇠고기 외에 서울 시전에서 판매된 고기의 종류다. 꿩을 제외하면 지금과 다를 것이 없다. 다만 저육전이 여러 곳에 있다는 것으로 보아, 꿩과 닭에 비해 돼지고기가 많이 소비되었음을 알 수 있다. 이제 쇠고기 쪽을 보자. 박제가는 《북학의》에서 서울의 쇠고기 소비에 대해 이렇게 말하고 있다.

통계를 내보면, 우리나라에서는 날마다 소 5백 마리를 도살하고 있다. 국가의 제사나 호궤(犒饋 : 군사들에게 음식을 베풀어 위로함)에 쓰기 위해 도살하고, 성균관(成均館)과 한양 5부(部) 안의 24개 푸줏간, 3백 여 고을의 관아에서는 빠짐없이 소를 파는 고깃간을 열고 있다.²

나라 전체에서 하루에 소 5백 마리를 도살한다고 하였다. 정확한 통계 수치인지는 모르지만, 결코 적은 수는 아니다. 이 수치대로라면 여러 고기 중에서 쇠고기가 가장 많이 소비되었던 것 같다. 쇠고기는 위에서 든 바와 같이 국가의 제사, 호궤 등에 소비되는가 하면 뇌물로도 인기가 있었다. 물론 모든 쇠고기의 최후는 음식으로 요리되어 인간의 입으로 들어가는 것이었다. 특히 서울 사람들은 쇠고기를 일종의 조미료처럼 사용하였다. 한편 박제가의 시대, 즉 18세기 후반기가 되면 서울 시정에 술

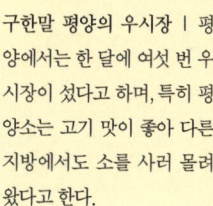
구한말 평양의 우시장 | 평양에서는 한 달에 여섯 번 우시장이 섰다고 하며, 특히 평양소는 고기 맛이 좋아 다른 지방에서도 소를 사러 몰려왔다고 한다.

집과 음식점이 출현하면서 시정에서의 고기 소비도 늘어난다. 생각해보면 설렁탕과 너비아니도 서울 음식 아닌가. 당시 서울 인구는 20만 명에서 30만 명 사이였는데 이 중 쇠고기를 소비할 수 있는 사람의 수를 가늠해보면, 서울 시내에 있었다는 24개의 정육점은 결코 적은 수가 아니다.

### 조선시대 푸줏간 풍경

이제 이 정육점에 대해 좀더 소상히 살펴보자. 앞서 인용했던 유본예의 《한경지략》 〈시전〉 '현방(懸房)' 조다.

> 현방: 쇠고기를 파는 푸줏간이다. 고기를 매달아서 팔기 때문에 현방이라 한다. 도성 안팎에 모두 스물세 곳이나 있다. 모두 반민(泮民)들로 하여금 고기를 팔아 생계를 삼게 하고, 세(稅)로 내는 고기로 태학생(太學生)들의 반찬을 이어가게 한다.

현방은 쇠고기만을 전문적으로 파는 푸줏간이다. 현방의 '현(懸)' 은 원래 '달아맨다' 는 뜻이다. 현방은 시전에 속하며 따라서 국가로부터 정식 인허를 받은 공식적인 가게다. 도성 안팎에 스물세 곳의 현방이 있다고 하였는데, 서울 성곽 10리 안까지는 성저십리(城底十里)라 해서 한성부 관할에 속하므로 서울에 스물세 곳의 정육점이 있었다고 보아도 관계없다. 다만 박제가는 《북학의》에서 스물네 곳이라 했는데 유본예는 스물세 곳이라 하였으니, 어떤 사정으로 한 곳이 줄어든 모양이다.

**구한말 푸줏간** | 고기를 달아매놓은 모양은 보이지 않으나 앞쪽으로 소머리가 나란히 진열되어 있어 푸줏간임을 금방 알 수 있다.

현방은 구한말까지 존재했던 것으로 보인다. 일제시대에도 기억하는 사람이 있었다고 한다. 다음은 일제시대의 자료다.

지금은 고기 파는 집을 수육(獸肉)판매소 또는 '관(館)집'이라 하지만 전일에는 '다림방'이라 하였다. 다림방은 한자로 '현옥(懸屋)'이니, 그때에는 소를 매달아서 잡는 까닭에 현옥이라 하였다. 그리고 현옥도 제한이 있어서 경성에 전부 5현옥을 두었는데, 수표교 다림방이 가장 큰 것으로 수십 년 전까지도 있었다.[3]

현방을 현옥이라 쓰기도 했고, 이를 우리말로 '다림방'이라 불렀다고 하였다. 경성에 전부 다섯 곳의 현옥이 있었다는 것은 아마도 일제시대 사람인 위 인용문의 필자가 기억하기에 그렇다는 얘기 같다.

## 소의 도살과 판매를
## 독점했던 반촌민

이제 소를 도살하는 사람에 대해 살펴보자. 위 기록에 현옥도 제한이 있다고 한 말은 정육점의 허가가 자유롭지 않았다는 뜻이며, 이는 현방을 열 수 있는 사람이 따로 있다는 뜻으로 들린다. 그럼《한경지략》의 "모두 반민(泮民)들로 하여금 고기를 팔아 생계를 삼게 한다"는 말을 음미해보자. 이 말은 '반민'만이 서울 시내에서 소를 도살·판매할 수 있는 자격을 갖고 있었다는 뜻으로 풀이할 수 있다. 그렇다면 반민은 백정인가? 그렇지는 않다. 황재문(黃載文)이 1949년에 쓴 글 중 반민에 대한 언급이 나오는데, 거기서 반민은 백정이 아니라고 분명히 밝히고 있다.[4] 다시 의문이 생기지 않을 수 없다. 서울 시내에서 소의 도살과 판매를 독점했던 반민은 도대체 어떤 부류인가?

반민은 조선의 최고 교육기관인 성균관과 밀접한 관련을 맺고 있다.

먼저 '반민'이란 말의 유래부터 따져보자. 성균관을 다른 말로 '반궁(泮宮)'이라 한다. 반궁이란 중국 고대 주(周)나라 때 천자(天子)의 나라에 설립한 학교를 벽옹(辟雍), 제후의 나라에 설립한 학교를 반궁이라 한 데서 유래하였다. 그렇다면 반궁이란 말은 또 어떻게 생겨났을까? 이를 알기 위해서는 먼저 벽옹에 대해 살펴보아야 한다. 벽옹은 사방이 물에 둘러싸여 있다. 쉽게 말해 큰 연못 속에 건물을 지은 것이다. 따라서 벽옹으로 들어가기 위해서는 동·서·남·북으로 놓은 다리를 건너야 한다. 이에 비해 반궁은 동쪽 문과 서쪽 문을 연결하는 부분만

물이다. 즉 건물 주변을 둘러싼 연못이 반달 모양으로, 천자의 벽옹에 비해 물이 '반' 밖에 되지 않는다. 그 때문에 이 물을 반수(泮水)라 하였으며, 반수가 있기 때문에 그 건물을 반궁이라 부르는 것이다. 물론 여기서의 '궁(宮)'은 궁전이 아니라 단순히 건물이란 뜻이다. 이것이 성균관이 반궁이라 불린 내력이다. 그리고 이런 내력으로 인해 성균관과 관련된 곳에 흔히 '반(泮)'자를 붙여 성균관 주위의 마을을 '반촌(泮村)', 그곳의 주민을 반민 혹은 반인(泮人)이라 불렀다.

### 반촌민은 안향의
### 노비 후손들

반촌은 적어도 18세기에 이르러서는 서울의 다른 지역과 구별되는 독립적인 구역을 이루고 있었던 것으로 보인다. 18세기의 저명한 문인이자 학자인 서명응(徐命膺, 1716~1787)이 쓴 〈안광수전(安光洙傳)〉[5]에 반촌의 유래와 반촌 주민에 관한 소상한 언급이 나온다.

반촌은 고려 말 문성공(文成公) 안유(安裕)가 자기 집안의 노비 1백여 명을 희사하여 학교를 부흥할 것을 도운 데서 비롯된다. 본조(조선)가 한양에 정도하여 국학(國學)을 옮기자, 노비 자손이 수천 명이 되어 반수를 둘러싸고 집을 짓고 살아, 거리와 골목, 닭울음 소리, 개 짖는 소리가 들려 엄연히 하나의 동리를 이루었다. 이 때문에 사람들이 그곳을 반촌이라 부르게 된 것이다. 그 자손들은 생장하면 반촌 밖을 나서지 않는다. (중략) 총각이 되면 억센 자는 노름판을 돌

명륜당 | 성균관 유생들이 강학을 하던 곳으로, 왕이 이곳에 들러 유생들을 격려하거나 직접 유생들을 가르치고 그 실력을 시험했다.

아다니거나 협객 노릇을 하며, 인색한 자는 말리(末利 : 상업)를 좇아 예교(禮敎)를 따르는 사람이 거의 없다.

안유는 곧 안향(安珦, 1243~1306)이다. 그는 고려 말기에 우리나라에 성리학을 처음으로 전한 인물로서 성균관과 밀접한 관련이 있다. 안향이 유학의 진흥을 위해 고려 충렬왕 30년(1304) 5월 관료들을 대상으로 모금운동을 벌여 성균관의 섬학전(贍學錢)을 조성하고, 이 돈의 일부를 중국 강남으로 보내 경전과 역사서 등을 수입하였던 바, 이로 인해 성균관의 교육 분위기가 일신되었다고 한다. 그 증거로 다음 달인 6월에 성균관 대성전이 완성되어 학생들이 몰려들었다니, 안향은 고려 말 성균관의 부활운동을 주도한 인물인 것이다. 그런 그가 자신의 노비를 성균관에 기증했다 하여 이상할 것은 없다.

반촌민의 형성과 관련하여 또 하나 중요한 사료는 윤기(尹

惜, 1741~1826)가 남긴 시다. 윤기는 오랫동안 성균관 유생으로 성균관에 기거했던 인물로서, 자신의 문집인《무명자집(無名子集)》에 〈반궁잡영(泮宮雜詠)〉[6]이란 220수의 독특한 한시를 남기고 있다. 그는 220수의 한시에서 성균관의 역사, 교육, 학생회 조직, 학생 처벌, 학생들의 집회, 결사 등 성균관에 관한 거의 모든 일을 읊어내고 있다. 우리나라 학교사, 교육사, 풍속사에 없어서는 안 될 희귀한 자료이다. 여기에 반촌과 반인에 관한 언급이 있음은 물론이다.

우리나라의 유약(有若)이신 안문성공(安文成公)은
선성(先聖)의 초상과 경전을 사오시어 다시 학교에 두셨지.
백 명의 노비 후손들이 번성해
지금도 제단을 세워 정성을 다해 제사를 받드네.
我東有若安文成, 購像輸經更設黌.
奴婢百人多後裔, 至今壇祀馨心誠.

이 시에는 다음과 같은 주석이 붙어 있다.

안문성공 향(向)은, 본명이 구슬 옥(玉) 변의 향(珦) 자인데, 어휘(御諱 : 임금의 이름)를 피한 것이다. 고려의 찬성사(贊成事)로 학교가 쇠퇴하는 것을 우려하여 중국에 돈을 보내 선성(先聖 : 공자)과 제자 70명의 초상, 그리고 제기(祭器)·악기(樂器)·경적(經籍)을 구입해 오게 하였다. 국학을 세우고, 노비 1백 명을 바쳤는데, 지금의 반인은 모두 그 노비들의 후손이다. 그러므로 반촌 북쪽에 제단을 세우고 문성공의 기일이 되면 제사를 지내는데, 애모와 정성을 바침에 있어 조금도 게으르지 않다.

서명응의 〈안광수전〉과 같은 내용이다. 안향이 성균관에 기증한 노비의 후손들이, 고려가 망하고 조선이 건국되자 서울 성균관으로 그대로 따라와 복역하게 되었다는 것이다.

물론 미심쩍은 구석도 없지 않다. 서명응과 윤기의 기록은 18세기 후반의 것으로 안향으로부터 거의 5세기에 가까운 시간이 흐른 뒤이다. 반촌민이 계보학적으로 실제 5백 년 전 노비들의 후손인가는 의문이 아닐 수 없다. 더욱이 중간에 임진왜란과 같은, 성균관을 잿더미로 만든 미증유의 사건이 있었음에랴. 하지만 조선 후기 반인들은 자신들이 안향 노비의 후손이라고 굳게 믿고 있었고, 또 당시 사람들도 그렇게 알았으니 무슨 상관이랴.

### 성균관 유생들의 하숙촌이자
### 이념서클의 온상

반촌의 형성과 유래가 이러했으므로, 반촌의 거주자 반인의 삶은 성균관과 불가분의 관계에 있었을 것이다. 성균관은 조선시대 최고의 교육기관으로 대사성(大司成) 이하 관료조직과 교수진 그리고 유생들이 있었으므로, 이들을 위해 자질구레한 노역(주로 육체노동)을 담당할 사람이 당연히 필요했다. 더욱이 성균관은 공자의 위패를 모신 대성전(大成殿)과 강의동인 명륜당(明倫堂) 외에도 숱한 건물이 있었다. 예컨대 성균관 학생들은 학교에서 먹고 자는 것이 원칙이었

대성전(왼쪽)과 동재(오른쪽) | 대성전에는 공자의 위패가 모셔져 있다. 공자를 모신 사당을 문묘라 하는데 사진은 구한말 문묘에서 제사를 드리는 광경이다. 동재는 성균관 학생들의 기숙사이다.

으므로, 기숙사(동재東齋·서재西齋)와 식당도 딸려 있었다. 이런 건물을 관리하고 학생들의 식사를 준비하려면 많은 사람이 필요하지 않겠는가. 반인들은 바로 이 성균관의 잡역을 세습적으로 맡아보는 사람들이었던 것이다. 다시 윤기의 시를 보자.

> 관비(館婢)의 소생은 직동(直童)이 되고
> 다른 계집종 자식은 서리에 이름이 오른다네.
> 재직(齋直)은 장성하여 수복(守僕)이 되니
> 반인들이 지는 역(役)은 본디 길이 다르다네.
> 館婢攸生是直童, 生於他婢吏名充.
> 齋直長還成守僕, 泮人亦自不相同.

여기에도 주석이 붙어 있다.

이것은 반인들의 신역(身役)이 각각 다름을 읊은 것이다. 관비의 소생은 재직이 되고, 다른 계집종에게서 난 자식은 서리가 된다. 재직은 장성하면 수복이 된다. 반인들도 그 신역이 각각 다른 것이다.

반촌의 남자가 성균관 소속의 계집종과 관계하여 자식(아들)을 낳을 경우, 그 자식은 성균관의 직동 곧 재직이 된다. 재직은 성균관의 기숙사인 동재·서재의 각 방에 소속되어 유생들의 잔심부름을 하는 사람이다. 재직(직동)이 장성하면, 성균관 내 제향과 관련된 육체노동을 맡는 수복이 되었다. 이와 달리 반인이 성균관 밖의 계집종과 관계하여 자식을 낳으면, 그 자식은 서리가 된다. 이때의 서리 역시 성균관의 서리일 것이다. 여기서도 알 수 있듯, 반인의 사회적 지위는 대단히 낮았다.

조선 후기 문인 이옥(李鈺, 1760~1813)의 〈호상관각력기(湖上觀角力記)〉를 보면 호상인(湖上人), 곧 마포 일대 주민들과 반인들이 마포 북쪽 도화동(桃花洞)에서 씨름을 겨루는 풍속이 소개되어 있다. 호상인은 마포 일대의 짐꾼이나 막노동자들이었으므로 반인들도 이들에 상응하는 사회의 저층이었음을 알 수 있다.

반촌의 반인들은 위에서 말한 바와 같이 성균관과 공적인 관계가 있을 뿐만 아니라, 유생들과 사적인 관계를 맺기도 하였다. 반촌은 평소 성균관 유생들이 방을 잡아 공부하는 하숙촌인가 하면, 과거철에는 거자들이 주인을 정하여 머무르는 일종의 여관촌이기도 하였다. 정조 5년 사성(司成) 채정하(蔡廷夏)는, 과거철이 되면 성균관 유생들의 절반은 성균관에 머물면서 성균관 식당에서 밥을 먹고 절반은 반촌에서 기식하고 있다면서 성균관 식당의 정원을 늘려줄 것을 요청하였다(《정조실록》 5년 11월 4일). 하지만 이후에도 계속 반촌에서 머무르는 사례가 있는 것을 보면, 반드시 식당의 정원이 적은 때문만은 아니라고 생각된다. 이보다 훨씬 전인 신임사화(辛壬士禍) 때 역적으로 몰려 죽은 이기지(李器之)도 기해년 봄 증광(增廣) 초시 때문에 반촌에 나가 거접(居接)하여 여름을 넘기고 가을로 접어들 때까지 있었다는 말을 하고 있다(《경종실록》 2년 5월 5일). 기숙사 식당의 밥보다는 하숙집 밥이 나아서였을까? 아니면 기숙사의 딱딱한 규정을 지키기 싫어서였을까?

하숙촌이 된 반촌에서 일어난 가장 흥미로운 사건은 이승훈(李承薰)과 정약용의 천주교 학습 사건이다. 1787년 10월 이승훈과 정약용, 강리원(姜履元) 등은 과거 공부를 핑계대고, 반인 김석태(金石太)의 집에 모여 《진도자증(眞道自證)》 등 천주교 서적을 연구하다가 이기경(李基慶)에게 발각된다. 이 사건은 천주교사에서 널리 다루어져 새로울 것은 없지만, 성균관 일대의 하숙촌이 일종의 이념서클의 온상 역할을 하였다니 여간 흥미롭지 않다. 더 재미있는 것은 다산의 문집에 '숙보(菽甫 : 김석태의 자)의 제문(祭文)'이라는 이름으로 남아 있는, 반촌 사람 김석태의 제문이다.

지극한 정성은 하늘에 통하고 지극한 정은 땅까지 통하였네. 깬 것도 나를 위해 깨고 자는 것도 나를 위해 잤었네. 가정에 소홀하면서도 나를 위해서는 치밀하였고 달리고 쫓는 일에는 동작이 느렸으나 나를 위해서는 빨랐네. 나의 잘못을 남이 지적하면 칼을 뽑아 크게 성내었고 사람이 나와 잘 지내면 그를 위해 온 힘을 다 쓰더니, 혼마저 천천히 감돌며 아직 내 곁에 있네. 구원(九原)이 비록 멀다고 하나 앞으로 서로 생각하리.[8]

반촌인 중에 이처럼 좋게 기록에 남은 이는 김석태가 유일할 것이다. 당시 사회의 기준으로 볼 때 보잘것없는 인물에 대한 다산의 제문이 여간 다정스럽지 않아, 다산의 인품을 보는 듯하다.

## 고기로 태학생들의 반찬을 이어가게 하다

자, 그렇다면 반촌이란 말은 언제부터 사용됐을까?《고려사》에 반촌이란 말이 나오지 않는 것으로 보아, 고려시대에는 반촌이란 말 자체가 없었을 것이다. 또 과문한 탓인지 몰라도 조선 전기 문헌에서도 반촌이란 명사를 본 적이 없다. 오직《선조실록》39년 6월 15일 조에 어떤 일로 성균관 노비를 체포하는 과정에서 사령들을 '반촌'에 곧장 보내어 성묘(聖廟)의 내정을 시끄럽게 했다는 말이 나온다. 선조 39년이면 1606년이므로 임진왜란 이후이다. 임진왜란 후 성균관을 재정비하는 과정에서 형성된 주변 마을을 반촌이라 부르기 시작하였다고 추정해볼 수 있는데, 이것도 확언할 수는 없다.

반촌에서 소를 도살하게 된 기원 역시 정확하지 않다. 조선 전기에는 유관 기록을 찾기 어렵고, 17세기 말에 와서야 비로소 반촌과 소의 도살에 관한 자료가 보인다.《숙종실록》24년 1월 21일 조에 호조판서 이유(李濡)가 2개월 간 반인들의 도살을 금지할 것을 요청하는 내용이 있으니, 적어도 숙종 연간에

진사식당 | 성균관 유생들이 식사하던 식당. 오래 전부터 성균관 유생들의 식사에 쇠고기를 제공하는 관습이 있었으며, 이 때문에 반촌민들에게 소의 도살을 허락했던 것으로 보인다.

오면 반인이 국가의 공인을 얻어 소의 도살을 맡고 있었음을 알 수 있다. 그러나 이 역시 어디까지 소급할 수 있는지는 의문이다. 또 왜 이 시기에 와서 반인이 소의 도살과 쇠고기 판매에 종사하게 되었는지도 분명하지 않다.

조심스럽게 추정하면, 반촌민의 도살은 성균관 학생들의 식사와 밀접한 관련이 있는 것으로 보인다. 《중종실록》 7년 10월 30일 조에 의하면, 성균관 유생들에게 쇠고기를 반찬으로 제공한 것이 오랜 유래였는데, 성균관에서 고기를 먹지 말아야 한다는 일부 학생들의 의견이 있어 회의를 열어 결정을 보았던 바, 재(기숙사)와 명륜당에서는 먹고 식당에서는 먹지 않기로 했다고 한다.

좀 유별난 짓거리가 아닌가 하는데, 과연 이 기사를 쓴 사관은 당시 사람들이 학생들의 행동을 좀 튀어보려고 특이한 체하는 행동으로 생각했다고 전하고 있다. 어쨌든 오래 전부터 성균관 유생들의 식사에 쇠고기를 제공하는 관습이 있었고, 이 때문에 반촌민들에게 소의 도살을 허락했던 것 같다. 그리고 이를 계기로 반촌민들이 서울 시내 쇠고기의 판매를 전담하게 되었다고 보는 것이 순리일 듯하다. 왜냐하면 앞서 인용했던 유본예의 《한경지략》〈현방〉에 "성균관의 노복들로 고기를 팔아서 생계를 하게 하고, 세로 바치는 고기로 태학생들의 반찬을 이어가게 한다"고 한 것 역시, 이런 내력에서 비롯된 듯하기 때문이다.

### 외부인 거주 허락 않는 별천지

이제 쇠고기 이야기는 접고 반촌민의 특수성을 집중적으로 살펴보자. 먼저 반촌의 위치를 챙겨보자. 반촌은 그 범위가 정확하게 제한되어 있었던 것으로 보인다. 〈매일신보〉 1916년 3월 11일부터 3월 26일까지 실린 '경성행각(京城行脚)'이란 기사에 의하면 그 위치는 이렇다.

현금 경성식물원 입구 길 옆에 한 개의 석비(石碑)가 있으니, '응란교(凝鸞橋)'라 새겨져 있다. 이것은 정조대왕이 이곳에 다리를 놓게 하시고, 그 곁에는 연지(蓮池)를 파서 부근의 풍경을 돕게 하심이니, 지금은 연지도 없고 다리의 흔적도 없으나, 석비만은 홀로 남았으며, 이 석비의 북쪽은 반인이 거주하는 곳이요, 이남은 보통 인민의 주거지로 구별하였다.

경성식물원은 지금의 서울대병원과 동숭동 대학로 자리 사이에 있었다. 그런데 이곳은 원래 경모궁(景慕宮)터였다. 19세기 서울 지도를 보면, 창경궁 오른편에 경모궁이 그려져 있고, 경모궁의 오른쪽 위편에 궁지(宮池) 또는 연지라는 이름의 연못이 보인다. 그리고 그 오른쪽에 조그만 다리가 있는데, 이것이 정조가 세운 응란교다. 이 응란교 이북이 바로 반촌인 것이다. 윤기의 〈반궁잡영〉을 보면 좀더 정확하다.

하마비 남쪽에 길 하나 가로로 뚫렸으니,
반촌의 경계는 여기서 분명히 정해지네.
지금 돌을 세워 표시한 곳 어디메뇨.
경모궁 연지의 연꽃이 핀 곳이라네.
下馬碑南一路橫, 泮村界限比分明.
如今立石標何處, 景慕宮池菡萏盈.

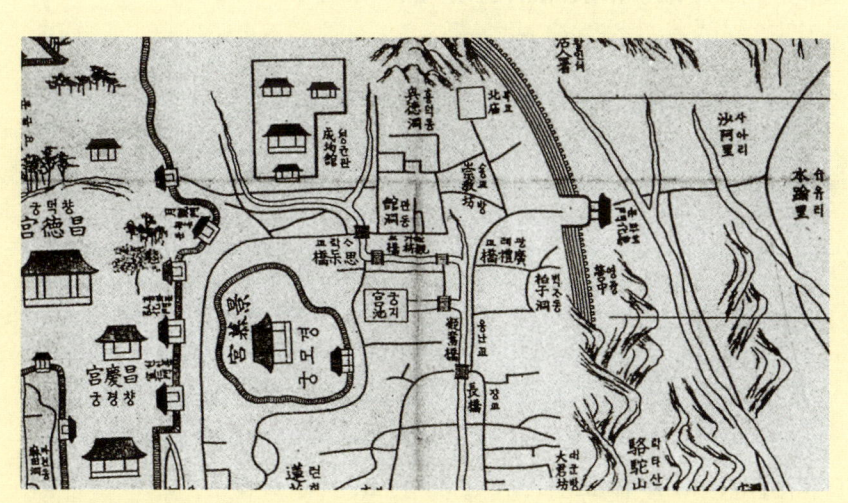

〈Map of Seoul〉 부분, 1900년 | 성균관 주변 경모궁, 궁지, 응란교 등의 지명이 보인다. 영국 왕립아세아협회 소장.

〈매일신보〉의 기록과 정확히 일치한다. 이 시에도 주석이 있다.

> 옛날의 반촌은 관현(館峴)에서 혜화문에 이르는 길을 경계로 삼았는데, 당저조(當宁朝 : 정조)에 경모궁 앞 연지 가에 돌을 세우고 반촌의 경계로 삼았다. 연지 이북이 모두 반촌이다.

원래는 관현에서 혜화문에 이르는 길이 반촌의 하한선이었는데(관현이 어디인지는 알 수 없다), 정조 때 경모궁의 연지를 반촌의 하한선으로 고쳐 삼은 것이다. 또한 반촌은 성균관 쪽에서 경모궁 방향으로 곧장 내려오는 시내를 따라 난 길을 중심으로 하여 오른쪽은 동반촌, 왼쪽은 서반촌으로 나누어졌다. 서반촌의 시작은 지금의 창경궁 월근문(月覲門) 앞 박석고개부터다.

이상이 반촌의 지역적 구획이다. 그러나 이 구획은 단순히 행정구역을 의미하지는 않는다. 반촌민이 아니면 거주를 허락하지 않는 특별구역이었던 것이다. 앞서 인용했던 〈매일신보〉의 '경성행각'을 다시 들추어보자.

> 반인이라 함은 즉 속설에 소의 도살을 생업으로 삼는 자를 칭하는 일종의 대명사다. 그러나 이 명칭이 어느 시대부터 시작되었는지 상고하기 어렵다. 그러나 동소문 안 부근 일대의 주민은 금일까지도 소 도살을 영업으로 하는 사람이 많으므로 옛날에는 그 수가 곱절이나 많았음은 정칙(定則)이다. 그러나 이 영업을 하는 사람을 사람들이 천하게 여겨

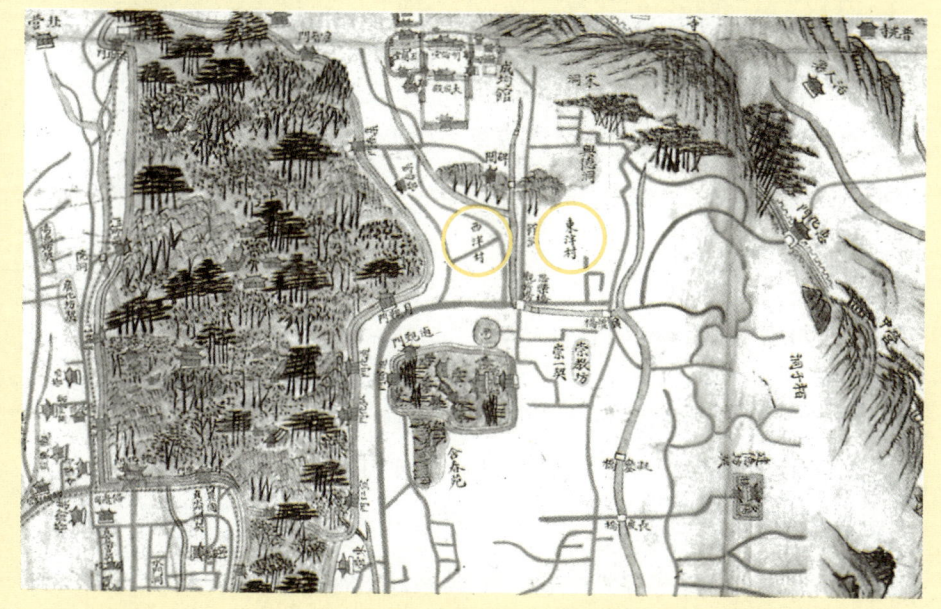

〈한양도성도(漢陽都城圖)〉 부분 | 성균관 앞 경모궁 방향으로 난 길 좌우에 '동반촌' '서반촌'이란 지명이 보인다. 1770년대, 호암미술관 소장.

서로 교제와 혼인관계를 맺지 아니하므로, 이 부락의 주민은 세인(世人)의 압박과 수치와 결교(結交) · 혼인의 불허 등의 모욕을 당하는 관계로 인하여, 자연히 분개심을 야기하고 분격심이 일어나는 때에 이곳 주민들은 일체 단결되어 남을 위하여 의리를 세우는 데 생사를 돌아보지 않는 기개가 있었으며, 옛날에는 다른 동 사람으로서 이 동에 들어올 수도 없었으며, 이 동 사람이 다른 동으로 이사 가서 사는 일도 없어서, 일개 별천지를 형성하였다.

반촌은 외부인의 거주를 허락하지 않은 하나의 별천지였다. 이런 풍습이 언제 형성되었는지는 알 길이 없지만, 적어도 영조 때에는 이미 사회적 약속이 된 것으로 보인다.《영조실록》19년 11월 6일 조 기록에 지평 조재덕(趙載德)이, 외인의 입주가 불허된 반촌을 재상의 아들들이 점거한 일을 조사해 치죄할 것을 요구하고 있는 데서도 그 증거를 찾을 수 있다.

### 섬처럼 고립된 치외법권 지대

더욱 흥미로운 것은 조선 후기의 모든 금란(禁亂)에도 반촌만은 들어가 조사할 수 없었다는 사실이다. 금란이란 조선이 5백 년 동안 단속의 대상으로 삼았던 소나무 벌채 금지, 임의적 도살 금지, 양조(釀造) 금지를 가리킨다. 곧 금송(禁松)·금도(禁屠)·금주(禁酒) 등이 주 종목인데, 이를 어긴 범인이 반촌에 숨어버리면 더 이상 추적이 불가능했던 것이다. 다시 말해 반촌은 일종의 치외법권 지대였다.《영조실록》6년 10월 11일 우의정 조문명(趙文命)의 말을 들어보자.

형조 판서 김취로(金取魯)의 말을 들건대, 반인이 한 짓이 매우 해괴하다 합니다. 북부(北部)의 장의동(壯義洞) 주위에 금송의 정령이 행해지지 않기에 사람을 시켜 살펴봤더니, 반인의 무리가 생솔을 함부로 베어 가기에 사람들이 잡으려고 하니 도끼로 사람을 찍고 성을 넘어 도주하여 그대로 반촌 안에 숨었는데, 모든 금란에도 반촌엔 감히 들어갈 수 없었기에 잡아낼 길이 없다 하니, 참으로 민망한 일입니다.

원래 서울 시내에서 소나무를 베는 것이 금지되어 있었던 바

(서울의 나무장수는 서울 시내에서 벤 나무를 판매하지 못하였다), 반인이 장의동 주변의 생솔을 베어가 체포하려 하자 도끼를 휘두른 뒤 반촌 안으로 도피했다는 것이다. 일단 반촌 안으로 들어가면 금란이 미치지 못한다. 포교가 들어갈 수 없는 것이다.

영조는 성균관 대사성에게 반촌을 뒤지라고 명하였다. 그런데 이번에는 성균관에 기식하고 있는 유생들이 스트라이크를 일으킨다. 권당(捲堂)이 그것이다. 권당은 식당에 들어가 식사하기를 거부하는 단식투쟁이다. 성균관 유생들은 항의할 일이 있으면 종종 권당을 하였다. 영조가 좋은 말로 달랜 끝에 유생들은 스트라이크를 풀었다. 실제로 성균관 근처에서 도둑을 체포하였다가 포도대장이 파직된 경우도 있었다. 《영조실록》 41년 5월 13일 조에는 사간원 포교가 반촌에서 도둑을 잡았는데, 성묘(聖廟)가 지극히 가까운 곳에서 시끄럽게 하였다는 이유로 포도대장의 파직을 요청하여 허락을 받았다는 기록이 남아 있다.

반촌이 이렇게 독특한 구역이 된 데는 복합적인 이유가 있는 듯하다. 무엇보다 포교가 들어갈 수 없었던 가장 큰 이유는 성묘, 곧 대성전이란 성화(聖化)된 공간이 있었기 때문이다. 아울러 반촌민이 다른 지역 사람들과 구별되는 사람이라는 점도 작용했을 것이다. 즉 반인들은 분명 백정은 아니었지만, 소의 도살과 판매에 관계하는 이상 천대받았을 것임은 두말할 필요가 없다. 사실상 이로 인해 반촌민은 반촌 바깥 사람들과 친교·결혼 등 일체의 사회적 관계를 맺지 않았다. 반촌은 사실상 게토(ghetto : 옛날 유대인들의 집단 거주지역, 특정 부류의 사람들이 모여 사는 곳을 일컫기도 한다)였던 것이다. 이것이 반촌을 특수한 구역으로 만든 또 하나의 이유가 될 것이다.

## 풍속이 괴이하여
## 서울과 다르네

이러한 게토화로 반촌민들은 독특한 에토스(ethos)를 갖게 되었던 것 같다. 앞서 인용했던 서명응의 〈안광수전〉에 나오는 "억센 자는 노름판을 돌아다니거나 협객 노릇을 한다"는 구절도 그런 의식의 일단을 설명한 것으로 보인다. 매우 폭력적이었다는 이야기인데 실제 그런 사례가 보이기도 한다. 《정조실록》 1년 7월 15일 조에는 반인 정한룡(鄭漢龍)이 환도(環刀)로 사람을 공격하여 무릎뼈가 절반이나 떨어져 나갔고, 상해를 입은 사람이 그로 인해 사망하여 살인사건을 재판하게 되었다는 기록도 있다. 이것은 양반이나 보통 시민이 할 수 있는 행동은 아니다.

이제 반인들의 독특한 에토스의 실상을 구체적으로 들어보자. 윤기의 〈반궁잡영〉이다.

> 반인은 원래 멀리 송도(松都)에서 온 사람들
> 여자의 곡소리는 노래와 같고 사내의 옷차림은 사치스럽네.
> 호협(豪俠)한 성미에 연(燕)나라 조(趙)나라의 기미를 띠고
> 풍속이 괴이하여 서울과도 다르다네.
> 泮人元自松都遷, 女哭如歌男服奢.
> 豪俠帶來燕趙氣, 風謠怪底異京華

이 시의 주석을 보자.

반인은 원래 송도(개성)에서 이사해 온 사람들이다. 때문에

그들의 말씨와 곡성은 송도 사람들과 같다. 남자들의 의복은 사치스럽고 화려하여 예사 사람과 다르다. 기절을 숭상하고 협기가 있어, 죽음을 아무렇지도 않게 여긴다. 왕왕 싸움이 일어나면, 칼로 가슴을 긋고 허벅지를 찌른다. 풍습이 너무나도 다른 것이다.

반인들의 말씨와 곡소리가 개성 사람의 곡소리와 같다는 것은, 그들이 개성 출신이라는 데서 유래한 듯하다. 물론 과학적으로 증명된 것은 아니지만, 어쨌든 서울과 다른 말씨를 사용한다는 것이 이들을 다른 사람과 구분짓는 가장 큰 차이점이었다. 이옥은 〈방언〉이란 글에서 반촌인의 말을 이렇게 구별짓고 있다.

한성(서울)은 나라의 한복판이고, 한성의 한복판에 주민들이 있다. 그 소리치고 대답하고 울고 말하는 것이나 만 가지 물건들에 붙이는 이름이 여느 백성들과 달라, 그들을 구별하여 '반민'이라고 한다.[9]

특이하지 않은가. 음조가 다를 뿐 아니라 사물의 이름도 일반 백성들과는 구분되었다고 하니, 일종의 특수한 방언이라고 할 수 있다. 서울의 핵심지역이라 할 성균관 일대가 마치 섬처럼 고립된 언어지역이었던 것이다. 또한 반촌 남자들이 사치스러운 복색과 호협한 기질, 폭력적인 성향을 가졌음을 여러 문헌이 증언하고 있다.

## 반민들의 교화에 나선 안광수

이 폭력성을 순화시키기 위한 움직임까지 있었을 정도였다니, 서명응이 전기를 쓴 안광수(安光洙, 1710~65)가 바로 그런 사람이다. 안광수 역시 반촌 사람이다. 다만 안광수가 순수한 반인인지는 의문이다. 그가 안향과 같은 순흥(順興) 안씨이긴 하나 서명응의 〈안광수전〉에 의하면 그의 아버지가 무반직을 가졌고, 또 그의 선조가 반촌에 흘러들어와 살았다고[寄居] 했으니, 원래 반촌 토박이는 아니었던 것으로 보인다. 어쨌거나 그의 행적을 보면 글깨나 읽은 지식인의 냄새가 물씬 풍긴다.

안광수는 "태학은 수선지지(首善之地)인데, 풍속이 이와 같아서야 되겠는가"라면서 자제들 중 똑똑한 사람 70여 명을 불러모아 '제업문회(齊業文會)'란 이름의 계를 만들었다. 말이 계지 이것은 학교였다. 그는 학생들의 능력에 맞추어 경사자전(經史子傳)을 가르치고, 사친(事親) 경장(敬長)의 도리를 일깨웠다. 이뿐이랴. 관혼상제도 몰라서는 안 된다. 그는 그림을 그려가면서 이해하기 쉽게 가르쳤다.

안광수는 유능한 교육자였다. 그는 여유를 갖고 살아야 기상이 좁아지지 않는다면서 맑은 날 경치 좋은 곳을 골라 학생들을 데리고 소풍을 나가, 술을 마시고 시를 지으면서 하루를 보냈다. 또 상을 당하자 소식(蔬食)으로 3년을 지내고, 병이 심하게 나도 주야의 곡읍을 그만두는 법이 없었다고 하니, 말로만 가르치는 것이 아니라 몸소 실천해 본을 보이는 사람이었다. 이에 반촌의 자제들이 감화되어 그를 따랐음은 물론이다.

안광수의 제자들은 성균관의 서리가 되고 수복이 되었던 바,

19세기 말 성균관 주변 풍경 | 근대적 교육제도가 시행된 이래 성균관이 옛 위상을 잃으면서 반촌도 따라서 해체되었고, 그들만의 독특한 특징들도 역사 속에 묻혀버렸다.

모두 성균관의 업무에 성실하고 유능하였다. 안광수가 죽자 반촌 사람들은 그의 제자든 아니든, 남자든 여자든 모두 애통해하면서 그의 장례를 도왔다. 또 제자들은 그를 기념하여 기일, 생일, 사시의 절기마다 제수를 마련해 제사를 도왔다고 한다.

한데 사실 나는 안광수란 인물에게 별 매력을 느끼지 못한다. 유가(儒家)의 예에서 벗어나 있던 부류들의 독특한 성격이 유가의 예에 감염되는 것을 보면 도리어 서글픔을 느낀다. 하지만 〈안광수전〉은 원래 반인의 독특한 성격을 반증하는 구실을 하고 있지 않은가. 〈안광수전〉을 통해 유학이라는 이데올로기로 통제할 수 없었던 인간의 원래 모습을 보는 것은 매우 흥미로운 일이다.

## 성균관 몰락과 함께 사라진 반촌

20세기에 접어들면서 근대적 교육제도가 시행되자 성균관은 옛날의 위상을 잃고 중세의 유물이 되었다. 성균관이 무너지자 반촌도 따라서 해체되었으며, 신분제의 붕괴와 함께 반촌 사람에게 가해졌던 사회적 차별 역시 차츰 사라지게 되었다.

1920년대 신문기사에 의하면, 반인들은 여전히 소의 도살과 쇠고기 판매업에 종사하였는데, 이들은 자신들에게 가해진 사회적 차별과 싸우기 위해 교육사업에 헌신적이었다. 그들은 1910년 보통학교 과정의 사립 숭정학교를 세워 반촌의 아동들을 가르쳤다. 특기할 것은 이 학교가 재정적 어려움을 전혀 겪지 않았다는 사실이다. 이들은 자신들이 당해온 사회적 차별을 생각해 쇠고기 판매 금액의 일부를 내놓아 학교 재정을 충당했으며, 지방에 이사해 살더라도 숭정학교를 위한 헌금은 우편으로 부칠 만큼 열성이었다고 한다.

신분제가 사라진 이 시대에 반촌 사람이 무슨 의미가 있냐고? 왜 의미가 없겠는가. 신분제는 사라졌지만 돈과 권력, 학벌, 출신지로 인간을 차별하는 것은 여전하다. 돈과 권력의 보유 정도에 따라 사는 곳 역시 경계가 지어진다. 지금도 서울 시내에는 반촌과 같은 게토가 존재한다.

이상한 일이다. 모두들 쇠고기 먹는 것은 좋아하지만, 한국에서도 일본에서도 인도에서도 모두 소를 잡는 사람을 천시하였다. 또한 먹을 것이 없으면 사람은 살 수가 없으니 농민이야말로 가장 중요한 사람인데도 농민의 사회적 지위는 늘 낮다. 이뿐이랴. 역사에 등장하는 인물들은 왕과 양반처럼 고귀한 사람들 아니면, 홍경래나 임꺽정처럼 무언가 큰 사고를 낸 사람들뿐이다. 그렇지 않으면 역사는 기억하지 않는다. 지금이라고 해서 다를까? 불과 몇십 년 지나지 않아 나와 이 글을 읽는 독자

대부분은 역사 속에서 잊혀진 인물이 될 것이다.

  반촌 사람들은 역사 속에서 잊혀진 사람이다. 게토 속에 살던 이들을 누가 기억할 것인가. 반촌 사람들에 관한 자료를 챙기면서 영웅의 열전이 아니라, 그런 잊혀진 사람들의 삶을 복원하고 싶다는 욕망이 끓어오른다.

# 8 조용한 아침의 나라를 뒤흔든 무뢰배들

― 검계와 왈자

　　　　한국을 조용한 아침의 나라라고 말한 이가 누구던가? 지금 한국의 이미지를 홍보하는 말로 자리잡은 이 문구가 나는 자못 불만스럽다. 조용한 아침이라니, 조용하지 않은 아침도 있는가? 다른 이유 때문이 아니다. 조용한 아침 운운하는 말이 어딘가 맥빠진 한국 역사를 연상시키기 때문이다.

　물론 조용한 아침 운운 탓은 아니지만, 사실 역사가들이 그려낸 한국사에서 인간들이 북적대며 살아가는 정경을 상상하기는 어렵다. 어딘가 조용하다. 시끄러운 소리가 나는 곳은 오직 왕실과 사대부 사회뿐이다. 권력을 두고 죽고 죽임을 반복했으니 그들의 세계에서 얼마나 많은 곡소리가 났을 것인가. 그래서 그들만 늘 TV 연속극의 주인공이 되는 것이리라.

　그러나 역사란 단일한 실체가 아니다. 역사는 묘사하는 바에 따라 달리 그려지기 마련이다. 활기찬 역사를 그리고자 한다면 그것은 그것대로 그릴 수 있을 것이다.

나는 조선의 깡패에 해당하는 인간 부류를 묘사해보려고 한다. 양반님네들이 장죽을 물고 느릿느릿 팔자걸음을 걷는 점잖은 조선시대에 웬 깡패인가 하겠지만, 사람 사는 곳은 시대를 막론하고 비슷하지 않은가.

### 조선의 비밀 폭력조직, 검계

조선시대 검계(劍契)와 관련된 기록으로는 《숙종실록》의 기록이 있고, 관변의 공식 자료 외에는 《조야회통(朝野會通)》과 이를 인용한 《연려실기술(燃藜室記述)》에, 그리고 홍명희가 이를 다시 인용한 내용이 《화해휘편(華海彙編)》에 실려 있다. 이 자료들에 대해서는 뒤에 다시 언급하도록 하고 먼저 숙종 때의 기록을 보자.

> 대신(大臣)과 비국(備局)의 신하들을 인견하였다. 좌의정 민정중(閔鼎重)이 말하기를, "도하(都下)의 무뢰배가 검계를 만들어 사사로이 서로 습진(習陣)합니다. 시정이 이 때문에 더욱 소요하여 장래 대처하기 어려운 걱정이 외구(外寇)보다 심할 듯하니, 포청(捕廳)을 시켜 정탐하여 잡아서 원배(遠配)하거나 효시(梟示) 하는 것이 어떠하겠습니까?" 하니, 임금이 신여철(申汝哲)에게 명하여 각별히 살펴 잡게 하였다. -《숙종실록》 10년 2월 12일

서울 시내의 무뢰배가 결성한 검계가 습진을 하여 서울 시민에게 공포감을 조성하고 있으니 처벌해야 한다는 말이다. 습진이란 진법을 익히는 훈련이므로 군사훈련을 뜻한다. 정식 군사

도 아닌 무뢰배 조직이 군사훈련을 하니 일반 시민들이 불안해할 것은 당연한 이치다. 도대체 이 기록에 등장하는 문제의 검계란 무엇인가? 다시 숙종 때의 기록을 보자.

좌의정의 보고가 있고 난 뒤 임금의 명으로 포도청에서 검계 도당을 체포한다. 그 결과를 2월 18일 다시 민정중이 보고하는데, 포도청에 갇힌 검계 도당 10여 명 가운데 '가장 패악한 자'는 칼로 살을 깎고 가슴을 베기까지 하는 등 그지없이 흉악한 짓을 한다. 자해는 조폭문화의 대표적 특징이 아닌가. 영화〈투캅스〉에서 조사를 받던 깡패가 벌인 자해소동을 상기해보라. 어쨌든 민정중은 이들을 느슨히 다스릴 경우 그 무리가 불어날 것이고 그 결과 이루 말할 수 없는 걱정이 따를 테니, 우두머리를 중법(重法)으로 처결하고 붙좇은 무리는 차등을 두어 처벌해야 한다고 건의하였다.

민정중은 2월 25일 다시 검계에 대해 보고하는데, 그에 따르면 검계는 원래 향도계(香徒契)에서 출발하였다고 한다. 향도계란 장례를 치르기 위해 결성한 계를 말한다. 장례에는 비용이 많이 소요되므로 이에 대비하기 위해 계를 구성하여 평소 얼마간 금전을 염출하고, 구성원 중에 상을 당한 이가 있으면 염출한 금전에 얼마를 더하여 비용을 마련해주는 계였을 것이다. 이 향도계는 한국민의 독특한 풍습인 계와 다를 것이 없다. 민정중의 보고에 의하면 향도계는 서울 시내 백성들, 즉 일반 민중들의 것이었으며 사대부가나 궁가에서도 가입하는

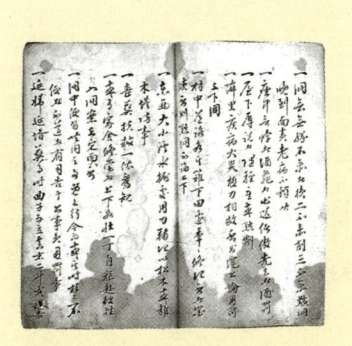

동계문서 | 우리나라에서는 삼국시대부터 다양한 신분층이 여러 종류의 계를 운영하였다. 향리에서 마을제사, 향촌운영, 상호부조, 길흉사 보조 등을 위해 결성하는 예가 많았는데 그 중에서 대표적인 것이 향도계이다. 조선 후기까지도 일반 농민들은 향도라는 이름으로 계를 결성해 운영하였다.

경우가 있었다고 한다. 그렇다면 향도계와 검계는 어떤 관계가 있을까? 민정중의 말을 직접 들어보자.

> 무리를 모을 때 그 사람이 착하고 악한 것을 묻지 않고 다 거두어들였으므로, 여느 때에는 형세에 의지하여 폐단을 일으키고 상여를 맬 때에는 소란을 피우면서 다투고 때리며 못하는 짓이 없으며, 또 도가(都家)라 하여 매우 비밀하게 맺어서 망명(亡命)한 자를 불러모으는 곳이 되었습니다.

문제는 이 향도계의 관리조직인 도가 내부에 존재하는 검계다. 도가란 어떤 조직에서 중추를 이루는 관리 센터를 말한다. 그런데 향도계의 도가는 망명하는 자, 곧 죄를 지어 법망을 피하려는 자들을 거두어 숨겨주는 소굴이 되었던 것이다. 이 도가 내부의 비밀조직이 바로 검계였다.

숙종은 한성부(漢城府)에서 향도들을 군정(軍丁)에 채우고 조례를 세워 폐습을 고쳐달라고 청하자 그대로 따른다(《숙종실록》 10년 3월 22일). 이상에서 소개한 것이 유명한 검계 사건이다. 이 사건은 역사학자 정석종 교수가 민중 저항운동의 일환으로 해석하여 비상하게 주목받은 바 있다.[1]

### 반양반적인 조직들

하지만 나는 검계를 민중 저항과 연결시키고 싶지 않다. 사실 검계는 그렇게까지 거창한 조직이 아니었다. 《숙종실록》의 기록을 《조야회통》과 연관지어 다시 한 번 꼼꼼하게 검토해보자. 《조야회통》의 기록은 다음과 같다.

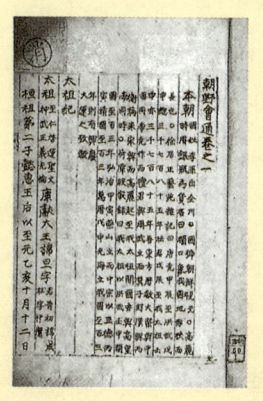

《조야회통》 | 조선왕조 편년사. 조선 태조의 탄생부터 영조 1년까지의 역대 정강(政綱)과 사력(事歷)을 기술하였다. 특히 숙종 중기 이후의 기록은 전례(前例)를 무시하고 아주 상세하게 기록되어 있어 당시 당쟁 연구 등에 많은 자료를 제공하고 있다.

(1) 갑자년에 왜(倭)의 국서가 온 뒤로 소란이 날로 심해져 동대문으로 나가는 피난민의 가마와 짐이 꼬리를 물었다. 무뢰배들이 모여들어 계를 만드니, 혹은 살략계(殺掠契)라 하고, 혹은 홍동계(鬨動契)라 하고, 혹은 검계라 하였다. 어떤 때는 한밤중에 남산에 올라가 태평소(角)를 불어 마치 군사를 모으는 것 같이 하고, 어떤 때는 중흥동(重興洞)에 모여 진법(陣法)을 익히는 것 같이도 하였다. 간혹 피난하는 사람을 쫓아가 재물을 빼앗기도 했는데, 어떤 경우 사람의 목숨을 해치기까지 하였다.

(2) 청파(靑坡) 근처에 또 살주계(殺主契)가 있었는데, 목내선의 종(奴) 또한 가입하였으므로 목내선이 즉시 잡아 죽였다. 좌우 포도청에서 7~8명을 잡아서 살주계의 책자를 얻었는데, 그 약조에 '양반 살육' '부녀자 겁탈' '재물 약탈' 등이 있었다고 한다. 또 그 무리는 모두 창포검(菖蒲劍)을 차고 있었다. 우대장 신여철(申汝哲)은 관대하게 용서한 적이 많고, 좌대장 이인하(李仁夏)는 자못 엄하게 다스렸다. 적당들이 남대문 및 대간(臺諫)의 집에 방을 걸었는데, "만약 우리가 모두 죽지 않는다면, 끝내 너희 배에다 칼을 꽂고 말리라"고 하였다.

(3) 광주(廣州)에 사는 과부 한 사람이 피난하다가 길에서 적한(賊漢) 일곱 명에게 잡혀 강간을 당했는데, 적당을 잡고 보니, 그 중 하나가 과부의 서얼 사촌이었고 검계의 당원이었다.

(4) 교하(交河)의 깊은 산골에 시골 사람이 많이 모였다. 한 사람이 "장차 난리가 일어나면 우리도 양반으로 마누라를 삼을 수 있다"고 하자, 숙수(熟手) 개천(開川)이란 자가 큰 소리로 "듣자니 양반의 음문은 아주 좋다는데 이제 얻을 수가 있구나" 하였다. 그 마을의 양반이 이 소리를 듣고 50대의 볼기를 쳤다. 이 말을 들은 사람들은 모두 광주의 적한과 함께 목을 베지 못함을 한스럽게 여겼다.

(5) 광주의 적당을 잡아 신문할 때 청탁의 편지가 분분히 날아들자, 과부가 날마다 관문(官門)에 와서 울부짖었다. 적한이 사형되자 과부도 목을 매어 죽었다.[2]

먼저 갑자년(숙종 10) 왜의 국서라는 것부터 간단히 살펴보자. 이 국서는 한 해 전인 숙종 9년 12월 대마도주가 보낸 것인데, 그 내용인즉 명(明)이 청(淸)에 망한 뒤 대만을 근거로 삼고 있던 반청운동의 잔존세력인 정금(鄭錦)이 조선을 침입한다는 것이었다. 이 근거 없는 말에 조야(朝野)가 발칵 뒤집혔고, 이 난리판에 불만세력들이 준동했다.

그런데 이 자료를 해독할 때는 세심한 주의가 필요하다. 이 자료가 어느 한 조직만을 다루고 있지 않음은 명백하다. 그렇다면 어떤 조직이 있는가. (1)에는 살략계, 홍동계, 검계 세 가지 명칭이 나오고 (2)에는 살주계의 존재가 나타나 있다. 《조야회통》은 적어도 둘 이상의 조직에 대해 언급하고 있는데, (1)의 살략계, 홍동계, 검계는 동일한 조직으로 보인다. 《숙종실록》에도 습진, 곧 진법을 익힌다는 내용이 나오기 때문이다. 하지만 살주계는 살주란 말에서 알 수 있듯 노비가 주인을 죽이는 것을 목적으로 하는 조직이므로 검계와는 구분되어야 할 것이다.

서로 다른 조직이 왜 같이 취급되었을까? 이 조직들은 모두 양반체제를 위협한다는 공통점이 있었다. 조직과 전혀 관계가 없는 (4)의 일반 백성 이야기가 끼어든 것도 바로 이 때문이다. 《조야회통》의 필자는 반양반적 의식을 갖고 있는 조직이면 구분하지 않고 한가지로 보았던 것이다. 이런 조직은 원래 그 성격이 비밀스럽다. 역사적인 대사건이 아닌 한 기록에 소상히 남을 리가 만무한 것이다.

### 끈질기게 이어진 비밀조직

그렇다면 검계는 숙종 때의 소탕으로 소멸되었을까? 뜻밖에도 검계는 사라지지 않았다. 《조야회통》의 기록과 동일한 내용이 홍명희가 쓴 〈비밀계〉라는 글[3]에 수록되어 있다. 물론 원자료는 아니고, 이원순(李源順)의 《화해휘편》에 담긴 내용을 전재한 것인데, 모두 《조야회통》과 같고 끝부분에 다음 내용이 첨가되어 있는 것만 다르다.

> 검계는 영조 때에 이르러 다시 말썽을 피워 포도대장 장붕익(張鵬翼)이 그들을 다스렸다. 검계의 당은 모두 칼자국이 있는 것으로 자신들을 남과 구별했기에 몸에 칼자국이 있는 자를 모두 잡아 죽이자, 마침내 검계가 사라졌다.

영조대에 와서 검계가 다시 소란을 피우자 포도대장 장붕익

우포청사 | 조선시대 죄인 심문 등의 일을 맡았던 관청으로 좌포청과 우포청이 있었다. 포도청을 지휘 감독하는 책임자인 포도대장은 수도권의 치안을 유지하고, 왕의 행차를 수행하는 등의 임무를 맡았다.

이 일망타진했다는 내용이다. 이 자료를 기록한 자는 숙종대의 검계와 영조대의 검계를 동일시하고 있다. 그런데《실록》에는 이 사실이 기록되어 있지 않다. 이것이 아쉽다. 자료를 좀더 면밀히 검토한다면 알 수 있을지 모르나 현재로서는 가망이 없다. 향도계와 어떤 관계가 있는지도 알 수 없다.

그렇다면 장봉익의 일망타진으로 검계는 완전히 사라졌을까? 그렇지 않다. 이런 비밀조직은 웬만해서 맥이 끊기지 않는다. 조폭이 어디 한 번 소탕으로 사라지던가. 돈 콜레오네의 죽음으로 마피아가 사라졌다고 생각하면 오산이다. 검계는《순조실록》에 다시 한 번 몸체를 슬쩍 드러내고 있다. 순조 3년(8월 9일) 사간 이동식(李東埴)이 상소에서 검계를 언급하였다.

문무백관이 게으르고 법강이 해이해졌으며, '검계의 이름'이 나오기에 이르러 풍속이 허물어지고 세도가 무너짐이 극도에 달했습니다. 일종의 무뢰한 무리가 사람들을 불러

모아 당(黨)을 이루고, 소와 송아지를 팔아서 검을 차고 다니며 하늘을 두렵게 여기지 않고, 돈을 추렴하여 개와 돼지를 잡지 않는 날이 없으며, 약탈하는 것을 가계(家計)로 삼고, 능범(凌犯)하는 것을 장기로 삼고 있습니다. 심지어 주문(朱門)에 횡행하여 재상을 꾸짖어 욕보이고, 깊은 규방에 돌입하여 부녀자를 때리는 등 분의(分義)를 멸절시키고 기강을 어지럽힘이 거의 여지(餘地)가 없으니 주머니를 털고 상자를 열어 물건을 훔치는 것은 단지 자질구레한 일일 뿐입니다.

이때의 검계도 과거 숙종 때의 그것과 크게 다르지 않다. 검계는 영조 때 사라진 듯하다가 되살아난 것이다. 순조 3년 검계의 이름이 다시 나온 것은 도하(都下), 곧 서울의 '무뢰배'들이 떼를 지어 승지 최중규(崔重圭)의 집에 돌입하여 최중규의 아들과 연로한 부녀를 구타한 사건 때문이었다(《순조실록》 3년 8월 1일). 이때 형조 판서 채홍리(蔡弘履)가 범죄자들을 무겁게 의율(擬律)하지 않고 심상하게 의율하여 파직되었다. 이동식이 상소를 올린 것도 아예 채홍리를 간삭(刊削)하고, 그를 추천했던 이면긍(李勉兢)을 귀양 보낼 것을 청하기 위해서였다.

이상의 기록을 통해 검계란 조직이 적어도 숙종 때(1684) 발생하여 순조 때(1803)까지 120년 간이란 장구한 시일에 걸쳐 존속했음을 확인할 수 있다. 물론 순조 때의 검계가 숙종 때 검계의 직접적인 후신인지, 다시 말해 조직의 일관성이 유지되었는지는 알 수 없지만, 이들이 모종의 공통적인 성격을 가지고 있었음은 알 수 있다.

〈감옥살이〉, 김윤보(위) | 죄수들이 원형 감옥 안에 갇혀 있다. 목에 칼을 찬 자도 있고, 발이 묶인 자도 보인다. 칼을 쓴 죄인은 비교적 중죄를 지은 사람이다.
1800년대 말의 감옥(아래) | 통나무를 생긴 모양대로 흙담에 심어놓듯 벽을 쳐놓았다.

## 맑은 날엔 나막신,
## 궂은 날엔 가죽신

이들의 소업은 《조야회통》과 《순조실록》에서 보듯 약탈, 강간, 살인이다. 이들은 대개 폭력을 행동강령으로 삼는다. 몸에 칼자국이 있어야 한다는 것도 그렇거니와, 칼을 차고 다니며 칼로 자해를 한다는 것도 모두 폭력 숭상의 징표이다. 이들은 순조 3년의 사건에서 보듯 양반 중심의 사회 자체를 무시하는 성향이 있었다. 극히 반사회적·반체제적 속성을 가진 조직인 것이다. 그렇지만 이들의 폭력이 정석종 등이 말하는 바와 같이 뚜렷한 반봉건성을 띠지는 않았다. 폭력성이 증식될 경우 결과적으로 봉건체제에 위협은 되겠지만, 뚜렷한 이념을 가지지는 않았던 것이다.

검계 이야기를 조금 더 상세히 살펴보자. 영조 때 포도대장이었던 장붕익의 전기 〈장대장전(張大將傳)〉에 검계와 관련된 이야기가 나온다.

서울에는 오래 전부터 무뢰배들이 모인 것을 '검계'라 하였다. '계'란 우리나라에서 사람이 모인 것을 이르는 말이다. 검계 사람은 옷을 벗어 몸에 칼을 찬 흔적이 없으면 들어갈 수 없다. 낮에는 낮잠을 자고 밤에는 나돌아다니는데, 안에는 비단옷을 받쳐 입고 겉에는 낡은 옷을 입는다. 맑은 날에는 나막신을 신고 궂은 날에는 가죽신을 신는다. 삿갓 위에는 구멍을 뚫고 삿갓을 내려 쓴 뒤, 그 구멍으로 사람을 내다본다. 혹은 스스로 칭하기를 '왈자'라고 하며, 도박장과 창가(娼家)에 종적이 두루 미친다. 쓰는 재물은 전부 사람을 죽이고 빼앗은 것이다. 양가 부녀자들이 겁간을 당하는 경우가 많았으나, 대개가 호가(豪家)의 자식들이어서 오랫동안 제압할 수가 없었다. 장 대장이 포도대장으로 있으면서 검계 사람을 완전히 잡아 없애고 발뒤꿈치를 뽑아 조리를 돌렸다.[4]

유난스럽지 않은가. 낮에는 자고 밤에 돌아다니고, 안에는 비단옷을 입고 겉에는 낡은 옷을 입으며, 맑은 날에는 나막신을 궂은 날에는 가죽신을 신는다니, 일상적 행위를 철저히 뒤집었던 것이다. 일견 저항의식의 소산인 듯도 한데, 아무튼 조용한 아침의 나라에 희한한 존재들이다.

### 검계 킬러 장붕익

위에 인용한 〈장대장전〉은 18세기 문인인 이규상이 쓴 것이다. 장붕익은 앞서 《화해휘편》의 기록에서 영조 때 포도대장으로서 검계를 소탕했다는 바로 그 인물이다. 장붕익은 1725~1735년 사이에 포도대장을 지냈다. 포도청에 관한 자료로《포도청등록》이 있지만, 남아 있는 문헌들은 대개 19세기 것이고 18세기 초반 것은 없다. 따라서 이 자료는 우리가 확인할 수 있는 영조대의 유일한 검계 자료일 것이다.

〈장대장전〉의 작자 이규상은 비밀스런 조직인 검계의 정보를 어디서 얻었을까? 이규상은 물론 양반이며, 그것도 명문 중의 명문인 한산(韓山) 이씨이니 그 자신이 검계 구성원이었을 리는 없다. 이규상은 이 이야기의 소스를 밝히고 있다. 검계의 구성원이었던 표철주(表鐵柱)가 그 정보원이다. 이규상이 만난 표철주는 '집주릅' 이었다. 집주릅이란 요즘의 부동산 중개업자다. 이규상이 표철주를 만났을 때 그는 귀가 먹고 이도 빠지고 등이 굽은 늙은이로 쇠로 만든 삽을 지팡이 삼아 짚고 다니는 초라한 몰골이었다. 철주란 이름 역시 쇠삽을 짚고 다녀서 붙은 것일 터이다.

일흔이 넘은 표철주는 초라한 노인이지만, 소싯적에는 "용감하고 날래며 인물을 잘 쳤으며, 날마다 기생을 끼고 몇 말의 술을 마시는" 그런 사람이었다. 그는 영조가 임금이 되기 전 동궁에 있을 때 호위하던 세자궁의 별감(別監)이었다. 늘 황금색 바

**죄인에게 가하는 갖가지 형벌** | 종이 덮고 물 뿌리기, 주리틀기, 압슬, 매질 등의 가혹한 형벌로서 죄인을 다스렸다. 장봉익 역시 이처럼 극히 잔인한 방법을 동원하였을 것이다.

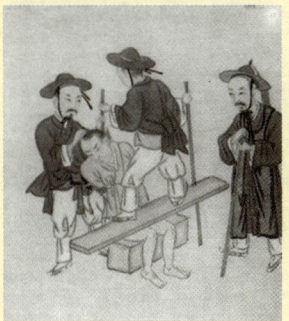

지를 입었는데, 비가 와서 옷이 젖으면 새 바지로 갈아입을 만큼 깔끔하고 사치스럽기도 했다.

이규상이 표철주를 만났을 때 그의 미간에는 여전히 젊은 날의 사납고 불평스런 기색이 있었다. 이규상이 표철주에게 물었다.

"너는 마치 미친 사람 같구나. 평생에 두려워하는 사람이 있는가?"

표철주가 한참 귀를 기울이며 주름진 입술을 달달 떨더니 몸을 뒤집고 쇠삽을 세우며 말했다.

"장 사또가 죽었는가, 죽지 않았는가?"

또 크게 웃으며 말했다.

"내가 죽지 않는 것은 장 사또를 지하에서 만나기 싫어서지."
또 검계 사람들의 일을 상세히 전해주며 이런 말을 하였다.
"적잖은 호한들을 장 사또가 죄다 죽여버렸지."

표철주가 공포에 떠는 장 사또가 다름아닌 장붕익이다. 이야기로 보아 표철주는 한참 외지로 떠돌며 도망 다니다가 돌아왔거나 아니면 정신이 나간 듯하다. 어쨌거나 장붕익이 포도대장으로 있을 때 검계의 인물을 잡아 죽인 일이, 검계 구성원들에게 일대 공포였음을 짐작할 수 있다. 쉽게 말해 장붕익은 극히 잔인한 방법으로 조폭을 소탕했던 것이다.

### 왈자 자칭한 검계 구성원들

검계에 관한 모든 정보는 여기서 끝난다. 그럼 이야기는 끝인가. 이규상은 검계에 대해 더 언급할 수 있는 중요한 여지를 남겨두었다. 위 인용문에서 검계 구성원이 스스로를 '왈자'라 칭했다는 부분에 주목하자.

한글학회에서 펴낸 《우리말 큰사전》은 왈자를 '왈짜'라 쓰고, "①왈패, ②미끈하게 잘 생기고 여자를 잘 다루는 사람"이라고 정의하고 있다. 그리고 '왈패' 항에서는 "말이나 행동이 단정하지 못하고 수선스러운 사람. 흔히 여자에게 대하여 쓴다"라 정의하고 있다. ①의 정의는 주로 여자에게 한정되므로 별 도움이 되지 않는다. 그렇다면 ②의 내용은 확실한가? 이건 오입쟁이에 한정되므로 별 도움이 안 되기는 마찬가지다. 그렇다면 왈자에 대해 나름대로 다시 정의할 필요가 있다.

흥미롭게도 연암 박지원이 〈발승암기(髮僧菴記)〉라는 글에서 '왈자'에 대해 언급하고 있다. '발승암'이란 김홍연(金弘淵)이란 사람의 호다. '발승암'이라는 호가 재미있지 않은가? '머리를 기른 중'이라니. 〈발승암기〉를 조금 읽어보자.

김홍연은 기사(騎射)에 능해 무과에 급제한 인물이다. 능히 손으로 범을 잡고 기생 둘을 끼고 몇 장의 담을 넘을 만큼 힘이 세고 녹록하게 벼슬을 구하지 않았다. 집안이 본래 부유하여 재물을 분토(糞土)처럼 쓰고 고금의 법서(法書)와 명화, 금검(琴劍) 이기(彝器) 기화이훼(奇花異卉)를 모으되, 천금을 아까워하지 않으며 언제나 준마와 명응(名鷹)을 좌우에 두었다.

어떤가. 재물을 분토처럼 쓰며 기방에 드나들고, 힘이 장사인 인간이다. 거기다 예술 취향까지 있었다 한다. 김홍연은 한말의 유명한 문장가 창강(滄江) 김택영(金澤榮)이 지은 《숭양기구전(崧陽耆舊傳)》이란 전기집에도 등장한다.[5] 김홍연과 김택영은 모두 개성 사람이었는데, 조선시대에 개성 사람은 망국의 유민이라 출세하기 어려웠다. 이런 연고로 문한(文翰)이 탁월함에도 출세는 엄두도 내지 못했던 김택영은, 개성인으로서 자의식이 매우 강하여 개성 사람 중에 이름을 전할 만한 인물들을 골라 《숭양기구전》이란 전기집을 엮었다. 여기에 김홍연이 나오는 것이다.

김홍연의 집안은 부자로 묘사돼 있다. 김홍연의 아버지는 그에게 서적과 고서화를 많이 사주며 유업(儒業)을 권했다. 김홍연의 아버지는 아마도 부유한 상인이었을 터이고, 그게 한이 되어 자식에게 과거 공부를 권했을 것이다. 그러나 김홍연은 학업을 팽개친다. 과거에 골몰하는 것이 너무 답답하다는 이유에서였다. 그는 무과로 옮긴다. 하지만 무예가 탁월했음에도 무과역시 포기하고 만다. 말인즉 "시골 구석에서 무과에 급제한들 대장군의 인끈을 찰 수 있으랴" 하였으니, 개성 출신이라는 것이 출세에 장애가 됨을 알았기 때문이리라. 그는 조선의 명승지를 돌아다니며 자신의 이름을 기암절벽에 새겨놓았다. 조선의 차별적 체제가 낳은 불우한 인물인 것이다.

연암은 김홍연을 '활자(闊者)'라 부르고, 활자에 대해 "대개 시정간에 낭탕우활(浪蕩迂闊)한 자의 칭호로 이른바 협사 검객의 부류와 같다"라고 정의를 내리고 있다. 낭탕우활하다는 말에는 방탕하고 어리석다는 의미가 포함되어 있다. 생업을 돌보지 않고 낭비벽이 심한 성격이라는 뜻이 담겨 있는 것이다.

이 지점에서 활자와 검계의 관계를 한 번 더 따져보자. 김홍연의 경우, 분명 기존 체제에 대해 부정적인 포즈를 취하고 있지만, 검계의 구성원처럼 반사회적 인물로 볼 수는 없다. 뒤에 소상히 언급하겠지만, 활자의 활동공간과 검계의 활동공간은 일치한다. 이규상이 〈장대장전〉에서 검계가 자신들을 '활자'라고 칭하며 "도박장과 창가에 종적이 두루 미친다"고 한 것을 생각해보자. 즉 검계나 활자 모두 도박장이나 기방, 술집 등 도시의 유흥공간을 주무대로 삼았던 것이다. 이는 김홍연이 기생을 끼고 담장을 넘었다는 기록에서도 충분히 찾아볼 수 있는 바이다. 그렇다면 활자와 검계는 완전히 일치하는가? 양자의 관계는 어떻게 되는 것인가?

## 검계는 왈자의 부분집합

다시 표철주를 불러오자.

표철주는 연암 박지원이 쓴 〈광문자전(廣文者傳)〉[6]에 다시 한 번 등장한다. 〈광문자전〉은 18세기 서울 시정의 거지 출신으로 상가에서 신용을 쌓아 신의 있는 사람으로 이름을 날렸던 '광문(廣文)' 이야기를 담은 것이다. 표철주 이야기를 하자면 먼저 광문 이야기를 하지 않을 수 없다. 광문 이야기는 한시(漢詩)로, 전(傳)으로 변형되어 기록에 남아 있는데 이름을 '달문(達文)'이라 쓴 곳도 있다. 광문이 유명해진 사연은 이렇다.

원래 거지였던 광문이 나이가 들어 약국 점원이 되었는데, 하루는 약국 주인이 자신의 돈궤를 바라보다 또 광문을 쏘아보다 하며 무슨 말을 할 듯 말 듯하였다. 주인이 돈이 빈 것을 보고 광문을 의심해 이렇게 눈치를 준 것이 여러 날이었다. 광문은 영문을 몰라 묵묵히 앉아 있을 뿐 그만두겠노라는 말을 꺼내지 않았다. 그러던 중 주인의 조카가 돈꾸러미를 가지고 찾아왔다.

"지난번에 돈을 꾸러 왔다가 안 계시기에, 제가 방에 들어가서 그냥 가져갔지요."

주인은 이 말을 듣고 광문에게 사과했다.

"내가 소인일세. 점잖은 사람의 마음을 상하게 했으니 자넬 볼 면목이 없네."

주인은 광문이 의로운 사람이라며 친구들은 물론 거래하는 부자, 상인들에게 칭찬했다. 이로 인해 광문의 이름이 세상에 알려지게 되었다. 광문은 신용 있는 사람이라 대금업자들도 광문이 보증을 서면 패물이나 가옥 따위의 저당물이 없어도 쾌히 돈을 빌려주었다.

 광문은 서울의 기방에서도 이름난 사나이였다. 제 아무리 미색인 서울의 명기도 광문이 이름을 내주지 않으면 한 푼의 값도 없었다. 밀양 출신 기생으로 검무를 잘 추었던 명기 운심(雲心)이도 내로라하는 오입쟁이들의 말을 듣지 않고 오로지 광문의 장단에 춤을 추었다고 한다.

 그런 광문이 어느 날 역모 사건에 연루되어 하옥된다. 물론 무고였기에 다시 풀려난다. 광문이 풀려난 다음의 이야기 역시 연암의 붓끝으로 그려지는데, 이것이 〈광문자전〉 끝에 붙은 〈서광문자전후(書廣文者傳後)〉이다. 바로 여기에 표철주가 등장한다.

 광문이 옥에서 놓여 나오자 노소 없이 구경을 나가 서울의 저자가 여러 날 텅 빌 지경이었다. 광문이 표철주를 보고 말했다.
 "네가 사람 잘 때리던 표망동이 아니냐. 이제는 늙어서 별수 없구나."
 망동은 표철주의 별호이다. 이어서 근황을 이야기하며 서로 위로했다. 광문이 묻는다.
 "영성군과 풍원군은 무양하시냐?"
 "이미 다 돌아가셨단다."
 "김군경이는 지금 무슨 구실을 다니느냐?"
 "용호영의 장교로 다니지."
 "그 녀석 미남자였거든. 몸은 좀 뚱뚱했지만 기생을 끼고 담장을 뛰어넘고 돈 쓰기를 똥과 흙처럼 했지. 이제 귀한 사람이 되어서 만나볼 수도 없겠구나."[7]

광문이 옥에서 나와 맨 처음 이야기를 건넨 사람이 표망동, 곧 표철주이다. 이어 두 사람은 공히 아는 사람들 안부를 묻는다. 두 사람의 대화를 보면 평소 잘 알고 지내던 사이가 분명하다. 그것도 그냥 안면만 있는 정도가 아니라 한 그룹이 되어 어울렸던 사이인 것이다. 그런데도 두 사람의 성격은 사뭇 다르다. 광문의 행동에는 반사회적인 속성이 보이지 않지만 표철주는 그렇지 않다. "네가 사람 잘 때리던 표망동이 아니냐"라는 광문의 첫 마디는 표철주의 성격을 '폭력성'으로 집약하고 있다. 폭력을 사태 해결 수단으로 삼는 것은 깡패와 조폭의 특징, 즉 검계 구성원의 가장 기본적인 성격이다.

이상의 기록들을 검토해본 결과 검계는 왈자에 포함된 부분집합이라고 할 수 있다. 검계 구성원은 기본적으로 왈자들이지만, 모든 왈자가 검계는 아닌 것이다. 김홍연과 같은 사람은 왈자지만, 검계는 아니다. 왈자와 검계는 폭력성을 공유하지만 그 폭력의 방향이 반사회적인 방향, 곧 강간·강도 등의 행위로 향할 때 검계가 된다. 물론 그들이 조직화할 때만.

### 왈자의 중추세력

그렇다면 다시 궁금해진다. 도대체 어떤 인간들이 왈자가 된단 말인가. 〈게우사〉라는 국문소설을 보자. 〈게우사〉는 이름만 남아 있고 작품은 없어져버린 판소리 '왈자타령'인데, 여기에 왈자들이 기방에 모인 장면이 나온다.

청루(靑樓) 고당(高堂) 높은 집에 어식비식 올라가니,

(1) 좌반의 앉은 왈자 상좌의 당하(堂下) 천총(千摠) 내금위장(內禁衛將) 소년 출신 선전관(宣傳官) 비별랑(備別郎) 도총(都摠) 경력(經歷) 앉아 있고,

(2) 그 지차 바라보니, 각 영문(營門) 교련관(敎鍊官)의 세도하는 중방(中房)이며, 각사 서리, 북경 역관, 좌우 포청 이행군관(移行軍官), 대전별감 울긋불긋 당당홍의 색색이라.

(3) 또 한편 바라보니 나장이 정원 사령 무예별감 섞여 있고, 각전시정(各廛市井) 남촌한량

(4) 노래 명창 황사진이, 가사 명창 백운학이, 선소리 송흥록이 모흥갑이가 다 있구나[8]


(1)~(4)는 이들의 신분 처지에 따라 나눈 것이다. 우선 (1)은 무반으로서 양반이다. 원래 양반이 기방에 드나드는 것은 사회적으로 금지되어 있었으나, 무반은 세상 물정을 알아야 한다는 이유로 출입이 가능하였다. 이들은 양반 중에 왈자였던 것이다.

하지만 뭐라 해도 왈자의 중추세력은 역시 (2)와 (3)이다. 이들을 정리해보면 첫째 기술직 중인이 있다. 북경에 드나드는 역관은 의관과 함께 중인의 대표적인 존재다. 역관들은 신분을 이용하여 북경에 드나들면서 무역을 하기 때문에 부자가 많다. 둘째 각사 서리, 곧 서울 중앙관서에 근무하는 경아전이 있다. 경아전은 중인과 함께 조선시대의 대표적인 중간계급이다.

다음 '각 영문 교련관의 세도하는 중방'이란 대개 군대의 장교를 말한다. '포청 이행군관'은 포교인 것 같고, 나장은 의금부 나장을, 정원 사령은 승정원 사령을 말한다. 나장과 사령은

〈영조정순후 가례도감의궤반차도〉 부분 | 중앙에 별감과 총을 든 무예별감이 있고, 좌우측에 나장을 비롯하여 호위를 맡은 각종 군관들이 보인다. 이들이 왈자의 중추세력을 이루었다.

다른 관청에도 있고 또 천역(賤役)이지만, 의금부 나장과 승정원 사령은 사회적 위상이 경아전과 같다. 대전별감은 대전 곧 임금 주위에서 잔심부름을 하는 사람이며, 무예별감은 임금의 호위무사다. 각전시정이란 서울 시전의 상인들로서 이들 역시 서리와 같은 사회적 위상을 지닌다. 남촌한량이란 서울 남산 기슭에 주거하며 무과를 준비하는 자를 뜻하는데 그들의 정확한 사회적 의미는 알기 어렵다.

어쨌거나 (2)와 (3)에 등장하는 부류는 거개 양반도 아니고 상민도 아닌 조선사회의 중간계층이다. 여기서 꼼꼼히 따질 수는 없지만, 대개 서로 통혼(通婚)할 수 있는 부류로 보면 될 듯하다. 왈자는 대체로 조선시대의 중간계층을 모태로 하여 나온 존재들로 보면 무방할 것이다. 물론 여기에 양반과 중간계층 아래의 상민도 일부 끼어들었을 것이다. 원래 그런 것이 왈자 패거리의 특징이다.

### 재물을 분토처럼 쓰는 사람들

이제 왈자들의 행태와 그들이 주로 활동했던 공간에 대해 살펴보자. 왈자는 조선 후기 사회에서 어떤 의미를 갖는 존재였을까? 〈서광문자전후〉에서 광문과 표철주의 대화를 다시 보자.

> 광문이 다시 표철주에게 말하기를
> "너도 이제 늙었구나. 어떻게 먹고 사느냐?"
> "집이 가난해서 집주름이나 하고 지낸다네."
> "너도 이젠 살았구나. 어허! 옛날 집 살림이 여러 만금이었지. 당시 너를 황금투구라고 불렀는데 지금 그 투구가 어디 갔느냐?"
> "이제야 나는 세정(世情)을 알게 되었다."
> 광문은 빙그레 웃으며 말했다.
> "너도 목수질을 배우면서 눈이 어두워졌구만."

표철주는 이규상이 말했던 것처럼 집주름이다. 그러나 젊은 시절에는 살림이 '여러 만금'이었고 별명이 '황금투구'였다. 원래 갑부였던 것이다. 왈자를 언급하는 자료들은 왈자가 대체로 부유한 축이었음을 증언하고 있다. 광문이 표철주에게 안부를 물었던 용호영, 장교를 다니는 김군경 역시 '돈 쓰기를 똥이나 흙처럼' 하는 그런 인간이었다. 연암이 직접 왈자라고 칭했던 김홍연 역시 '집안이 본래 부유'하여 재물을 '분토처럼' 쓰고, 골동과 서화를 수집했던 인물이다.

판소리 '왈자타령'〈게우사〉의 주인공인 무숙이도 왈자다. '대방왈자' 무숙이의 출신 성분은 분명하지 않지만, '중촌의 장안갑부'라 하였다. 중촌은 지금 관철동 일대로 주로 역관·의원 등 중인과 시전 상인 등 서민 부자들의 집단 거주지였다. 어쨌거나 장안의 갑부인 대방왈자 무숙이는 유흥과 사치에 돈을 쏟아붓는다. 그는 오로지 돈 쓰는 것 외에는 달리 하는 일이 없었다.

요컨대 왈자들은 돈이 풍부하여 무진장 써대는 그런 속성이 있다. 물론 그들이 써대는 돈이 모두 자기 재산은 아닐 것이다. 〈장대장전〉에 나오는 "쓰는 재물은 모두 사람을 죽이고 빼앗은 것"이라는 증언에 의하면, 이들이 써대는 돈 중에는 살인 강도 행각으로 얻은 것도 분명 있었을 것이다.

### 기생 장악하고 도박 일삼은 왈자

그런데 돈을 무진장 써대는 것도 사실 돈 쓸 곳이 없으면 불가능하다. 사치와 낭비도 그것을 가능하게 하는 공간과 상품 따위가 있을 때 가능한 것이다. 시정인들의 사치와 낭비를 가능하게 했던 전제조건으로 어떤 것이 있었을까? 앞서〈게우사〉에서 왈자들이 기방에 모인 대목을 인용한 데서 알 수 있듯, 기방이 그 전제조건의 하나다.

조선 후기에 오면 기녀들은 국가에 복역하는 한편 시정에 기방을 열고 자신들의 예능과 성적 서비스를 팔았는데, 이 기방을 장악한 이들이 바로 왈자들이다. 이들은 기방의 운영자인 동시에 고객이었다. 다시 〈서광문자전후〉에 실린 광문과 표철주의 대화를 보자. 앞서 김군경에 대한 언급에 이어지는 부분이다.

"분단(紛丹)이는 어디 갔지?"
"이미 죽었다네."
광문은 한숨을 쉬고 말했다.
"전에 풍원군(豊原君)이 밤에 기린각(麒麟閣)에서 잔치를 하고 나서 오직 분단이만 데리고 잔 일이 있었지. 새벽에 일어나서 풍원군이 입궐하려고 서두르는데 분단이가 촛불을 잡고 있다가 잘못해서 초피 모자를 태웠것다. 분단이가 황공해서 어찌할 줄 모르자 풍원군이 웃으며 '네가 부끄러운 모양이로구나' 하고 즉시 압수전(壓羞錢) 오천 푼을 얹어주더군. 내가 그때 수건을 동이고 난간 밑에 지키고 있었는데 시꺼먼 것이 우뚝 선 귀신처럼 보였겠지. 마침 풍원군이 지게문을 밀치고 침을 뱉다가 섬뜩 놀라 분단에게 몸을 기대면서 '저 시꺼먼 것이 웬 물건이냐'고 소곤거리더군. 분단이 '천하에 누가 광문을 모르오리까' 라고 아뢰었지. 풍원군은 빙긋이 웃으며 '저 사람이 너의 후배(後陪)냐. 불러들여라' 하고 내게 큰 술잔을 주셨지. 그리고 당신은 홍로주(紅露酒) 일곱 잔을 마시고서 초헌(軺軒)을 타고 가시더군. 이게 모두 지나간 옛날 일이야."
"서울의 기생 중에 누가 제일 유명하지?"

"소아(小阿)란다."
"그 조방(助房)꾼은 누구냐?"
"최박만(崔撲滿)이지."

기생 이야기라니, 감방에서 이제 막 나온 인물이 나누는 이야기 치고는 좀 한심하지 않은가. 그러나 기생 이야기가 자연스럽게 나온 것은 이들의 주된 활동공간이 바로 기방이었기 때문이다.

여기서 특히 주목할 것은 '후배' '조방군'이란 말이다. 이건 바로 기부(妓夫)를 말한다. 기부는 기생의 기둥서방으로 대개 기녀의 매니저 노릇을 하는 이들이다. 조선 후기에는 지방에서 올라오는 기생이 많았는데, 이들이 서울에 오면 당장 의식주 해결에 곤란을 겪게 되는 바, 기부들이 이 문제를 해결해주고 기생을 장악하여 기생의 영업으로 발생하는 이익의 일부를 차지

〈유곽쟁웅(遊廓爭雄)〉, 신윤복 | 기방에서 난투극이 벌어진 후의 광경이다. 가운데 별감이 나서서 싸움을 말리고 있다.

하였다. 기부는 대전별감, 포도청 포교, 의금부 나장, 승정원 사령 등 몇몇 제한된 부류만 될 수 있었다. 이들은 모두 왈자의 중추세력으로서 기방의 고객이기도 하였다. 앞서 김홍연과 김군경이 기생을 끼고 몇 장의 담을 뛰어넘었다고 한 것은 모두 이들이 기방과 밀접한 관계였음을 보여준다.

왈자와 기생이 불가분의 관계였음을 보여주는 증거를 〈춘향전〉의 이본(異本)인 〈남원고사〉에서도 찾아볼 수 있다. 변학도의 수청을 거부하던 춘향이 매를 맞고 옥에 갇히자 남원의 왈자들이 몰려들어 춘향을 찾아가는 대목이 나온다. 옥문 앞에서 왈자들이 소란을 떨자 옥사장이 나무란다.

옥사장(獄鎖匠) 하는 말이,
"여보시오. 이리 구시다가 사또 염문(廉問 : 무엇을 탐지하기 위해 몰래 물어봄)에 들리면 우리 등이 다 죽겠소."
한 왈자 내달으며 하는 말이,
"여보아라 사또말고 오또가, 염문말고 소곰문을 하면 누구를 날로 발기느냐? 기생이 수금(囚禁)하면 우리네가 출입이 응당이지 네 걱정이 웬일이니?"[9]

남원의 왈자라고 했지만, 읽어보면 서울 왈자들이다. 그것은 "기생이 수금하면(옥에 갇히면) 우리네가 출입이 응당"이라는 발언에서 알 수 있다. 기생과 왈자가 밀착된 관계가 아니면 이런 발언이 나올 수 없다.

기방은 생산공간이 아니라 유흥공간, 곧 놀고 마시는 곳이다. 왈자들의 소업은 오로지 '노는 것' 뿐이다. 노는 것에서 도

〈가두매점(假頭賣店)〉 | 길거리에서 무언가 호객행위를 하는 모양인데, 사당패들이 부적을 팔고 있는 듯하다. 사당패의 여사당들이 가무희(歌舞戲)와 매음을 하였음은 잘 알려진 사실이다. 그런데 이 그림에서도 왈자의 한 부류인 의금부 나장이 보인다. 조선 후기 풍속화 중에는 왈자의 중추세력인 별감·나장 등과 기생이 한 공간에서 어울리는 모습을 담은 그림이 꽤 있어, 왈자들이 기방과 밀접한 관계였음을 짐작케 한다. 국립중앙박물관 소장.

박을 빼놓을 수 없다. 이규상은 왈자에 대해 "도박장과 창가에 종적이 두루 미친다"고 하지 않았던가. 그 실례를 한번 보자. 김양원(金亮元)이란 사람이 있다. 김양원은 조희룡(趙熙龍)과 절친한 사이였다. 조희룡이 누군가. 19세기의 빼어난 서화가이자 비평가이자 시인이며, 추사 김정희의 제자이기도 하였다. 이런 이의 친구라니 좀 고아한 사람이려니 하겠지만 천만에 말씀이다. 조희룡이 《호산외기(壺山外記)》에서 〈김양원전〉을 지었는데, 그 첫머리가 이렇다.

김양원은 그 이름은 잊어버렸고, 자로 행세했다. 젊어서 유협 노릇을 했는데, 계집을 사서 목로에 앉히고 술장사를 했다. 허우대가 크고 외모가 험상궂어 기생집과 도박장을 떠돌아다녔지만, 기가 사나워 누구 하나 그를 업신여기지 못했다.

행태를 보아하니 김양원은 왈자다. 그는 뒷날 시인을 자처하여 시에 골몰하지만, 젊은 시절에는 오로지 기방과 술집, 도박판을 쫓아다닌 인물이었다. 〈남원고사〉에 나오는 왈자들도 춘향을 찾아가기 전에 골패노름을 한참 벌인다. 도박장 따위를 전전하는 왈자의 생리가 짐작이 되시는지.

### 민간예능의 주 향유자

주먹을 휘두르고 기방과 술집, 도박판을 쫓아다니는 왈자에 대해 시시콜콜 늘어놓는 것은 근엄한 도덕주의자들 눈에는 쓸데없는 언어의 낭비로 비쳐질 것이다. 하지만 왈자에게도 긍정적인 면이 있다. 왈자는 조선 후기 민간예능의 주 향유자이기도 했던 것이다. 〈남원고사〉를 보면 왈자들이 춘향이를 찾아가면서 벌이는 여러 행각이 썩 재미있게 묘사되어 있다.

왈자들은 먼저 노래를 부르는데, 선소리와 〈신선가(神仙歌)〉 〈춘면곡(春眠曲)〉 〈처사가(處士歌)〉 〈어부가(漁父歌)〉 등이 주 레퍼토리다. 선소리는 '서울 중심의 경기요와 서도소리의 속된 노래의 일종'이며, 〈신선가〉는 경기잡가이고, 〈춘면곡〉 〈처사가〉 〈어부사〉는 12가사의 레퍼토리다. 이 노래들은 서울 기방에서 오입쟁이들에게 가장 인기 있는 것들이었다. 왈자들은 이런 민간가요의 주 향유자였다. 나는 조선 후기 음악을 비롯한 예능이 이들과 결코 무관하지 않으리라 생각한다.

실제 왈자들은 연예인을 지배하고 있었다. 앞서 인용한 〈게우사〉에서 기방의 말석을 차지하고 있는 이들은 노래명창 '황사진', 가사명창 '백운학', 선소리의 '송흥록' '모흥갑'이다. 황사진과 백운학은 알 길이 없지만, 송흥록과 모흥갑은 국문학사를 장식하는 판소리 광대들이다. 이들 역시 왈자들과 같은 공간에 있었다. 그 증거로 〈게우사〉의 주인공 무숙이가 자신의 재력을 과시하기 위해 거창한 유흥판을 벌인 대목을 보면 삼남의 제일 가는 광대, 산대놀음을 하는 산대도감의 포수와 총융청 공인, 각 지방의 거사 명창 사당패를 모으고 우춘대·하은담·김성옥·고수관·권삼득·모흥갑·송흥록 등 22명의 명창 광대를 불러들인다. 물론 여기에는 과장이 섞여 있지만 이는 사실에 기초한 것이다.

〈한양가(漢陽歌)〉에 묘사된 '승전(承傳)놀음' 역시 마찬가지

모흥갑 판소리, 〈평양도〉 부분 | 당대 최고 명창으로 손꼽힌 모흥갑이 창을 하고 있고 앞쪽 술상 주변에는 기생들의 모습이 보인다. 뒤쪽 강에서는 기생과 악공을 태우고 선유놀음을 즐기고 있다. 서울대학교박물관 소장.

다. 왈자의 한 부류인 대전별감이 서울의 기생은 물론 금객·가객 등을 한자리에 불러모으고 있다. 왈자들은 연예인의 예능을 소비하는 주체였으며, 돈 이외에도 그들을 불러올릴 권력을 갖고 있었던 것이다.

왈자는 책 읽고 공부하는 그런 세계와는 팔만구천 리나 떨어진 존재다. 왈자를 기본적으로 규정하는 것은 무력과 폭력이다. 말이 아니라 주먹이 통하는 세계에 살던 인간인 것이다. 검계는 이 왈자에 포함된 부분집합으로서 그들의 폭력이 반사회성을 띠면 검계가 되었다.

이들은 주로 먹고 마시고 노는 데 골몰하던 부류다. 조선 후기 시정공간을 북적대게 만든 이 흥미로운 존재들은 어떻게 나타나게 되었던가. 앞서 살폈듯 왈자들은 대개 중간계층을 모집단으로 하고 있다. 당시 사회체제에서 과거를 통해 고급관료가 되거나 학문을 하여 명예를 누리는 것은 상상도 할 수 없었던 그들이 부를 축적한들 무슨 소용이 있었겠는가. 그들이 유흥으로 빠진 것은 거의 필연적인 귀결이었다.

어쨌거나 조선은 조용한 아침이란 이미지와는 결코 맞지 않는 나라였다. 검계가 살인과 강간과 강도를 저지르고, 왈자가 술집과 기방과 도박판에서 왁자하게 야단법석을 떠는 곳이었다. 조용하긴 뭐가 조용하단 말인가.

# 9 조선 후기 유행 주도한 오렌지족 —별감

　　노동하지 않는 인간은 생명을 유지할 수 없다. 하지만 나는 노동하기보다 놀기를 좋아한다. 인간의 노동은 신성한 것이지만, 그것만으로 일생을 보낼 수는 없다. 노동만으로 이어지는 인간의 삶은 얼마나 따분하고 비인간적인가? 아니, 그것은 인간의 삶이라 하기 힘들다. 인간은 노동하는 존재이면서 동시에 노는 존재이다.

　　나는 우리나라 역사에서 노는 인간과 노는 문화가 어떻게 달라져왔는지 퍽 궁금하게 생각했다. 하지만 어떤 책에서도 인간 삶의 반을 이루는, 역사의 절반이 될 이 중대한(?) 문제에 대해 가르쳐주지 않았다. 이래서야 되겠는가. 이 글은 우리나라 역사의 절반에 대한 탐구의 시작이다.

　　앞서 '검계와 왈자'를 다루면서 조선시대 유흥에 빠진 인간들을 살펴보았는데, 그 중에서도 특히 별감은 왈자의 하나로 조선 후기 유흥계의 주역이었다. 나는 그 동안 여러 글에서 별감의 존재에 대해 주목해왔다.

역사란 항상 승자의 것이란 말처럼 조선의 역사도 사회적 승자인 양반계급을 중심으로 서술되었다. 민중사관이 양반의 대타적 존재인 민중을 역사서술의 주 대상으로 삼긴 했으나 이도저도 아닌 중간 부류들을 주인공으로 한 역사서술은 찾아보기 힘들다. 그런 까닭에 별감 같은 부류는 늘 잊혀진 존재로 남아 있었다. 이 글에서는 바로 이 별감을 서술대상으로 불러내고자 한다.

### 놀이문화 소개하는 노래

우선 앞서 간단히 소개했던 〈한양가(漢陽歌)〉를 자세히 살펴보자. 1848년경에 지어진 작자 미상의 이 가사는 국문학 연구자들에게는 널리 알려진 작품이다. 19세기 중반 서울 시정의 활기찬 동태를 정확하고 치밀하게 묘사하고 있는 〈한양가〉는, 당시 한양의 각계 각층이 즐기던 온갖 놀이를 상세히 소개하고 있는 바, 다른 어떤 문헌에서도 결코 찾아볼 수 없는 귀중한 정보를 전해주는 아주 희귀한 자료다.

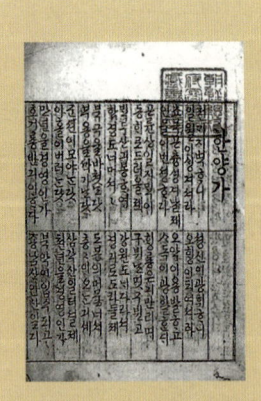

〈한양가〉 | 조선 왕도인 한양성의 연혁, 풍속, 문물, 제도, 도국(都局) 및 왕실의 능행경(陵幸景) 등을 노래하였다.

> 화려가 이러할 제 놀인들 없을소냐
> 장안소년 유협객과 공자왕손 재상자제
> 부상대고 전시정과 다방골 제갈동지
> 별감 무감 포도군관 정원사령 나장이라
> 남북촌 한량들이 각색 놀음 장할시고
> 공물방 선유놀음 포교의 세찬놀음
> 각사 서리 수유놀음 각집 겸종 화류놀음
> 장안의 편사놀음 장안의 호걸놀음

재상의 분부놀음 백성의 중포놀음

각색 놀음 벌어지니 방방곡곡 놀이철다[1]

공자 왕손부터 돈 많은 시전 상인, 의금부 나장까지 온갖 계층이 모두 유흥을 벌인다. 놀이의 종류도 가지가지다. 나는 이 놀이의 내용을 알기 위해 10년 이상 애썼지만, 아직도 그 구체적인 형태는 알지 못한다.

이처럼 다양한 놀이를 소개한 뒤 각별히 관심을 끄는 별감의 '승전놀음'에 대한 서술이 이어진다. 다른 놀음은 모두 이름만 소개되어 있으나, 승전놀음은 〈한양가〉 전체 서술량의 17퍼센트 정도를 차지할 만큼, 그 놀이 과정이 구체적으로 길게 묘사되어 있다. 별감들이 기생과 가객(歌客), 금객(琴客)을 불러 기악과 노래, 춤을 벌이는 거창한 놀이판인 승전놀음이 조선 후기 서울의 놀음판 중에서도 으뜸이었기에 특별히 자세하게 소개한 듯하다.

## 양반 못지않게 위세 떨친 별감

이제 승전놀음의 주최자인 별감에 대해 구체적으로 알아보자. 사전을 찾아보면 별감이란 단어가 지시하는 대상은 여럿이다. 유향소(留鄕所)의 좌수(座首) 다음 가는 자리를 별감이라 부르고, 또 하인들끼리 서로를 별감이라 부르기도 한다. 그러나 여기서는 이 용례와는 다른 궁중 액정서(掖庭署) 소속의 별감에 대해 언급하고자 한다. 먼저 조선시대의 기본 법전인《경국대전》을 들추어보자. 《경국대전》의《이전(吏典)》'잡직(雜職)' 조에 액정서란 관청이 있다. 액정서의 임무는 이렇다.

왕명의 전달과 알현(謁見, 傳謁) 및 왕이 사용하는 붓과 벼루의 공급, 궐문 자물쇠와 열쇠의 관리, 궁궐 내정(內庭)의 설비 등의 임무를 맡는다.

첫째 임무는 임금과 관계된 일로서, 임금의 명을 전달하거나 임금을 알현하는 일을 중간에서 대신 전하고, 임금이 사용하는 붓과 벼루를 간수·대령한다. 그 다음이 대궐 관리와 관계된 일이다. 즉 대궐 안에 있는 온갖 문의 열쇠와 자물쇠를 관리하고, 궁궐 마당에 무언가 설치하는 일을 도맡는다. 이런 일들은 문필(文筆)에 관계되는 양반들의 관직과는 달리 몸을 부려서 하는

《원행을묘정리의궤》 반차도 중 혜경궁 홍씨 가마 부분 | 혜경궁 홍씨의 가마 주변에 별감들이 호위하고 있다. 별감들은 대전뿐 아니라 왕비전, 동궁전에도 소속되어 있었다.

육체노동에 해당하므로 격이 떨어진다. 하지만 임금을 가까이서 모시는 일이기에 이들은 어지간한 양반 못지않게 위세를 떨칠 수 있었다.

별감은 《경국대전》에 '왕명을 전달한다'고 되어 있어 왕에게만 소속된 것으로 생각할 수 있지만 그렇지는 않다. 별감은 왕비전과 동궁전에도 소속돼 있었다. 《경국대전》〈형전(刑典)〉 '궐내(闕內) 각차비(各差備)'에 별감의 수가 나와 있는데, 대전(大殿) 별감 46명, 왕비전 별감 16명, 세자궁 별감 18명, 문소전(文昭殿) 별감 6명으로 모두 86명이다. 이 중 문소전 별감은 곧 없어졌으므로 별 의미가 없다. 따라서 별감의 수는 문소전 별감을 제외하면 80명이다. 연산군 때 120명, 인조 때 150명으로 늘어난 적도 있지만, 이는 일시적인 일로 생각된다.

다만 영조대의 《속대전》에 와서 별감의 수가 약간 바뀌는데, 다른 변화는 없고 세손궁 별감 10명이 추가된다. 이는 영조의 아들 사도세자가 죽자, 손자인 정조가 세손이 되었기에 취한 조치이다. 어쨌든 별감은 액정서의 지휘 아래에 있으니, 먼저 액정서 조직을 간단히 살펴보자.

- 정6품 – 사알 1명, 사약 1명
- 정7품 – 사안 2명
- 정8품 – 사포 2명
- 정9품 – 사소 6명
- 종6품 – 부사약 1명
- 종7품 – 부사안 3명
- 종8품 – 부사포 3명
- 종9품 – 부사소 9명

복잡한 설명을 간단히 줄이면 이렇다. 정6품과 종6품의 사알·사약·부사약은 오로지 대전(왕) 소속이고, 정7품 사안 2

명부터는 왕비전과 세자궁 소속이다. 그리고 정7품 사안까지는 완전히 독립된 위계지만, 종7품 부사안부터는 별감들이 돌아가며 보직을 맡는다. 즉 종7품 봉무랑(奉務郞)이 별감으로서 승진할 수 있는 최고계급이다. 요컨대 액정서를 채우는 주 세력은 별감이었다고 할 수 있다.

그럼 이들은 구체적으로 어떤 일을 했을까? 관직 이름을 보면 이들이 하는 일을 알 수 있다. 사알(司謁)의 '사(司)'는 관장한다는 뜻이다. 따라서 사알은 '알현'을 관장한다, '사약(司鑰)'은 자물쇠를 관장한다, '사안(司案)'은 '서안(書案)'을 관장한다, '사포(司圃)'는 채소밭 혹은 꽃밭을 관장한다, '사소(司掃)'는 청소를 관장한다는 뜻이 된다.

### 천의 입고 초립을 쓴 우림아

한데 별감에 주목하는 이유는 그들의 직무 때문이 아니라, 그들이 시정에서 벌인 독특한 행각 때문이다.

별감이 왈자의 한 부류임은 조선 후기에 널리 알려진 사실이었다. 《관우희(觀優戲)》란 문헌을 보자. 송만재(宋晩載)의 아들 송지정(宋持鼎)이 1843년 과거에 합격하였다. 과거에 합격하면 삼일유가(三日遊街)를 하는 법이고, 또 광대패를 앞세워 각종 놀음판을 벌이게 마련인데, 송만재는 가난하여 광대패를 부를 수가 없었다. 생각 끝에 광대패의 연희를 50수의 시로 읊어 아들의 과거 합격을 축하했으니, 《관우희》가 바로 그 작품이다.

《관우희》는 판소리, 줄타기, 땅재주 등 당시 광대패가 공연했던 레퍼토리를 소개하고 있어 국문학과 민속학의 중요한 자료가 된다. 그 중 판소리 열두 마당을 시로 읊은 부분을 보면 '왈자타령'을 읊은 시에 "遊俠長安號曰者, 茜衣草笠羽林兒"란 구절이 있다. "장안의 유협을 왈자라 하나니, 천의(茜衣) 입고 초립(草笠)을 쓴 우림아(羽林兒)로다"라는 뜻이다. 여기서 천의와 초립이란 말이 특히 중요한데, 이는 다름아닌 별감의 복색을 형용한 것이다. 천의의 '천(茜)'은 붉은색 염료로 쓰이는 꼭두서니를 말하는 바, '천의'는 붉은색 옷을 뜻하고, 초립은 문자 그대로 초립이다. 붉은색 웃옷과 초립은 별감의 복색이다. 곧 천의초립이라 하면 바로 별감을 가리키는 것이

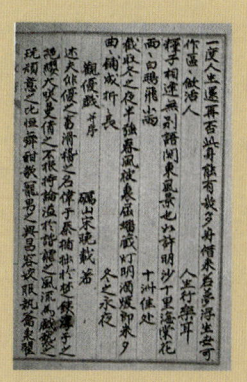

《관우희》, 송만재 | 판소리 열두 마당에 관한 근거를 제시하고, 당시 재인들의 여러 활동상황을 보여주어 판소리 연구에 매우 귀중한 자료이다.

다. 그럼 '우림아'는 무엇인가? '우림'은 원래 중국에서 유래한 말이지만, 여기서는 액정서 별감을 지칭한다. 유협이란 말 역시 주목할 만하다. 유협은 다름아닌 협객이다. 협객이란 무엇인가? 연암 박지원은 이렇게 말했다.

> 힘으로 남을 구하는 것을 '협(俠)'이라 하고, 재물로 남에게 은혜를 베푸는 것을 '고(顧)'라고 한다. 고일 경우 명사(名士)가 되고, 협일 경우 전(傳)으로 남는다. 협과 고를 겸하는 것을 '의(義)'라고 한다"[2]

힘으로 남을 돕는 이가 협객이다. 곧 협은 무력을 바탕으로 삼는 행위다. 사실 '의협적 행동'과 '폭력'은 남을 돕느냐 아니면 착취하느냐의 방향만 다를 뿐, 무력을 사용한다는 점에서는

〈대쾌도〉 부분 | 씨름과 택견이 한창인 놀이판에 별감이 들어서고 있다. 홍의를 입고 노란색 초립을 쓴 화려한 복식이 금방 눈에 띈다. 국립중앙박물관 소장.

같다고 할 수 있다. 따라서 이들을 유협이라 한 것은, 이들의 무력적 성격에 주목한 때문이다. 왈자는 폭력성을 가진 집단이라고 했는데, 별감이라고 해서 다를 것이 없다. 이들의 행동은 실로 윤리도덕과는 상관없이 매우 폭력적이었다.

### 임금의 친척 두들겨팬 별감

《실록》에는 이들 별감에 관한 자료가 적지 않은데, 대개는 술을 먹고 소란을 떨거나 폭력을 행사한 사건들이다. 다음은 숙종 35년 3월 25일 사헌부에서 왕에게 보고한 내용이다.

별감 송정희(宋鼎熙) 등 6~7명의 불량배들이 술과 고기를 차려놓고 창녀의 집에 모여 술을 마시면서 거문고 소리에 맞추어 노래를 부르며 왁자하게 놀고 있어, 사헌부의 금리가 체포하려고 하자 금리를 구타하고 도망하여 나타나지 않았다고 한다. 창녀의 집이란 정확하지는 않지만 기방으로 짐작된다. 이 자료는 별감들이 기방의 주 고객이었고, 아울러 그들이 폭력성을 가진 부류임을 증언한다.

이들의 폭력적 행동은 종종 보고되었다. 영조 43년 7월 29일에는 액례(掖隷 : 액정서 하례下隷, 곧 별감을 가리킴)가 야음을 타서 의녀(醫女)를 결박한 뒤 치마를 벗기고 추행한 사건이 보고되고 있다. 이 사건은 별감이 기생 노릇을 하는 의녀를 지배하였던 것과 밀접한 관계가 있을 것이다. 숙종 38년 10월 20일 형조판서 박권(朴權)이 보고한 별감 김세명(金世鳴) 사건은 별감이 폭력과 불가분의 관계임을 더욱 뚜렷이 보여준다. 별감 김세명은 능소(陵所)에서 적간(摘奸)하는 임무를 맡고 있었는데, 종실인 원흥수(元興守) 이후(李煦)가 김세명의 인사를 받고도 답배를 하지 않았다. 화가 난 김세명이 욕을 하자, 이후는 김세명의 입에 오물을 집어넣고 난타하였다. 종실이라면 임금의 친척이니 별감과는 지체를 논할 수 없는 높은 신분이다. 그런 종실이 별감의 입에 오물을 집어넣고 난타한 일은, 인정에는 벗어나나 신분사회에서 전혀 있을 수 없는 일도 아니다.

그런데 사건은 여기서 끝나지 않았다. 김세명은 동료 20여 명을 이끌고 이후의 집을 찾아가 이후를 끌어내 묶은 뒤 있는 힘을 다해 구타하여 분을 풀었다. 이후의 형 이경(李炅)이 입궐하여 이 사태를 알리려 했더니, 별감 등이 알아차리고 역시 뺨을 치고 구타하였다. 별감의 폭력성이 여지없이 드러나는 사건이다. 결국 김세명은 절도에 전가사변(全家徙邊 : 죄인을 가족과 함께 변방으로 옮겨 살게 함)되었다.

유사한 사건이 순조 16년 6월 3일에도 벌어졌다. 포교들이 술 취한 무뢰배들을 잡았는데, 그 중 박몽현(朴夢賢)이란 자가 궁중의 하인을 지냈다 하기에 석방하였다. 그런데 박몽현의 아비가 왕대비전의 별감 한 패를 거느리고 우포도대장 서영보(徐榮輔)의 집으로 들이닥쳐 포교와 포졸을 구타하고 심지어는 포교의 집을 부수는 등 행패를 부려 처벌되었다.

숙종 43년 2월 6일에는 별감이 금령을 범하고 밤에 나다니다가 포도청에 잡히자 같은 별감들이 나졸을 구타하고 갇힌 동료를 구출하는 사건이 있었고, 영조 51년 2월 25일에는 액례와 포교가 술집에서 싸우다가 액례들이 무리를 지어 포교를 구타해 거의 죽을 지경에 이르게 하였다. 별감이 통행금지를 어기고 돌아다니거나(《정조실록》 4년 12월 25일), 술을 먹고 술주정을 하는 것은(《순조실록》 10년 4월 30일) 다반사였고, 술에 만취하여 포교에게 잡히자 포교의 집에 들이닥쳐 난동을 부린 일도 있었다.

이처럼 별감의 존재는 직역과 관련해서가 아니라 주로 유흥, 술주정, 폭력, 범법과 관련된 일로 기록에 남아 있다. 이런 인간들을 역사학에서 다룰 리가 없다. 하지만 시각을 조금만 바꾸면 꼭 그렇지만도 않다. 무엇보다 별감은 조선 후기 유흥문화의 주역이라는 점에서 일단 주목할 만하다. 또한 별감은 조선 후기 복식의 유행을 주도한 축이었다. 이쯤 되면 한번 살펴볼 만하지 않은가. 먼저 별감의 복색부터 보자.

### 맵시도 있거니와 치장도 놀라울사

별감의 생활은 사치스럽고 소비적이었던 바, 그런 생활의 특징적 국면이 잘 드러난 분야가 바로 복색이었다. 예컨대 한문단편 〈재회(再會)〉는 그 첫머리를 "한 부잣집 아들이 외도에 빠져 가산이 많이 기울었지만, 별감이 된 까닭에 의복이 매우 화려했다"는 말로 시작하고 있다. 〈한양가〉가 묘사하고 있는 별감의 패션을 보자.

> 별감의 거동 보소, 난번별감 백여 명이
> 맵시도 있거니와 치장도 놀라울사
> 편월상투 밀화동곳 대자동곳 섞어 꽂고
> 곱게 뜬 평양망건, 외점박이 대모관자
> 상의원 자지팔사, 초립 밑에 팔괘 놓고
> 남융사 중두리의 오동입식 껴서 달고
> 손뼉 같은 수사갓끈 귀를 가려 숙여 쓰고[3]

난번별감이란 교대근무를 마치고 나온 별감이다. 이들의 복색을 머리부터 살펴보자. '편월상투'의 '편월'은 조각달이다. 상투를 그냥 뭉치는 것이 아니라 머리카락을 낱낱이 펴고 빗질을 해서 조각달처럼 보이게 모양을 낸 상투다.

상투가 풀어지지 말라고 꽂는 동곳에도 사치를 한다. '밀화동곳'의 밀화는 호박(琥珀)인데, 그 중에서도 특히 누런 호박은 마치 꿀이 엉긴 것 같다 하여 밀화라고 부른다. 여성들의 노리개, 단추, 비녀, 장도와 남자들의 갓끈을 만드는 데 쓰이는 밀화는 상당한 사치품이다. 대자동곳은, '大字' 곧 큼직한 동곳을 뜻하는 것 같다.

상투를 쨌으니 이제 망건을 쓴다. 망건은 상투 튼 머리카락이 흩어지지 말라고 동여매는 것이다. 별감은 곱게 짠 '평양망건'을 쓴다고 했는데, 망건은 원래 이마 쪽 부분을 외가닥으로 짜서 이마가 훤히 비치게 한 것이 고급품이다. 곱게 짰다는 것은 바로 이를 가리키는 듯하며, 평양망건을 든 것은 평양에서 만든 망건을 최고로 쳤기 때문으로 생각된다. 평양은 정조 이후 가장 명예로운 벼슬이었던 규장각 각신이 쓰는 와룡관을 제작할 만큼, 이 방면에서는 명성을 떨친 지역이었다.

그럼 '외점박이 대모관자'란 무엇인가. 망건에는 망건을 죄는 당줄이 달려 있는데, 이 줄을 꿰어 거는 것이 관자다. 관자는 신분에 따라 재료가 다르다. 보통 관원은 옥관자를, 정3품 당상관이 되면 금관자를, 정2품이 되면 다시 옥관자를 다는데, 이때의 옥은 특별히 품질이 좋은 것으로 만들고 따로 도리옥이라 부른다.

벼슬아치가 옥관자를 달면 나리, 금관자를 달면 영감, 도리옥을 달면 대감이라 부른다. 그 위는 물론 상감이다. 그런데 〈한양가〉의 별감은 금관자도 옥관자도 아닌, 대모관자를 달았다 한다. '대모'는 누런 바탕에 검은 점이 있는 바닷거북의 등딱지로, 안경테·담뱃갑·갓끈·장도·풍잠 등 장신구나 생활용품의 재료로 사용되는 고급 재료이다. 외점박이 대모관자란 검은 점이 하나 강조되어 있는 대모로 만든 관자로, 특히 더 고급품이다. 별감은 옥관자·금관자를 달 일이 없었으므로 대모로 만든 관자로 사치를 했던 것이다.

상투를 짜서 동곳을 꽂고 망건을 둘렀으면, 이제 모자를 쓸 차례다. 별감이 특별하게 만든 초립을 쓴다는 것은 앞서 말한 바 있다. "상의원 자지팔사, 초립 밑에 팔괘 놓고"란 구절이 바로 초립의 치레를 묘사한 부분인데, '팔괘 놓고'의 의미는 분명하

초립 | 대오리나 누런 빛깔의 가는 풀로 결어 만드는 쓰개. 별감은 황초립에 호수를 꽂아 착용했다.

〈야금모행(夜禁冒行)〉 중 별감, 신윤복 | 별감의 복식 차림새가 매우 화려하다. 별감만이 입을 수 있는 홍의에 노란색 초입을 쓰고 있고, 그 안에 받쳐 입은 창의와 허리띠도 색이 매우 화려하다.

동곳 | 상투가 풀어지지 않게 고정하는 것으로 금, 은, 호박, 마노, 비취, 옥 등으로 만들어 꽂아 장식하였다. 한양대학교박물관 소장.

당줄

관자

망건 | 상투를 틀고 머리카락이 흘러내리지 않도록 머리에 두르는 장식품.

관자 | 망건에 달아 당줄을 걸어 넘기는 구실을 하는 작은 고리. 금, 옥, 뼈, 뿔 등으로 만들며 관품에 따라 재료와 장식을 달리하였다. 한양대학교박물관 소장.

지 않다. '상의원 자지팔사'란 상의원에서 만든 여덟 가닥〔八條〕의 실로 꼰 자줏빛 끈이란 뜻이다. 상의원은 임금의 의복과 궁중의 보물을 맡아보던 곳으로 여기서 직조를 하기도 하였다. 상의원에서 짠 고급 직조물로 초립의 안을 받쳤던 모양이다.

'남융사 중두리' 역시 초립에 관계된 것이다. '중두리'는 가장자리를 뜻하는 말로 방의 벽과 방바닥 사이를 방중두리 또는 마루중두리라고 한다. 여기서는 초립의 가장자리를 말한다. '남융사(藍絨絲)'의 '융'은 감이 두툼하고 고운 모직물을 말하므로, 남융사 중두리는 남빛이 나는 융실로 만든 초립의 가장자리를 뜻한다. 당연히 고급품이다.

이렇게 만든 초립에 '오동입식(烏銅笠飾)'을 단다. 초립은 꼭 별감만 쓰는 것은 아니지만, 별감의 초립에는 구분되는 특징이 있다. 대오리를 묶는 호수(虎鬚)를 좌우와 뒤에 꽂는 것이다. 호수를 꽂으려면 장치가 필요한데, 이 장치가 오동입식으로 보인다. 오동은 적동(赤銅) 곧 검붉은 산화구리니, 오동입식은 산화구리로 만든 입식인 듯하다.

현재 전해지는 초립을 보면 초립 옆에 대오리를 꽂을 수 있는 대롱같이 생긴 물건이 있는데, 바로 이것이 아닌가 한다. 수사갓끈은 초립을 턱에 묶어 고정시키는 끈으로서, 수사(繡紗)는 수놓은 비단 갓끈이니 역시 고급품이다. 이제 옷치레를 보자.

다홍생초 고운 홍의 숙초창의 받쳐 입고
보라누비 저고리에 외올뜨기 누비바지
양색단 누비배자 전배자 받쳐 입고
금향수주 누비토수 전토수 받쳐 끼고[4]

홍의(紅衣)는 별감만이 입을 수 있는 별감 특유의 옷으로서, 다홍색 생초(삶지 않은 명주실로 짠 비단)로 만든다. 홍의 안에는 '숙초창의'를 받쳐 입는다 했는데, 창의는 공태와 무가 없는 통소매에 양 옆을 튼 보통 사람의 간단한 나들이옷이다. 이때 창의는 숙초(삶은 명주실로 짠 비단)로 만든다.

창의 속에는 보라색 누비저고리를 입고 외올뜨기 누비바지를 입었다. 누비는 손이 많이 가는 사치품이다. 외올뜨기는 외올, 즉 한 가닥으로 뜬 망건이나 탕건을 가리킬 때 쓰이는 말이다. 다만 '외올뜨기 누비바지'가 어떤 것인지는 도무지 알 길이 없다.

저고리 위에는 배자를 덧입는다. 배자는 조끼와 비슷한데 단추가 없고 양쪽 겨드랑이 아래를 내리 터놓은 옷이다. '양색단 누비배자'란 양색단(兩色緞)을 감으로 쓴 누비배자란 뜻이다. 양색단은 다른 색의 씨실과 날실로 짠 비단으로, 이것을 감으로 만든 배자에 솜을 넣어 누볐으니 아주 호사스런 옷이다. '전배자'는 짐승의 털가죽[氈]을 안에 댄 배자를 말한다. 이 역시 호사치레다.

토시는 아는 바와 같이 저고리 소매처럼 생긴 방한구로 팔에 끼는 것이다. '전토시'는 전배자처럼 짐승의 털가죽으로 만든 것이다. '금향수주 누비토수'는 약간의 설명이 필요하다. 금향(錦香)은 붉은 빛을 띤 검누른 빛깔이고 수주(水紬)는 아주 품질이 좋은 비단이므로, 검붉은 빛의 고급 비단으로 만든 토시를 말한다.

〈유곽쟁웅〉 중 별감 | 홍의에 파란색 허리띠를 매고, 노란 초립을 쓰고 있다.

배자 | 저고리 위에 덧입는 옷으로 계절에 따라 옷감이 달랐다. 어깨만 붙어 있고, 겨드랑이 아래가 트여 있어 긴 끈으로 앞에서 매게 되어 있다.

별감복 | 붉은색 옷에 파란색 허리띠를 맸다. 19세기

토시 | 겉을 붉은색 비단으로 짓고 안에는 양털을 댔으며 손쪽 끝에는 누런 모피선을 댓다. 한양대학교박물관 소장.

## 제제창창 앉은 모양 절차도 거룩하다

옷만 좋게 차려입으면 멋내기는 끝인가? 아니, 장신구가 남아 있다. 요즘 남자들도 시계나 반지·안경·목걸이 등으로 몸을 치장하지 않는가. 예나 지금이나 멋내기의 본질은 같은 법이다. 별감은 장신구 치레도 화려하고 사치스럽다.

중동치레 불작시면 우단 대단 도리불수
각색 줌치 묘히 접어 나비매듭 벌매듭에
파리매듭 도래매듭 색색이로 꿰어차고
오색비단 괴불줌치 약낭 향낭 섞어차고
이궁전 대방전과 금사향 자개향을
고름마다 걸어 차고 대모장도 서장도며
밀화장도 백옥장도 안팎으로 빗기 차고
삼승보선 순혹파서 맵시 있게 하여 신고
제제창창 앉은 모양 절차도 거룩하다[5]

'중동치레'를 보자. '중동'은 요즘 말로 '중간' '허리'를 뜻하니 허리 부분의 치장을 보자는 것이다. 대개 허리띠·쌈지·주머니·면경집 따위를 허리춤에 차는데, 이를 호사스런 물건으로 치장하여 사치를 하는 것이다.

'우단 대단 도리불수'에서 '대단'은 중국제 비단이고 '우단'은 거죽에 고운 털이 돋게 짠 비단이다. '도리불수'란 정확하지는 않지만 추측해볼 수는 있다. 도리(桃李)는 복숭아꽃, 오얏꽃이다. 불수는 부처님의 손 모양을 하고 있는 남방의 과일로 장신구나 옷감의 디자인으로 애용되었다고 한다.[6] '우단 대단 도리불수'는 도리나 불수 무늬를 놓은 대단 우단을 말하는 것으로 보인다. 이것으로 갖가지 줌치, 곧 주머니를 접어 나비·벌·파리 모양의 매듭이나 도래매듭(두 줄을 엇매겨 두 층으로 엮은 매듭)을 엮어 찬다.

괴불은 괴불주머니로서, 색이 있는 네모난 헝겊을 마름 모양으로 접고 안에 솜을 통통하게 넣어 수를 놓고 색실을 단 것이다. 주머니 끝에 다는 장식용 노리개다. 괴불주머니 외에 약낭(藥囊 : 약주머니)·향낭(香囊 : 약주머니)을 다는데, 이 속에 이궁전·대방전·금사향·자개향을 넣었다. 이궁전·대방전은 중국에서 수입한 향의 이름이고, 금사향은 중국제 향 또는 향을 넣는 케이스를 가리키기도 한다. 후자의 뜻으로는 은으로 만든 네모꼴 갑에 도금을 한 뒤 한충향(漢沖香)을 넣은 것을 가리킨다. 한충향은 보통 여자들이 노리개로 차서 향기를 취하기도 하고 곽란 같은 급한 증세에 약으로도 쓴다. 자개향은 아마 자개로 꾸민 향을 넣는 작은 상자일 것이다.

주머니, 괴불줌치, 약낭, 향낭을 단 뒤에 장도를 단다. 장도는 은장도를 연상하면 된다. 칼집이 있는 작은 칼인데, 이것 역시 사치용으로 남에게 보이도록 찬다. 대모장도·서장도·밀화장도·백옥장도는 모두 장도의 집을 꾸미는 재료에 따라 붙인 이름으로, 이 중 서장도는 물소뿔로 만든 장도다.

별감의 복색은 사치스럽다. 비단과 전(氈 : 짐승의 털로 짠 피류)과 누비와 각종 장신구로 몸을 휘감고 있지 않은가. 과연 사치의 극을 달린다 할 만하다. 옷과 장신구의 사치는 인간이 자

귀주머니 | 주머니 중에는 둘레가 둥근 두루주머니와 모가 진 귀주머니가 있다. 각색 비단에 수를 놓고 술띠로 엮어 찬다. 가운데 귀주머니에는 갖가지 줌치를 매달아 화려하게 장식하였다.

장도 | 장도는 호신뿐 아니라 장신구 구실도 하였다. 이 장도는 모두 장식용으로 칼집이 비어 있다. 초목문양을 음양각으로 나타내어 화려함을 더하였다. 한양대학교박물관 소장.

기를 표현하는 가장 원초적인 수단이다. 별감의 복색에서 나는 조선 후기 남성들의 복색에 대한 염원을 본다. 별감의 복색이야말로 남성들이 가장 바라는 패션이 아니었을까.

### 별감들의 화려한 잔치마당

이제 〈한양가〉에서 서울 시정의 놀이 중 으뜸으로 묘사한 승전놀음에 대해 이야기해보자. 승전놀음은 유흥계의 총아 별감이 주최하는 놀음판이었다. 나는 승전놀음에 대해 〈한양가〉말고는 다른 기록을 본 적이 없다. 이병기(李秉岐, 1891~1968) 선생의 《가람일기》에 어떤 노인에게 승전놀음에 대해 들었다는 간단한 기록이 남아 있기는 하나, 정작 구체적인 내용은 한 줄도 나오지 않는다. 현재로서는 〈한양가〉가 승전놀음에 관한 거의 유일한 기록이다.

'승전(承傳)'이란 왕명을 전달한다는 뜻이고, 이는 앞에서 살핀 바와 같이 별감의 고유한 업무다. 그러나 '승전'이 '놀음'과 어떤 관계가 있는지는 알 수가 없다. 다만 승전이 별감의 일이니, 별감을 대신하는 말이 아닌가 한다. 승전놀음을 별감놀음이라고도 부르니 말이다.

〈한양가〉에 묘사된 승전놀음은 기본적으로 연예를 관람하는 놀이다. 여기서 연예를 제공하는 부류는 가객, 금객 그리고 기생이다. 물론 기생이 가장 수가 많고 또 중요하다. 별감들이 기생을 대거 동원하여 거창한 놀음판을 벌인 것이다. 대개 돈만 있으면 누구라도 기생을 불러 놀음판을 벌일 수 있으나, 별감의 경우는 좀 유별났던 것 같다. 왜냐하면 기생을 지배하는 기부(妓夫) 중에서도 별감이 가장 지위가 높았기 때문이다.

이제 승전놀음 이야기를 본격적으로 해보자. 승전놀음이 언제 시작되었는지는 알 수 없다. 다만 유득공이 쓴 〈유우춘(柳遇春)〉에 그 원형이라 할 수 있는 것이 보인다. 〈유우춘〉의 주인공 유우춘은 해금의 명수다. 이 작품은 높은 예술적 경지를 추구하는 유우춘이 값싼 음악을 요구하는 몰예술적 취향 사이에서 겪는 갈등을 묘사한 수작이다. 이 몰예술적 취향의 대표적인 예로 별감이 나온다. 임형택 교수의 번역을 보자.

또 가령 춘풍이 태탕하고 복사꽃 버들개지가 난만한 날 '시종별감'들과 오입쟁이 한량들이 무계의 물가에 노닐 적에 침기(針妓 : 침선비) 의녀들이 높이 쪽찐 머리에 기름을 자르

르 바르고 날쌘한 말에 홍담요를 깔고 앉아 줄을 지어 나타납니다. 놀음놀이와 풍악이 벌어지는 한편에 익살꾼이 섞여 앉아서 신소리를 늘어놓지요. 처음에는 요취곡(군악 계통의 곡조)을 타다가 가락이 바뀌어 영산회상이 울립니다. 이때에 손을 재게 놀려 새로운 곡조를 켜면 엉겼다가 다시 사르르 녹고, 목이 메었다가 다시 트이지요. 쑥대머리 밤송이 수염에 갓이 쭈그러지고 옷이 찢어진 꼬락서니들이 머리를 끄덕끄덕, 눈깔을 까막까막하다가 부채로 땅을 치며 '좋아, 좋다!' 하며, 그 곡이 가장 호탕한 양 여기고 오히려 하잘것없는 것임을 깨닫지 못합니다.[7]

유우춘의 말에 의하면, 이들은 예술을 깊이 이해하지 못하는 부류이다. 이것이 과연 사실에 가까운지는 의문이나, 일단 여기서는 시종별감 오입쟁이들이 침기·의녀 등 기생을 불러 풍악을 잡힌다는 사실 자체가 중요하다. 이는 다음에 언급할 승전놀음의 원형으로 보인다. 다만 이것이 뒤의 '승전놀음'과 어떻게 연결되는지는 자료의 부족으로 더 이상 상고할 수 없어 안타깝다. 어쨌거나 이제 본문을 보도록 하자.

구경 가자 구경 가자 승전놀음 구경 가자
북일영 군자정에 좋은 놀음 벌였구나
눈빛 같은 흰 휘장과 구름 같은 높은 차일
차일 아래 유둔 치고 마루 끝에 보계판과 아로새긴 서까래에
각 영문 사촉롱을 빈틈없이 달아놓고
좁쌀구슬 화초등과 보기 좋은 양각등을 차례 있게 걸어놓고

난간 밖에 춘화 가화 붉은 비단 허리 매어
빙문 진 유리병에 가득히 꽂아놓고
각색 총전 몽고전과 만화등매 담방석에
백통타구 옥타구며 백통 요강 은재떨이
왜찬합 당찬합과 아로새긴 교자상과
모란병풍 영모병풍 산수병풍 글씨병풍
홍융사 구멍 뚫어 이리저리 얽어매고[8]

사촉롱

초롱

여러 종류의 등롱 | 촛불이 바람에 꺼지지 않도록 외피를 씌운 옥외용 등.

북일영은 경희궁 북쪽에 있던 훈련도감의 분영이고, 군자정은 어딘지 알 수 없다. 먼저 이 놀이판의 차림새를 보자. 원래 사치스러운 별감의 놀이인 만큼 놀이판의 차림도 호사스럽다. 먼저 휘장을 치고 햇볕을 가리느라 차일을 높이 쳤다. 그 아래 기름 먹인 종이로 만든 자리인 유둔(油芚)을 깔고, 마루 끝에 보계판(補階板)을 깔았다. 보계판은 좌석을 넓히기 위해 마루에 덧댄 판목을 가리킨다.

아로새긴 서까래는 단청을 올린 서까래일 것이고, 거기에 각 영문(營門)에서 가져온 사촉롱(紗燭籠)·양각등(羊角燈)·화초등과 같은 등롱을 곳곳에 달아매었다. 등롱이란 대나무나 철사로 틀을 만들고 거기에 종이나 비단으로 겉을 발라 들고 다닐 수 있게 만든 등이다.

사촉롱은 여러 빛깔의 비단을 겉에 씌운 등롱이고, 양각등은 양의 뿔을 불에 쬐어 투명할 정도로 얇게 편 뒤 그것을 씌운 등이다. 화초등은 아마도 꽃 모양으로 만들거나 꽃 모양을 그린 등 같다. 다만 앞에 붙어 있는 좁쌀구슬과 화초등의 관계는 알 길이 없다. 이렇게 온갖 등을 단 뒤 꽃으로 장식을 더한다. 봄꽃과 가화(假花 : 조화)를 붉은 비단으로 묶어 빙문(氷紋: 얼음무늬)이 진 유리병에 꽂아둔다.

사람이 앉을 자리도 호사스럽기 짝이 없다. '각색 총전 몽고전과 만화등매 담방석'은 관람하는 사람들이 앉을 방석 종류이다. 총전과 몽고전의 정확한 뜻은 알 수 없지만, 일단 전(氈)으로 만든 따뜻한 고급 방석이다. 만화(滿花)는 꽃 무늬를 넣어서 짠 왕골방석이고, 등매는 가장자리를 검은 헝겊으로 두른 돗자리를 말한다. 담방석은 짐승털로 짠 방석이다. 이렇게 호사스런 자리를 깐 다음, 백동(白銅)과 옥으로 만든 타구와 요강과 은재떨이를 갖추었다.

이런 잔치에 먹는 즐거움이 없을 수 없다. 교외에 나왔으니 당연히 먹을 것은 찬합에 담아온다. 일본에서 수입한 왜찬합(倭饌盒)과 중국제 당찬합(唐饌盒)을 번듯한 교자상에 올린다. 잔칫상 뒤로는 부귀를 상징하는 모란병풍, 새를 그린 영모병풍, 산수화를 그린 산수병풍과 붓글씨로 된 글씨병풍을 두르되, 넘어지지 않도록 구멍을 뚫어 홍융사로 묶어둔다.

### 백만 교태 피우며 들어서는 기생들

이제 놀이판에서 음악을 제공하는 연예인을 볼 차례다. 조선 후기 도시민의 유흥적 욕구가 팽창하면서 음악에 대한 수요가 늘어난 바, 노래와 거문고 연주를 전문적으로 하는 민간의 직업 음악인이 출현했는데, 이들을 가객, 금객이라고 불렀다.

금객 가객 모였구나. 거문고 임종철이
노래의 양사길이, 계면의 공득이며⁹

거문고의 명인 임종철, 노래의 명인 양사길, 그리고 계면조의 명인 공득이는 이 시기의 실제 인물일 것이다. 악기 준비가 끝나면, 이 놀이판을 화려하게 장식하는 주인공, 곧 기생이 온갖 치장을 하고 차례로 들어온다.

각색 기생 들어온다. 예사로운 놀음에도
치장이 놀랍거든 하물며 승전놀음
별감의 놀음인데 범연히 치장하랴

별감의 놀음, 승전놀음이기에 기생의 치장은 범연하지가 않다. 이들의 머리 꾸밈부터 보자.

어름 같은 누런 전모, 자지갑사 끈을 달고
구름 같은 허튼머리 반달 같은 쌍얼레로
쌀쌀 빗겨 고이 빗겨 편월 좋게 땋아 얹고
모단 삼승 가리마를 앞을 덮어 숙여 쓰고
산호잠(珊瑚簪) 밀화비녀 은비녀 금봉차(金鳳釵)를
이리 꽂고 저리 꽂고
당가화 상가화를 눈을 가려 자주 꽂고¹⁰

우선 머리에는 전모를 쓰고 있다. 전모는 신윤복의 풍속화에 등장하는 기생 그림에 자주 나오는 것으로, 대나무로 우산처럼 살을 만들고 기름 먹인 종이를 위에 바른 쓰개이다. "어름 같은 누런 전모"는 기름을 먹인 누런 유지가 얼음처럼 투명하다는 말이다. 이 전모를 자지갑사(紫地甲紗 : 매우 품질이 좋은 자줏빛 비단) 끈으로 턱 밑에서 맨다. 전모 밑의 머리 모양은 또 어떠한가. 구름같이 흩어진 머리를 얼레빗으로 빗는다. 얼레빗은 머릿결을 고르기 위한 발이 굵은 빗으로, 그 모양이 반달처럼 생겼다. "편월 좋게"란 말은 미상이지만, 어쨌든 머리를 잘 빗어 땋아올린 모양새를 가리킨다.

"모단(毛緞) 삼승(三升) 가리마"에서 '가리마'는 기생들이 쓰는 일종의 모자다. 유득공의 《경도잡지》를 보면 내의원의 약방기생은 검은 비단으로 만든 가리마를 쓰고, 나머지 기생은 검은 베로 만든 가리마를 쓴다고 하였다.[11] '모단 삼승'에서 '삼승'의 뜻은 알 수 없지만 '모단'은 두툼한 비단을 말하니, 여기에 동원된 기생은 주로 약방기생들인 것이다.

이들은 산호로 만든 잠과 밀화, 그리고 호박으로 만든 비녀·은비녀·금봉차를 꽂았다. 금봉차는 봉황을 새긴 호사스런 금비녀. 그리고 나서 중국제 조화(唐假花)와 상가화(?)를 머리에 꽂는다(송신용宋申用은 상가화를 '常假花'로 표기하고 있으나 뜻은 밝히지 않고 있다). 이제 기생들의 옷차림을 볼 차례다.

도리불수 모초단을 웃저고리 지어 입고
양색단 속저고리 갖은 패물 꿰어 차고
남갑사 은조사며 화갑사 긴치마를
허리 졸라 동여 입고
백방수주 속속곳과 수갑사 단속곳과

전모 | 햇볕이나 비를 가리기 위해 썼던 쓰개. 대나무로 틀을 만들고 기름을 먹인 종이를 발라 만든다.

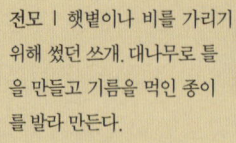

〈전모 쓴 여인〉, 신윤복 | 신윤복의 풍속화에 전모 쓴 기생의 모습이 자주 등장한다. 이 여인은 전모 아래 가리마를 쓰고 있다.

비녀와 뒤꽂이 | 봉황, 용 등의 형상으로 장식하였으며 재료는 금, 청동, 옥 등을 이용하였다. 뒤꽂이는 신분에 따라 재료의 우열을 가려 사용하였는데 여기의 뒤꽂이는 꽃과 나비 등을 칠보공예로 화려하게 장식하였다.

속속곳과 단속곳 | 조선시대 여성들이 입었던 속옷. 제일 안에 다리속곳을 입고 그 위에 속속곳을 입었다. 단속곳은 치마 바로 아래 입던 속옷으로, 치마 사이로 보이기 때문에 고급옷감으로 신경 써서 만들어 입었다.

운혜 | 여자가 신던 가죽신. 앞코에 구름문양을 수놓았다.

장원주 너른바지 몽고삼승 겉버선과
안동상전 수운혜를 맵시 있게 신어두고
백만 교태 다 피이고 모양 좋게 들어온다[12]

옷치레를 웃저고리, 속저고리, 긴치마, 속속곳, 단속곳, 바지, 버선, 신발 순으로 묘사하고 있다. 웃저고리는 도리불수 모초단으로 지었다. 도리불수는 앞서 설명한 대로이고, 모초단(毛綃緞)은 질 좋고 무늬가 아름다운 비단이다. 이것으로 웃저고리를 지어 입고, 그 안의 양색단 속저고리에 갖은 패물을 찬다.

긴치마는 남갑사(藍甲紗)·은조사(銀條紗)·화갑사(花甲紗)로 지은 것이다. 남갑사는 남색의 갑사일 터이고, 은조사(銀條紗)는 중국에서 수입한 여름 옷감용 비단이며, 화갑사는 꽃 무늬가 있는 비단일 터이다. 긴치마 안에는 속속곳과 단속곳을 입는다. 속속곳은 여자들이 맨살에(가장 속에) 입는 속옷으로 다리통이 넓고 밑이 막혔다. 이것을 백방수주(白紡繡紬)로 지어 입는다 했는데, 아마도 '백방사주(白紡絲紬)'가 아닌가 한다. 백방사주는 흰 고치에서 켠 실로 짠 비단이다. 속속곳 위에 덧입는 단속곳은 수갑사(繡甲紗)로 지어 입는다 했으니, 수놓은 갑사로 지은 것인가 한다. "장원주 너른바지"의 너른바지는 단속곳과 같되, 밑이 막힌 여자 바지이다. 너른바지와 단속곳을 동일한 것으로 보는 사람도 있다. 너른바지는 보통 명주붙이로 만드니, 장원주(壯元紬) 역시 명주붙이의 한 종류일 것이다.

"몽고삼승(蒙古三升) 겉버선"이란 몽고삼승으로 만든 겉버선인 바, 겉버선은 솜버선 겉에 신는 버선을 말한다. 이제 마지막으로 신발이다. 수운혜(繡雲鞋)는 수를 놓은 운혜, 곧 여자의 가죽신인데, 앞의 코 부분과 뒤축에 구름 무늬가 있어 운혜라고 한다. 안동상전(安洞商廛)은 '안국동의 상전(商廛)'으로 안국동에 자리잡고 있던 시전으로 여겨진다. 기생을 지배하는 별감의 놀음이니 화려무비한 차림새가 아닐 수 없다. 이제 기생들이 입장한다.

> 내의원 침선비며 공조(工曹)라 혜민서며
> 늙은 기생 젊은 기생 명기 동기 들어온다[13]

늙은 기생, 젊은 기생, 이름난 기생, 아직 머리를 올리지 않은 어린 기생이 들어온다. 이어 들어오는 기생의 이름이 나열되는데, 추월(秋月), 벽도(碧桃), 홍도(紅桃), 일점홍(一點紅), 관산월(關山月), 연앵(燕鶯), 부용(芙蓉), 영산홍(暎山紅), 채봉(彩鳳), 금옥(金玉), 초선(貂蟬), 만점홍(滿點紅), 매향(梅香), 죽엽(竹葉), 백릉파(白凌波) 모두 15명이다. 기생을 부르는 방식도 흥미롭다. "오동양월(梧桐良月) 밝은 달의 밝고 밝은 추월이" 이런 식으로 호명하는 것이다.

### 승전놀음의 흥을 돋우는 음악

자리를 호사스럽게 꾸미고, 음식을 준비하고, 악기를 대령해놓고, 어여쁜 기생들까지 불렀으니 이제 승전놀음이 시작된다.

> 차례로 늘어 앉아 놀음을 재촉한다
> 화려한 거문고는 안족을 옮겨놓고

문·무현 다스리니 농현소리 더욱 좋다
한만(汗漫)한 저 다스림 길고 길고 구슬프다
피리는 침을 뱉고 해금은 송진 긁고
장고는 굴레 죄어 더덕을 크게 치니
관현의 좋은 소리 심신이 황홀하다.[14]

악기를 연주하기 전에 조율을 한다. 먼저 거문고 안족(雁足) 위에 줄을 옮겨서 얹은 다음 문현과 무현을 만져 농현을 한다. 농현은 일반적으로 거문고·해금 등의 현악기에서 사용되는 연주방법으로서, 왼손으로 줄을 짚고 본래 음 외에 여러 장식음을 내는 것을 말하는데, 여기서는 아마도 본격적인 연주를 시작하기 전 음을 고르는 절차일 것이다. 왜냐하면 이어 한만한 '다스

구한말 악사 | 전문적으로 악기를 연주하는 악사는 잔치나 놀음판에서 빠질 수 없는 존재들이었다. 왼쪽부터 피리, 해금, 거문고, 양금 연주자이다.

림'이 나오기 때문이다. '다스림'은 합주할 때 악기간의 속도·호흡·음률을 맞추어보는 것, 또는 그것을 위해 만든 곡이다.

이어 "피리는 침을 뱉고"라 한 것은, 피리 소리가 잘 나게 하기 위해 미리 피리에 침칠을 하는 것을 말한다. "송진 긁고"도 마찬가지다. 해금 줄에 송진을 칠해야 소리가 잘 나기 때문이다. 그 다음 장고에 굴레를 죄어 팽팽하게 한 뒤 장고를 더덕쿵 친다. 이것을 "더덕을 크게 친다"고 하였다. 조율이 끝나면 노래가 시작된다.

거상조 나린 후에 소리하는 어린 기생
한 손으로 머리 받고 아미를 반쯤 숙여
우조라 계면이며 소용이 편락이며
춘면곡 처사가며 어부사 상사별곡
황계타령 매화타령 잡가 시조 듣기 좋다[15]

거상(擧床)은 연회 때 큰 상을 받기 전 먼저 음악을 연주하는 것을 말하니 거상조(擧床調)란 바로 그 음악이다. 대개 가곡(歌曲), 가사, 시조를 부른다. 우조(羽調), 계면(界面), 소용(騷聳), 편락(編樂)은 모두 가곡창의 곡목들이다. 가곡창은 시조를 노래 가사로 삼아 부르되, 3장 6구 중에서 6구는 부르지 않는다.

춘면곡(春眠曲), 처사가(處士歌), 어부사(漁父詞), 상사별곡(相思別曲), 황계(黃鷄)타령, 매화타령은 12가사의 곡목이다. 여기에 백구사, 죽지사, 행군악, 권주가, 양양가, 수양산가가 추가되면 12가사가 된다. 12가사는 조선 후기 기방에서 오입쟁이들이 가장 선호하는 레퍼토리였다.

그 다음 레퍼토리는 잡가와 시조다. 잡가에는 12가사와 곡목 수가 동일한 12잡가가 있는데, 유산가·적벽가·제비가·집장가·소춘향가·선유가·형장가·평양가·달거리·십장가·출인가·방물가가 그것이다. 시조는 시조창을 말하는 것이 분명하다. 다만 오입쟁이들은 12잡가는 12가사에 비해 격이 떨어진다 하여 부르지 않았고, 기생들은 가곡창에 비해 시조창의 격이 낮다고 여기는 풍조가 있었다고 한다. 위의 "잡가 시조"가 꼭 12잡가와 시조창을 가리키는지는 여전히 고찰의 대상이다.

### 가슴 서늘한 기생의 춤사위

춤추는 기생들은 머리에 수건 매고
웃영산 늦은 춤에 중영산 춤을 몰아
잔영산 입춤 추니 무산(巫山) 선녀 나려온다
배떠나기 북춤이며 대무 남무 다 춘 후에
안 올린 벙거지의 성성전(猩猩氈) 중두리에
주먹 같은 밀화증자 매암이 새겨 달고
갑사 군복 홍수 달아 남수화주 긴 전대를
허리를 잔뜩 매고 상모단 노는 칼을
두 손에 빗겨 쥐고 잔영산 모든 새면
항장의 춤일런가 가슴이 서늘하다.[16]

웃영산은 상영산이라고도 하므로 상영산(웃영산)·중영산·잔영산으로 짝이 맞아떨어지는 것은 당연한 이치다. 이 세 곡은 모두 영산회상곡의 변주곡이다. 영산회상곡은 원래 '영산회상

불보살' 일곱 자를 노래하던 불교의 성악곡이었는데, 이것이 뒤에 상영산·중영산·잔영산으로 변주되었던 바 대개 박자의 지속에 따라 구분한 것이다. 즉 잔영산으로 갈수록 곡이 빨라진다. 영산회상곡은 다시 관악곡·기악곡 등으로 발전하였다. 위의 춤들은 아마도 기악곡이나 관악곡의 상영산·중영산·잔영산에 맞추어 추는 춤일 것이다.

이런 음악에 맞추어 추는 춤의 종목은 웃영산 늦은 춤, 중영산 춤, 잔영산 입춤, 배떠나기 북춤, 대무, 남무, 검무의 순서다. 이 중 웃영산 늦은 춤, 중영산 춤, 잔영산 입춤은 도무지 알아볼 곳이 없고, 다만 입춤에 대해서만 간단히 해설을 달 정도다. 입춤은 즉흥적인 춤, 곧 허튼춤의 한 유형으로 팔만 벌리거나 관절만 움직이거나 또는 아래 위로만 움직이며 제 나름대로 멋을 부리며 추는 춤이라고 한다. '배떠나기 북춤'은 서도민요인 배따라기곡을 부르면서 북을 치고 추는 춤으로 보인다. 대무는 남녀가 함께 추는 춤, 남무는 기생이 쪽빛 창의를 입고 추는 춤이다.

이어서 약간 길게 묘사한 춤은 검무다. 검무의 복색을 보면 군복차림으로 머리에는 산수털벙거지를 쓴다. '안 올린'이란 말은 벙거지 안에 천을 대었다는 뜻이고, 성성전 중두리는 성성전(猩猩氈) 곧 성성이의 핏빛 같은 진홍색 모전(毛氈)으로 만든 중두리란 말이다. 이 위에 밀화, 곧 호박으로 만든 증자(繒子)를 붙인다. 증자는 군모 위에 붙이는 장식으로, 품계에 따라 금·은·옥·돌 등 재료의 차별이 있다.

군복은 갑사, 곧 비단으로 짓고, 거기에 붉은 소매(紅袖)를 단다. 그리고 전대(戰帶)를 차는데, 이것은 남수화주 곧 남색의 수를 놓은 화려한 비단으로 만든다. 전대는 양쪽이 다 터진 자루로, 필요할 경우 여기에 물건을 넣고 어깨에 맨다. 장교는 비단으로, 졸병은 무명으로 짓는다. 이것을 남색으로 짓기 때문에 남전대라고 한다. "상모단 노는 칼"의 '상모단'은 미상이고 '노는 칼'은 칼날이 칼자루와 분리되어 움직이게 만든 칼이다. 요즘 검무에서 칼날이 움직이는 것을 떠올리면 된다. '잔영산 모든 새면'은 잔영산 곡과 삼현육각의 삼현이니, 곧 삼현육각의 준말이다. 잔영산과 삼현육각에 맞추어 춤을 춘다는 뜻이 된다.

〈신관도임연회도(新官到任宴會圖)〉 부분 | 기생 두 명이 검무를 추고 있다. 머리에 벙거지를 쓰고 양손에 칼을 들고 있다. 아래쪽 악사를 보면 삼현육각, 곧 피리 두명에 대금·해금·장구·북이 각 한 명씩 구성되어 있다. 고려대학교박물관 소장.

삼현육각은 피리 두 명에 대금, 해금, 장구, 북이 각각 한 명씩 편성된다.

마지막으로 이런 검무가 항장(項莊)의 춤처럼 보인다고 하였는데, 이는 항우가 홍문(鴻門)에서 유방을 불러 연회를 베풀었을 때 항우의 신하 항장이 유방을 죽이고자 칼춤을 추었던 것을 가리킨다. 훗날 고종 연간에 궁중 정재로 항장무가 따로 만들어지지만 이것과는 상관이 없다.

### 사치와 유행을 주도한 부류

요약하면 승전놀음은 먼저 관현악이 한참 연주되고 난 뒤 기생들이 들어와서 가곡·12가사·12잡가·시조 등 성악곡을 부른 뒤, 여러 춤을 추고 검무로 대미를 장식했던 것으로 보인다. 이것을 모두 공연하려면 상당히 많은 시간이 소요되었을 것이다.

이만하면 별감들의 생리가 상상이 되는가? 별감은 복색의 사치와 유행을 주도하고, 시정의 유흥공간을 장악한 그런 부류였다. 이들이 역사 발전에 긍정적 기능을 했느냐 하면 그것은 아니다. 하지만 나는 이들의 존재가 있기에 조선 후기 사회에서 조금이나마 인간의 체취를 느낄 수 있다고 생각한다. 정치와 경제가 소외시킨 인간의 구체적 삶의 모습 말이다.

서두에서 언급했듯 〈한양가〉는 서울 시정의 온갖 부류들이 벌인 온갖 놀음을 소개하고 있다. 이를 살펴보면 오늘날 이 땅에서 벌어지는 오만 가지 유흥과 별 다르지 않음을 알 수 있다. 별감의 사치스런 복색과 화류계 지배는 오늘날 어떻게 변화했는가. 나는 별감의 행태에서 오렌지족이나 상류계층 자제분들의 행태를 연상한다. 무엇이 변하지 않는 본질이고 무엇이 변화한 것인가? 노는 것을 화두 삼아 우리나라 역사를 재구성해보는 것도 재미있지 않으랴.

# 10 은요강에 소변 보고 최음제 춘화 가득하니

— 탕자

앞서 조선 후기 서울 유흥계의 주역이었던 별감에 대해 다루었는데, 나는 별감이란 존재에 관심을 둔 이래, 별감의 속성을 잘 갖춘 실명(實名)의 별감이 존재하지 않을까 늘 궁금했다. 하지만 별감은 있어도, 별감 '아무개'는 없었다. 예나 지금이나 사치하고 노는 일에 골몰한 사람을 긍정적으로 평가하지 않기 때문에, 이름을 남긴 별감이 쉽게 나타날 리 없다. 생각해보라. 당신이 평생 한 일이 무엇이냐는 물음에, 기생의 기둥서방이 되어 술과 도박과 풍악으로 일생을 보냈다고 답할 사람이 있겠는가.

하지만 간절하게 바라면 하늘이 보답하기도 한다. 나는 김윤식(金允植)의 문집을 읽다가 기대에 꼭 들어맞는 인물을 발견했다. 김윤식은 구한말 한문학의 대가이자 정치가로서 알 만한 사람은 다 아는 유명 인물이다. 다만 그의 이름 앞에는 '친일파'라는 수식어가 붙는다. 한일합방 당시 일제가 주는 자작(子爵)의 작위와 은사금(恩賜金) 5만 원을 받은 때문이다. 어쨌든 그의 문집 《운양집(雲養集)》에 실린 〈금사이원영전(琴師李元永傳)〉[1]의 주인공 이원영(李元永)이 바로 별감이다.

이원영과 함께 다룰 인물이 두 명 더 있다. 실존 인물도 아니고 별감도 아니지만, 유흥계를 누볐던 탕자라는 점에서 같은 부류의 인물이다. 〈이춘풍전(李春風傳)〉의 이춘풍과 〈게우사〉의 무숙이가 바로 그들이다. 이들은 오로지 소비와 유흥으로 일생을 보냈다. 이들을 통해 탕자(蕩子)의 전형을 살펴보도록 하자. 우리는 흔히 남성에 한하여 탕자란 이름을 붙이며, 또 그들이 어떻게 탕자가 되는지 너무나 잘 알고 있다. 그런데 이 탕자는 도대체 언제 우리 역사에 등장하였을까? 이에 대해서도 함께 살펴보도록 하겠다. 앞에서도 이 두 소설의 일부를 가끔 인용했는데, 이제 본격적으로 한번 다루어보고자 한다. 먼저 김윤식의 〈금사이원영전〉부터 살펴보자.

### 유흥계 누빈 거문고의 명인, 이원영

김윤식은 30세 때인 1864년 진사시에 합격한 뒤 10여 년 동안 대과(大科)를 보지 않다가, 대원군이 하야하고 고종이 친정을 시작한 이듬해(1874)에야 대과에 합격하여 이후 출세 길을 달린다. 김윤식이 이원영을 만난 때는 진사시 합격 2년 뒤인 1866년이다. 그 전에도 김윤식은 서울에 있을 때 금객을 따라 노닐던 중 종종 그들이 금사 이원영을 칭송하는 소리를 듣곤 했다. 여기서 서울을 표나게 내세운 이유는 김윤식의 원래 집이 경기도 광주이기 때문이다. 1866년 봄 김윤식은 양주에 있는 건원릉(조선 태조의 능)의 참봉으로 있었다. 별 소임이 없는 능참봉을 지내면서 무료해하던 김윤식에게 어떤 사람이 이 고을에 거문고의 명인이 있으니 불러보는 것이 어떠냐고 하였다.

그 사람을 불렀더니, 풍채가 좋은 백발노인이 왔는데 앞을 보지 못했다. 김윤식은 "이곳에는 무엇이 있고, 이곳에는 무엇이 있다"는 식으로 점잖게 안내한 뒤 성과 이름을 물었다. 그런데 그가 다름아닌 젊은 날 귀가 따갑도록 들었던 거문고의 명인 이원영이 아닌가.

"나는 노인장께서 저세상 분이리라 생각했는데, 뜻밖에도 이곳에 계시는군요."

김윤식의 말에 노인은 자신의 평생을 늘어놓았다. 그에게 거문고를 주자, 거문고를 안고 석상처럼 꼼짝을 않더니, 노래를 지어 부르기 시작했다.

이 몸이 어인 몸고?
동궁마마 가까이 모시던 몸이라네.
이 거문고는 어떤 거문고인고?
세자께서 즐거워하시던 거문고라네.
꽃다운 젊은 세월 머물지 않아
이내 몸은 떠돌이가 되었다오.
거문고여, 거문고여!
누가 너를 알아줄까?

노래가 끝나자 한바탕 거문고를 타는데, 그 소리에 눈물을 떨구지 않는 사람이 없었다. 김윤식이 제안을 하였다.

"노인께서는 이제 늙으셨습니다. 세상에 다시 이름을 떨칠 수가 없으니, 내가 노인장을 위해 글을 써서 영원히 전해지게 해보지요."

〈후원유연(後園遊宴)〉 | 여성은 가리마를 쓴 것으로 보아 기생이다. 뒤에 앉은 젊은 남성은 머리에 사방관을 쓰고 담뱃대를 들고 있다. 두 남녀가 거문고 연주를 감상하고 있다. 국립중앙박물관 소장.

김윤식은 이원영의 평생사를 듣고 이것을 전으로 남긴다. 이것이 〈금사이원영전〉이다. 이원영의 삶이 영원히 전해질지는 모르겠으나, 그 글을 보고 내가 이렇게 글을 쓰고 있으니 김윤식의 의도가 과히 어긋나지는 않은 셈이다. 이제 이원영의 이력을 쫓아가보자.

### 기생들과 어울리며 돈을 물 쓰듯 하다

이원영의 초명은 원풍(元豊), 자는 군보(君甫)였다. 그의 가계는 10대조 이래로 모두 거문고를 배운 집안이었고, 이원영의 대에 와서 더욱 이름을 떨치게 되었다. 이런 집안내력을 가진 이원영은 과연 어떤 인물이었던가. 김윤식의 말을 직접 들어보자.

그는 타고난 성품이 호탕하고, 놀기를 좋아하여 집안을 돌아보지 않았다. 나이 열일곱에 액정서 별감이 되어 좋은 옷을 입고, 여러 소년들과 어울려 기방에서 놀았다.

그 다음 일이야 뻔하지 않은가. 아리따운 기생들이 그의 주위에 모여들었고, 그의 거문고에 맞추어 노래를 부르는 사람이 줄을 섰다. 기생들은 그를 흠모하였다. 다시 이원영의 행태를 보자.

기생들이 눈길을 주며 이원영이 자신을 한 번 돌아봐주기를 바라니, 이원영은 돈을 아끼지 않고 널리 그들의 환심을 사는 데 힘썼다. 이 때문에 여러 논다니 사내와 계집이 혀를 차면서 '이 별감이 제일'이라고 하는 것이었다.

이원영의 좋은 시절은 계속 이어진다. 그는 익종(翼宗)의 부름을 받는다. 익종은 순조의 아들 효명세자(孝明世子)로서 순조 27년 2월부터 순조 30년 5월까지 부왕을 대신해 대리청정을 하고 있었다. 이원영이 거문고에 능하다는 말을 들은 익종은 그를 중희당(重熙堂)으로 불러 빼어난 연주를 감상하며 우울한 마음을 달랬다.

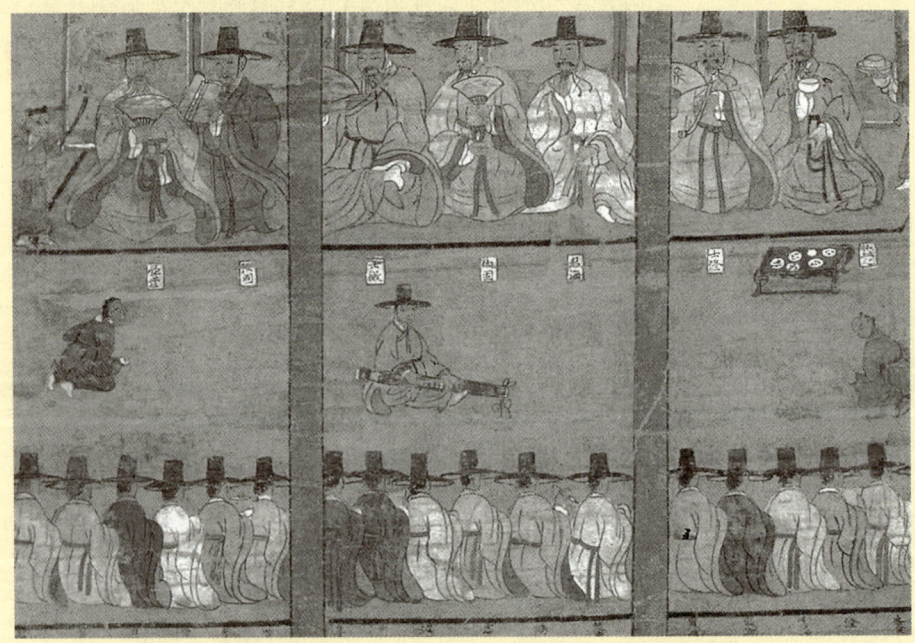

〈을축갑회도(乙丑甲會圖)〉 부분 | 선비들이 둘러앉은 가운데 거문고 연주자가 앉아 있다. 이원영도 이처럼 젊은 시절 양반들의 부름을 받아 자신의 빼어난 연주실력을 발휘했을 것이다. 서울역사박물관 소장.

그러나 이도 잠시였다. 서울 시정을 쏘다니던 왈자가 지엄한 궁중에서 지존지귀(至尊至貴)한 세자를 모셔두고 연주하려니 미칠 노릇이었을 것이다. 장승업(張承業)이 그랬듯 그도 바깥 세상의 음악이 그리웠다. 그는 병이 들었노라 핑계를 대고 궁궐을 나와 다시 예전처럼 방탕한 삶으로 돌아갔다. 거문고 연주도 점차 오묘한 경지로 진보하여, 당대의 일류 벼슬아치들이 다투어 그를 불러 연주를 들었다.

권세가들은 오묘한 거문고의 음률을 선사한 이원영에게 내사 별제(別提), 경복궁 위장(衛將) 등의 벼슬을 주어 보답했다. 내사 별제는 내수사(內需司) 별제를 말한다. 내수사는 왕의 개인 재산을 관리하는 곳으로 수입이 많은 알짜배기 자리였다. 그는 자급(資級 : 벼슬아치의 위계)도 올라, 마침내 정2품에 해당하는 자헌대부(資憲大夫)에 이르렀다. 물론 정2품의 품계를 받는다 해서 무슨 실권을 쥔 것도 아니고, 그 자급으로 실권이 있는 관직에 나아간 것도 아니지만, 어쨌거나 일개 금사로서 비록 이름뿐이기는 하나 양반이 아닌 부류가 오를 수 있는 최고의 자급까지 올랐으니, 꽤나 출세한 셈이다. 이 모든 것이 그의 연주를 사랑했던 공경가(公卿家)들의 힘이었다.

### 탕자의 후회, 늙어서 알게 된 부부의 즐거움

하지만 오르막이 있으면 내리막이 있는 법. 이원영의 좋았던 시절도 저물기 시작한다. 중년이 되자 그는 창의문(彰義門) 밖 경치 좋은 곳에 집을 짓고, '일계산방(一溪山房)'이란 편액을 걸었다. 연주 현장에서 은퇴하고 거문고 교사가 된 것이다. 그는 교사로서도 빼어난 자질을 발휘했다. 그의 지도를 한 번 거치면 누구나 탁월한 연주자가 되었기 때문에 배우려는 사람들이 다투어 그를 찾았다. 그러나 살림살이는 점차 궁핍해져 얼마 안 가 가세가 기울었다. 그는 수원부(水原府)의 송산촌(松山村)이란 곳으로 내려가 오막살이를 짓고 자손을 가르치며 농사를 지어 자급하였다.

나이가 들면서 눈이 침침해졌고 이내 사물을 구분할 수가 없게 되었다. 거의 장님이 되었으니 바깥출입이 용이할 리가 없다. 김윤식은 그가 '성시(城市)'에 족적이 미치지 않은 것이 거의 1기(紀 : 12년)라고 적고 있다. 그는 서울의 화류계에서 완전히 잊혀진 사람이 되었다. 평소 그의 이름을 알던 사람도 그를 아득히 옛사람인 양 여기게 되었다. 이원영은 늙어 쓸모없는 몸이 되었고, 게다가 흉년이 들어 살림이 더욱 궁박해졌다. 아내 또한 등이 굽은 꼬부랑할미가 되었다. 옛날 생각이 나지 않을 수 없다. 김윤식이 털어놓는 탕자의 회개를 보자.

이원영은 옛날 일을 떠올렸다. 자기 하고 싶은 대로 이름난 기생을 첩으로 들여앉히고 집안일일랑 돌아보지 않으며, 재산을 기울여 기생의 욕심을 채워주었다. 아내만 혼자 온갖 고생을 하며 집안을 추슬러나갔다. 집안 재산이 마침내 거덜나자, 기생첩은 떠나갔고 아내만 남아 자신의 옷이며 밥을 챙겨주었다. 이제 가난해지니 속으로 후회가 끓어올랐으며, 아내에게 몹시 부끄러웠다.

탕자는 낭비와 도박, 유흥으로 재산을 탕진한다. 무엇보다 결정적인 것은 복잡한 여자관계다. 이원영은 탕자의 법칙에 따라 화류계의 반반한 여자를 첩으로 끌어들였다. 그 이후에는 몰락의 공식이 비정할 정도로 정확하게 작동한다. 돈을 보고 온 여자는 돈을 빨아내기 위해 전력을 투구하고, 마침내 돈이 바닥나자 냉혹하게 떠났다. 아리따운 기생들 사이에서 평생을 보낸 그에게 남은 여성은 허리 꼬부라진 늙은 아내뿐이다. 비로소 아내에게 미안한 생각이 든다. 그러나 이제 어쩔 도리가 없다.

이원영의 아내는 어떤가. 평생 투계장, 도박장, 풍류마당을 쏘다니다가 이제 황량한 산골 구석에서 장부의 뜻을 굽히고 사는 남편을 보니 안쓰럽다는 생각이 들었다. 하지만 달리 생각해보면 이 사내는 이제야 온전히 자신의 남편이 되었다. 청춘 시절 남남처럼 지냈던 남편과 늘그막에 머리를 맞대고 의지해 살 수 있게 된 것도 다행으로 여겨졌다. 조선시대 여성인 이원영의 아내에게 다른 생각은 없었을 것이다.

이원영의 집안은 휑뎅그렁했다. 오로지 거문고 하나가 있을 뿐이었다. 가을날 밤이 깊어 나뭇잎이 쓸쓸히 뜰에 떨어지면 늙은이는 일어나 거문고를 뜯고 거기에 맞춰 노래를 불렀다. 아내 역시 평생 거문고 소리에 귀가 익었는지라 옆에서 연주를 비평했다. 그 즐거움도 보통이 아니었다. 이원영은 말한다.

"늙어서야 비로소 부부의 즐거움을 알게 되었소."

〈금사이원영전〉은 이렇게 끝난다. 물론 김윤식은 경계하는 말을 잊지 않는다.

이 세상에 경박하고 놀기를 좋아하며 비단옷을 베옷인 양 천히 여기는 자가 하루아침에 이원영처럼 늙은이 처지가 되

〈야연(野宴)〉 | 야외에서 술판이 벌어졌는데, 기생으로 보이는 여성 둘도 끼여 앉아 있다. 가운데 고기를 굽고 옆에 술상도 한 상 차려 있다. 기생과 어울려 유흥으로 날을 보내는 이들이 아닐까? 국립중앙박물관 소장.

지 않을 줄 어찌 알겠는가? 이 전을 보는 사람은 아마도 느낌이 있을 것이다.

김윤식은 점잖은 고문작가였다. 따라서 이원영을 묘사하는 방식도 점잖다. 그러나 이원영이 얼마나 호사스럽고 방탕한 생활을 했을지 짐작하기란 어렵지 않다. 그런데 이런 일이 이원영만의 일이겠는가. 주색잡기에 몰두하면 패가망신할 확률이 높다. '반드시'라 하지 않고 '확률이 높다'고 한 것은 그 관계가 필연적이지는 않기 때문이다. 어쨌거나 확률이 높으니, 이원영의 일이 이원영만의 일일 수는 없다.

### 유흥하는 인간의 전형, 이춘풍

이제 소설을 보자. 먼저 19세기에 널리 읽혔던 〈이춘풍전〉을 살펴본다. 여기서 19세기란 지금 남아 있는 소설이 19세기에 필사되었다는 뜻이고, 실제 창작 시기는 그 이전으로 소급된다. 〈이춘풍전〉은 〈춘향전〉〈흥부전〉 등 몇몇 고전소설과 함께 현대에도 꽤나 유명한 작품이다. 명절이면 '마당놀이'라는 새로운 장르로 공연되기도 한다. 방탕한(그리고 어리석은) 남편(남성)과 똑똑한 아내(여성)란 대립구조를 갖고 있기 때문에 페미니즘 시대에 더욱 환영받는지도 모르겠다. 하지만 이 소설은 19세기의 사회문제를 다룬 것으로 남녀의 대립은 차라리 부차적이다.

〈이춘풍전〉의 이춘풍은 조선 후기 등장한 소비하는 인간, 유흥하는 인간의 전형이다. 이춘풍은 서울 다락골 출신인 것으로 보아 아마도 서리층인 듯싶다. 다락골은 인왕산 아래 누각동(樓閣洞)을 말하는데, 이곳에는 양반보다는 서리들이 많이 살았다. 또 이춘풍이 평양 장삿길에 서슴없이 나서는 것을 보아도 그는 분명 양반은 아니다.

이춘풍의 아버지는 '장안의 거부(巨富)'였다. 외아들로 자라난 이춘풍은 부모가 너무나 사랑한 나머지 '교동(驕童)' 즉 교만한 성품의 아이가 된다. 소설적 설정이지만, 춘풍의 부모는 춘풍을 남기고 구몰(俱沒)한다. 삼년상을 마치자 달리 할 일이 없다. 외아들이라 옆에서 붙잡아주는 형제도 없다. 그는 과연 무엇을 했던가.

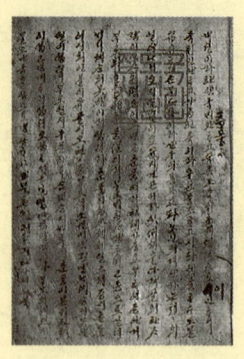

〈이춘풍전〉 | 무능하고 방탕한 남편 때문에 몰락한 가정을, 슬기롭고 유능한 아내가 재건한다는 이야기 전개가 신선하다. 조선 후기의 사회상을 엿볼 수 있는 작품이다.

춘풍이 오입하여 하는 일마다 방탕하고, 세전지물 누만금을 남용하여 없이할 제, 남북촌 오입쟁이와 한 가지로 휩쓸려 다니며 호강하며 주야로 노닐 적에, 모화관 활쏘기와 장악원 풍류하기, 산영에 바둑 두기 장기 골패 쌍륙 수투전 육자배기 사시랑이 동동이 엿방망이 하기와, 아이 보면 돈주기, 어른 보면 술대접하여, 고운 양자 맑은 소리, 맛 좋은 일년주 며 벙거짓골 열구지탕 너비할미 갈비찜에 일일장취 노닐 적에, 청루미색 달려들어 수천금을 시각에 없이하니, 천하 부자 석숭인들 그 무엇이 남을손가. 티끌같이 없어지고 진토같이 다 마른다. 전에 놀던 청루미색 나를 보면 헤어진다.[2]

이춘풍이 하는 일이란 오로지 돈을 쓰는 것이다. 돈을 없애는 주 종목은 첫째 도박이다. 바둑 두기 이하 장기·골패·쌍륙·수투전 등 18세기 이래 비상하게 유행했던 도박 종목을 섭렵한다. 그 다음은 기방 출입이다. "고운 양자, 맑은 소리"라고 했으니, 이건 기생이 노래를 부르는 기방이 틀림없다. 음식도 일년주, 벙거짓골, 열구지탕, 너비할미(너비아니의 오기인 듯), 갈비찜 등 사치스럽다. 하지만 무엇보다 돈을 날리는 결정적인 방법은 기생에게 홀리는 것이다. 청루의 미색이 달려들어 수천금을 시각에 없이한다고 하지 않는가. 이춘풍은 뒷날 평양에 가서 다시 한 번 고비용(高費用)의 실습을 치르게 된다.

결국 이춘풍 수중에 돈이 떨어진다. 돈 없는 탕자가 돌아갈 곳은 어딘가? '가빈(家貧)에 사현처(思賢妻)'라는 오래된 말을 되새기며 집으로 돌아온다. 아내는 돌아온 탕자 남편을 어떻게 대하는가. 남편·아버지·아들이 절대적 우위를 점하고 아내·어머니·딸에게 권위를 행사하던 조선시대에, 아내가 돌아온 탕자(가장)를 쫓아낼 수는 없다. 다만 애써 충고할 따름이다. 단락에 번호를 붙여 살펴보자.

(1) 여보소. 내 말 듣소. 대장부 되어나서 문무간(文武間)에 힘을 써서 춘당대 알성과에 문무 참예(參預)하여, 계수화(桂樹花)를 숙여 꽂고 청라삼(靑羅杉) 떨쳐 입고 부모 전에 영화 뵈고, 후세에 이름 내어 장부의 사업을 하면, 패가를 할지라도 무엄치나 아니할고? 그렇지 못하면 치산(治山)을 그치 말고 농업을 힘써서 자식에게 전장(傳庄)하고 내외가 종신토록 환력평생(還歷平生)하게 되면, 그도 아니 좋을손가.

(2) 부귀공명 마다하고 이녁이 어찌 굴어 부모의 세전지물(世傳之物) 일조일석 다 없애고, 수다한 노비 전답 뉘에게다 전장하고 처자를 돌아보지 않고, 주지탐색 수투전 주야로 방탕하여 저렇듯이 되었으니 어이하여 사잔말고.

(3) 마오 마오, 그리 마오. 주색잡기 좋아 마오. 자고로 오입한 사람 뉘 아니 탕패한가. 내 말 잠깐 들어보소. 미나릿골 이패두(李牌頭)는 청루 미색 즐기다가 나중에 신세 글러지고, 동문 밖의 오패두(吳牌頭)도 투전 잡기 즐기다가 말년에 걸인 되고, 남산골 화진이도 소년의 부자로서, 주색잡기 즐기다가 늙어서 그릇 죽고, 모시전골 김부자도 술 잘 먹고 허랑하기 장안에 유명터니, 수만금을 다 없애고 기름장사 다니네. 일로 두고 볼지라도 주색잡기 다시 마오.

(1)에서 이야기하는 가치는 둘이다. 첫째 과거에 합격하여

〈야연(野宴)〉, 성협 | 야외에서 남자 여럿이 둘러앉아 고기를 구워 먹고 있다. 그림과 같이 고기를 구워먹는 것을 벙거짓골이라 하는데, 18세기부터 유행하기 시작했다. 국립중앙박물관 소장.

입신양명함으로써 부모에게 효도하는 것, 둘째 그것이 아니면 농업에 힘써 재산을 자손에게 물려주고 부부 동락하는 것이다. 아마 이는 조선시대 사람들이 세속적으로 생각할 수 있는 최고의 가치였을 것이다. 그러나 이춘풍은 이런 가치를 추구하지 않고 (2)와 (3)에 열거된 주색잡기로 생을 보냈다.

아내의 타박에 대한 이춘풍의 답변은 앞서 소개한 바 있다(3장 '도박' 참조). 이춘풍은 성실한 사람이 반드시 잘된다는 보장이 어디 있냐면서 "사환 대실이는 술 한 잔을 못 먹어도 돈 한 푼 못 모았지만, 자골전 일손이는 주색잡기하였어도 나중에 잘되어 벼슬까지 하였다"고 강변하였다. 그럴듯하지 않은가? 성실한 사람이 반드시 잘사는 사회는 아닌 것이다. 물론 적게 소비하고 많이 저축하면 돈을 모을 수 있다. 그러나 그것은 삶의 과정이 지극히 단순하다는 전제 아래 가능하다. 만약 건강을 잃는다면, 아내나 남편이 죽는다면, 전쟁이 난다면 등 재산 축적을 방해하는 요인은 수십 가지도 넘는다. 어쨌거나 탕자의 변명에도 일말의 설득력은 있다. 이 점은 뒤에 다시 따져보기로 하자.

### 딴소리하면 비부지자婢夫之子

이춘풍은 이런 말로 아내의 입을 막고 다시 가산탕진에 매진한다. 결과는 자명하다. 그는 '조석을 이룰 수 없을 정도로 가산을 탕진'하고서야 완전히 집으로 돌아온다. 아내에게 사과하고 지성으로 빌며, 가장의 권한을 포기한다. 아내가 근고하여 돈을 모아도 옛 버릇이 나서 낭비할 줄 어떻게 아느냐고 하자, 이춘풍은 맹세하는 문서를 써준다. 아내가 당신의 성격상 문서의 내용을 준수하지 않을 수 있다고 침을 놓자, 춘풍은 "이후로 달리 딴소리를 하면 비부지자(婢夫之子)"라는 치욕적인 내용의 문서를 다시 써준다. 아내는 문서를 챙겨쥐고 과연 근검절약으로 다시 유족한 살림을 이룬다.

그러나 탕자가 늘 그렇듯 이춘풍은 곤경에서 벗어나자 딴 생각이 들었다. 호조 돈 2천 냥을 빌려 평양으로 장사를 떠나려 한다. 아내가 평양은 색향(色鄕)이라 "돈 많고 허랑한 사람 세워두고 벗긴다"면서 옛날 이춘풍이 써준 문서를 들이대고 만류하자, 이춘풍은 그 동안 억눌러두었던 가장으로서의 권위를 세운다.

"천리 원정 장삿길에 요망한 계집년이 잔말을 하니, 이런 변 또 있는가?"

소설의 작자는 이 말과 함께 이춘풍이 아내를 다루는 손속을 이렇게 묘사한다.

"어질고 착한 아내 머리채를 선전시전 비단 감듯, 상전시전 연줄 감듯, 사월 초파일 등대 감듯, 뱃사공의 닻줄 감듯, 휘휘칭칭 감아 쥐고 이리 치고 저리 친다."

아아, 끔찍한 가정폭력이여, 그 뿌리가 깊기도 하구나. 그 다음은 다 아는 얘기다. 춘풍은 평양 기생 추월(秋月)에게 홀려 장사밑천을 다 날린다. 추월이 춘풍의 밑천을 들어먹는 솜씨가 다양하기 짝이 없다.

통한단 쌍문초(雙紋綃) 도리불수 능라단(綾羅緞), 초록 저고리감 날 사주오. 은죽절 금봉채 갖은 노리개 날 해주오. 두리소반 주전자 화로 양푼 대야 날 사주오. 동래반상 안성유기 구첩반상 실굽다리 날 사주오. 요강 타구 새옹 남비 청동 화로 날 사주오. 백통대 은대 금대 수북 담뱃대 날 사주오. 문어 전복 편포 안주하게 날 사주오. 연안(延安) 배천(白川) 상상미(上上米)로 밥쌀하게 팔아주오. 동래 울산 장곽(長藿) 해의(海衣) 날 사주오.

기방을 이용한 손님이 어떻게 대가를 지불했는가에 대해서는 연구된 바 없으나, 기생이 자신과 살림을 차린 손님을 털어먹는 방식은 대체로 위와 같았다. 아니, 지금도 그렇지 아니한가? 젊고 아름다운 여성과 딴살림을 차린 돈 많고 늙은 남성들이 무엇으로 그 여성을 붙잡아두는가? 다 알다시피 옷과 살림과 집을 사준다. 옛날이나 지금이나 이쪽 방면은 바뀐 것이 별로 없는 것 같다. 돈을 다 털린 이춘풍은 급기야 추월이 집의 사환이 된다.

〈이춘풍전〉의 후반부는 여성들에게 통쾌한 이야기다. 춘풍의 아내는 기지로 평양감사의 비장(裨將)이 되어 평양으로 가서 추월을 징치하여 돈을 되찾고 이춘풍도 덤으로 찾아온다. 물론 이번에는 정말로 회개한 이춘풍이다.

잠시 평양 기생 이야기를 해보자. 문헌을 보건대, 평양 기생은 서울 기생과 생리가 사뭇 달랐던 것 같은데 이 역시 연구된 바 없다. 다만 상인들이 평양 기생에게 장사밑천을 날렸다는 이야기가 더러 전한다. 이능화의 《조선해어화사(朝鮮解語花史)》를 보면, 평양 기생에게 홀린 상인 이야기가 몇 개 있다. 첫번째 이야기를 소개하면 이렇다. 남쪽 지방의 한 상인이 배에 생강을 가득 싣고 평양으로 떠났다가 평양 기생에게 홀려 생강을 몽땅

날리고 쫓겨났다. 깨고 나니 이처럼 허망한 일이 없다. 그 심정을 시로 읊었다.

멀리서 보니 말〔馬〕 눈깔 같고,
가까이서 보니 고름주머니 같네.
두 볼에는 이〔齒〕가 하나도 없는데,
배 한 척 생강을 죄다 삼켰네.
遠看似馬目, 近視如濃瘡.
兩頰無一齒, 能食一船薑.³

눈치 빠른 독자들은 무엇을 두고 하는 소리인지 짐작이 가실 것이다. 상인의 주머니를 털었던 평양 기생의 수단이 무엇인지를.

## 십만 냥 들여 유산놀음 벌인 무숙이

〈이춘풍전〉의 이춘풍보다 더한 소비와 유흥으로 일생을 보낸 탕자는 소설 〈게우사〉의 주인공 무숙이다. 〈게우사〉는 18세기에 소설의 얼개가 대강 완성되었고, 현재 우리가 읽을 수 있는 작품은 19세기 후반에 필사된 것이다. 먼저 소설의 줄거리를 간단히 요약하면 이렇다. 서울 장안의 갑부 무숙이는 사치와 유흥으로 사십 평생을 보낸 사람이다. 이런 저런 놀음으로 평생을 보낸 터라, 이제 흥이 나지 않는다. 일품요리도 매일 먹으면 빈자(貧者)의 소찬(素饌)과 다름없는 법. 사치와 유흥도 일상이 되면 전혀 즐겁지 않다.

무숙이는 최후로 한판 놀음을 벌인 뒤 유흥과 오입을 청산하고 착실한 사람이 되기로 결심한다. 이 엉뚱한 선언에 말리는 왈자, 찬동하는 왈자들이 논란을 벌이고 과연 어디서 최후의 한판을 펼칠까 고민하던 중, 군평이란 왈자가 평양 기생 의양이가 화개동(花開洞)에 기방을 열었는데 천하절색이라 하여 거기로 가기로 한다. 무숙이는 의양을 보는 순간 그 자리에서 반해 첩으로 들여앉히기로 결심한다. 의양이 거절하자, 무숙이는 집에 돌아와 절절한 연서(戀書)를 보내어 의양이의 마음을 사로잡고, 마침내 그녀와 딴살림을 차린다.

평생을 유흥판과 오입으로 보낸 무숙이가 의양이와 살림을 차리기로 한 뒤 벌인 일은 무엇인가. 우선 내의원 소속 기생인 의양이를 면천(免賤)시키기 위해 엄청난 돈을 들인다. 그리고 의양과의 살림집을 호사스럽게 마련하고 오로지 돈 쓰는 일로 나날을 보낸다.

의양은 이런 생활을 보내다가 무숙이 몰락하면 원망이 자기에게 돌아올 것을 염려하여, 자기도 평양과 한양성에서 돈 잘 쓰는 인간을 두루 보았지만 당신처럼 굉장한 사람은 처음 보았다고 비꼬면서 추켜세웠다. 그러자 무숙이는 이를 곧이듣고 자신이 얼마나 돈을 잘 쓰는 사람인지 자랑한다.

무숙이는 장악원의 악공과 온갖 음악인을 다 불러 서울 근교의 경승지를 돌아다니며 거창한 유산(遊山)놀음을 벌이는데, 여기에 10만 냥 이상을 쏟아부었다. 이어 의양이에게 자랑하기 위해 배를 새로 만들어 선유(船遊)놀음을 벌인다. 이 역시 판소리 광대를 비롯한 온갖 연예인을 다 불러모으고 유산놀음 이상 가는 비용을 들인다.

〈주유청강(舟遊淸江)〉, 신윤복 | 양반들과 기생들이 선유놀음하는 풍경이다.

　의양은 무숙의 아내와 몰래 모의하여 그를 길들이기로 작정한다. 의양은 종 막덕이와 무숙의 친구 별감 김철갑 등의 협조로 무숙의 재산을 남김없이 빼돌린다. 종 막덕이를 시켜 온갖 곳에서 빚을 갚으라고 요구하더라 하며 그것을 빌미로 재산을 빼돌려 감춘 것이다. 무숙은 알거지가 되어 본가로 돌아가 품팔이 노동을 한다. 품팔이 노동자로 전전하던 무숙은 결국 돌고 돌아 의양의 집에서 중노미 노릇을 하게 된다. 여기서 무숙은 의양의 계획에 따라 온갖 수모를 겪는다. 마지막으로 의양이는 무숙의 친구 별감 김철갑과 짜고 무숙이 보는 데서 농탕질을 치는데, 이 광경을 본 무숙이가 둘을 죽이겠다 마음먹고 비상을 푼 물을 끓인다. 무숙이 비상물을 달이는 것을 보고, 의양은 모든 일이 무숙을 개과천선시키고자 짠 각본이었음을 털어놓는다. 이하는 낙장이라 알 길이 없지만, 무숙은 아마도 새 사람이 되었을 것이다.

열냥 쓸 데 천냥 쓰고
천냥 쓸 데 한냥 쓰니

어떤가, 〈게우사〉와 〈이춘풍전〉은 슬기로운 아내가 방탕한 남편을 길들인다는 동일한 주제와 유사한 플롯을 갖고 있다. 아내가 남편을 회개시킨다는 설정은 사실 비현실적이다. 하지만 두 소설은 철저히 소비적이고 유흥적인 인간을 다루고 있다는 점에서 조선 후기 사회의 진실을 보여주고 있다. 나는 사실 그들의 회개에는 관심이 없다. 오로지 관심이 있다면, 이춘풍과 무숙이처럼 소비적이고 유흥적인 인간이 출현했다는 사실이다. 무숙이 얼마나 사치스런 인간인지 살펴보자. 다음은 무숙이가 기방에서 자신은 이제 화류계 출입을 그만두겠노라고 맹세하러 가는 길에 차려입은 모양새이다.

석양산로(夕陽山路) 제비같이 어식비식 들어올 제, 호사치레 볼 양이면, 엽자(葉子)동곳 대양중(大洋中)의 산호동곳 어깨 꽂고, 외올망건 대모관자 쥐꼬리 당줄 진품 금패 좋은 풍잠 이마 위에 숙여 띠고, 갑주(甲紬) 보라 잔줄 저고리 백갑주 누비바지 백제우사 통한삼의 장원주 누비동옷 통화단 잔줄배자 양색단 누비토수 순밀화장도(純蜜花粧刀) 학슬안경(鶴膝眼鏡) 당세포(唐細布) 중치막에 지품당띠 통대자 허리띠며, 우단낭자 오색모초 고운 쌈지 당팔사(唐八絲) 끈을 달고, 용두향에 대당전을 안 옷고름에 달아 차고, 버들잎 본 고운 발 육날 미투리 수지 버혀 곱걸어 들먹이고…….

앞서 별감의 호사스런 복색에 대해 언급한 바 있는데, 별감

특유의 옷만 빼면 의복과 장신구는 별반 다른 것이 없다. 어쨌거나 호사의 극을 달리는 옷치레다.

무숙이는 소비하는 인간이자 사치하는 인간이다. 물론 소비와 사치가 인간을 필연적으로 몰락시키지는 않는다. 몰락은 소비와 사치를 조절하지 못하는 데서 기인하니, 무숙이가 바로 그런 인간이다. 그는 돈을 쓰는 데 있어 전혀 계획성과 절제가 없다. 의양이와 살림을 차리기로 했을 때 그가 맨 먼저 한 일은 의양이를 기적에서 빼내는 것이었다. 의양이는 관기로서 약방에 소속된 약방기생이니, 당연히 약방에 줄을 대고 돈을 써야 할 텐데 그는 전혀 계획성이 없다. "구실을 떼어도 긴한 곳을 생각하여 한 군데만 청을 해도 될 일"을 "협협하고 일 모르고 제 형세만 생각"하여 상의원 침선비에게 3백 냥, 공조의 행수(行首)·부행수·행수 기생·부행수 기생에게 4백 냥, 약방 장무서원(掌務書員)에게 5백 냥, 그리고 부제조 대감(내의원 부제조)에게 1천 냥, 이럭저럭 4천~5천 냥을 들인다. 이렇듯 무숙이의 돈 쓰기는 요령부득이다.

무숙의 미친 마음 내두사 경영 없이 뒤끝을 생각잖고 돈 쓰기만 위주하고 남만 좋게 하자 하니, 손톱 밑에 배접만 알고 뱃속 내종(內腫)은 몰랐으니, 무숙의 잡놈 지식을 금할 사람 뉘 있으랴? 매일 일용 쓰는 것이 삼사백을 넘어 쓰고 갖은 율속 풍유랑과 명기 명창 선소리며 소창 범백 각기 처하 하루 잠깐 놀고 나도 근천금씩 탕탕 쓰고, 일가 족속 노속 간에는 푼전일이 땀이 나고 담배씨로 간거리를 파니, 사론 공고 버서진 놈 무뢰잡탕 허랑객 중에 무숙이가 어른이라. 돈을 써도 수가 있고 아니 써도 수가 있는데, 열냥 쓸 데 천냥 쓰고, 천냥 쓸 데 한냥 쓰니, 적실인심 무숙이고 불의 심사 무숙이라.

돈을 쓰는 데 도무지 규모라고는 없다. 오로지 노는 일에 골몰하고 노는 일에만 돈을 물 쓰듯 쓴다.

### 기생첩에게 선물한 호화주택

의양이를 기적에서 빼낸 후 곧 의양이와 살 집을 마련한다. 의양이가 머물고 있던 화개동 경주인(京主人) 집을 5천 냥에 산다. 집치레를 훑어보자.

내사 지위 토역장이 청우정(聽雨亭) 사랑 앞에 와룡(臥龍)으로 담을 치고 석수장이 불러 숙석(熟石)으로 면을 치고, 전후좌우 좋은 화계 모란 작약 연산홍과 들충 측백 전나무며, 금사화 죽연 포도화 측죽황 연브려 있다. 옥분에 심은 매화, 녹죽 창송 천고절을 여기저기 심어놓고 사계 철죽 향일화며 난초 파초 좋은 종을 대분에다 심어놓고, 향원 춘색 어린 곳에 화중군자 연화꽃 너울너울 넘노난 듯 홍도 벽도 일지매화 일단선풍 기이하고 치자 동백 석류분에 유자 화분 더욱 좋다. 사신 행차 부탁하여 오색 붕어 유리항에 백연조, 앵무조며 학두루미 나래 벌여 뚜루룩 길룩 길들이고, 완자담 일광문은 갖은 추병(?) 틀어 있고, 청삽사리 문 지키고 백수흑면 좋은 개는 천석 누리 노적 밑에 잠을 재워 길들이고, 억재(?) 황우(黃牛) 소 두 마리 양지 바로 마구 지어 그득하게 세워두고 이게 마당치레다. 온갖 꽃과 나무를 심어놓고 오색붕어·백연조·앵무새·학두루미를 애완동물로 키우며, 거기에 집을 지킬 개와 농사 지을 소를 기른다. 기생첩에게 주는 호화주택인 셈인데, 너무 거창하지 않은가? 나는 여기서 무숙의 사치뿐만 아니라, 조선 후기 백성들의 간절한 소원을 본다. 이 집은 아마도 당시 백성들이 꿈꾸었던 이상적 주거 형태일 것이다. 이제 집안 내부를 돌아보자.

방안치레 차릴 적에, 각장장판(角壯壯版) 당지도(唐紙塗)며 매화류 방장 개천도(開天圖)를 항상 보기 좋게 걸어두고, 대모병풍(玳瑁屛風) 삼국 그림 구운몽도(九雲夢圖) 유향도며 관동팔경 좋은 그림 각병에다 그리고, 화류평생 금패서안 삼층들이 각게수리 오시목 갖은 문갑 자개함롱 반닫이 대모 책상 산호필통 사서삼경 온갖 책을 적성권축(積成卷軸) 쌓아두고, 돈피방장(獤皮房帳) 호피방장(虎皮房帳) 왜포 청사 모기장을 은근히 드리우고, 평생 먹을 유밀과며 평생 쓸 당춘약(唐春藥)과 진옥 새긴 별춘화도(別春畵圖) 청강석(靑剛石) 백강석(白剛石)과 산호 호박 청백옥 모두 들여 온갖 가화(假花) 칠보 새겨 유리 화류장을 꾸며내어 보기 좋게 놓아주고, 천은(天銀) 요강 순금 타기(唾器) 백동(白銅) 재떨이 백문 설합 새별 같은 대강선의 철침 퇴침 대안석의 대체경(大體鏡) 소체경(小體鏡)에 오도독 주석 놋촛대에 양초 박아 놓아두고 유리 양각등을 달고, 홍전(紅氈) 백전(白氈) 몽고전(蒙古氈)과 진지 보초 모탄 …… 각색 금침 수십 벌과 십성진품(十成珍品) 갖은 패물 좋은 모물(毛物) 걸어놓고 각종 그림과 책과 문방구, 이부자리 등 소소한 생활 제구로 집안을 가득 채우고 있다. 물론 최고급이다. 오죽했으면 침이나 가래를 뱉는 타구조차 순금으로 만들고[純金唾器], 요강조차 은으로 만들었을까. 그뿐이랴. 오입쟁이 잡놈답게 중국에서 수입한 최음제(평생 쓸 당춘약)와 포르노그라피 춘화(진옥 새긴 별춘화도)까지 구비하고 있다. 어디 이뿐인가.

산삼 녹용 부경 잡탕 경옥고 팔미환(八味丸) 사물탕(四物湯) 쌍화탕을 장복하고, 은금보화 비단 포목 구산(丘山) 같이 쌓아놓고, 사절 의복 삼세 벌에 멀미증이 절로 나고, 고량진미 어육 포식 보기 심상 쌓였으니, 씀바귀 나물 시래기 된장덩이 산채나물이 새맛이라 의식이 그립잖고 근심 걱정 없어지니 석숭 의돈 부러할가.

보약과 정력제가 가득하고 고량진미까지 푸짐하다. 이는 판소리의 과장적 수법에서 유래한 것으로 볼 수도 있다. 하지만 이 역시 현실을 바탕으로 하고 있다. 당대인이 상상할 수 있는 최대치의 호사일 것이고, 이는 아마도 당시 부호들의 실제 생활과 그리 멀지 않을 것이다.

### 기생도 놀란 씀씀이

이렇듯 무숙이는 돈 쓰는 것이 일생의 소업이다. 사치와 소비로 일관하는 그의 생활을 보고 의양이는 기가 막힌다. 만약 무숙이가 탕패한다면 모든 책임이 기생첩인 자신에게 돌아올 것이다. 그래서 시치미를 떼고 화색을 지어 슬쩍 무숙의 속을 떠본다.

나도 평양 같은 번화장과 장안성 남북촌의 호걸남자 오입쟁이 돈 쓰고 노는 일을 드문드문 들어도, 서방님 돈 쓰고 노는 위풍 찰찰한 멋 아는 법은 아국무쌍(我國無雙)이오. 재사 일등고작간이(?) 간간한 서방님 정에 지쳐 내 죽것네.

어리석은 무숙은 비꼬는 줄도 모르고 "자네가 내 수단 돈 쓰고 노는 양을 구경하면 장관 되리"라고 말한다. 이에 의양이 "호기 있게 노는 것과 돈 쓰는 구경을 한 번 하면 좋겠소"라고 하자, 무숙이는 앞에서 말한 것처럼 십만 냥이나 드는 거창한 유산놀음을 벌인다. 놀음이 끝나자 의양은 기가 막힌다.
"이번 놀음에 십만 냥을 넘게 썼으니, 호기 있는 서방님을 선천지 후천지의 본받을 이 뉘 있을까?"
"그까짓 돈 쓴 것이 무엇이 그리 대단할까?"
"그 웃수로 노름하고 돈을 쓰면 어떻게 쓰오?"
"선유놀음 하거든 귀경을 하소."
선유놀음에 계산도 못할 정도의 돈을 쏟아붓는다. 의양은 무숙이의 낭비에 충격을 받고 "정신이 아득하여 면경 체경 화류문갑을 각장장판에 내던지면서" 험한 소리를 퍼붓는다. 끝부분을 인용한다.

요 자식아 잡자식아 쓸개 없는 김무숙아, 알심 많고 멋 아는 일 너와 삼생 원수로다. 안고수비(眼高手卑) 네 큰 수단 네 집 처자 피가 나니, 가성고처원성고(歌聲高處怨聲高)를 널

〈회혼례도(回婚禮圖)〉 부분 | 회혼례를 맞이하여 잔치가 벌어졌다. 하객들을 즐겁게 해주기 위해 광대들이 공연을 벌이고 있는 광경이다. 판소리 광대가 소리를 하고 고수가 북을 치며, 줄광대가 삼현육각 반주에 맞추어 줄타기를 하고 있다. 당시 놀이판의 모습을 엿볼 수 있다. 홍익대학교박물관 소장.

로 두고 이른 말이.

하지만 이 정도 험한 소리에 회개할 무숙이가 아니다. 그런데 이 국면에서 중요한 것은 의양이의 입에서 나온 무숙이가 낭비한 돈의 출처다. 그 돈은 원래 열두입변, 대돈변, 체계돈, 마계돈 등 이름도 요상한 대금업자에게서 차용한 돈이다.

무숙의 아내는 "허다한 선물, 공물, 시골 농막, 가대, 세간"을 수없이 방매하여 이 빚을 막아낸다. 오로지 빌린 돈으로 거창한 유흥비를 마련하면, 이를 무숙의 아내가 막아낸 것이다. 하지만 탕자는 아내의 고생이든 기생첩의 막말이든 도무지 돌아보지 않는다. 아니 그렇게 쉽게 회개한다면 탕자가 아니다.

의양이가 막덕이와 계략을 꾸미며 가장 집물을 빼돌리고 천 냥을 마련해 내놓자 무숙이는 이 돈을 노름(골패)으로 또다시 탕진한다. 돈이 떨어지자 무숙은 다시 외삼촌에게 사기를 친다.

부모의 묘를 옮기려 하여 명당을 찾았던 바, 1만 냥의 이전 비용 중 5천 냥이 부족하다면서 곧 갚겠노라며 빌린다. 이 돈 역시 투전, 쌍륙 등 온갖 노름으로 날리고 만다. 다음은 예정된 코스다. 장신구를 팔고, 나들이옷을 팔고, 급기야 속옷과 상투까지 잘라서 판다. 최후에 도달한 것이다. 갱생을 위해 품팔이꾼으로 나선 무숙은 급기야 의양이 집의 중노미로 전락한다.

### '유흥' 과 '소비' 의 한계는 어디까지인가?

탕자의 말로란 대개 비참하다. 위에서 든 세 편의 이야기에서 가장 사실에 가까운 것은 김윤식의 〈금사이원영전〉일 것이다. 아내가 탕자인 남편을 구하는 〈이춘풍전〉과 〈게우사〉의 이야기는 리얼리티가 결여되어 있다고 보아도 무방하다. 나는 우리가 최근까지 보아온 탕자의 전형적인 몰락 과정이 대개 18세기경 생겨났으리라고 본다.

인간은 노동만으로 살 수 없다. 쉼 없는 노동은 인간을 파멸시킨다. 노동과 함께 필요한 것이 휴식이다. 휴식이 노동으로부터의 단순한 해방이라면, '노는 것' 은 적극적 해방이다. 인간은 쉬기 위해 또 다른 일을 벌이기도 하니, 그것이 바로 유희다. 유희는 여러 말로 변형된다. 유흥, 오락, 놀이 등으로 말이다. 어쨌든 인간의 모든 삶은 노동과 유흥으로 양분된다. 노동 없이 인간이 존재하지 못하듯, 유흥 없이 인간은 존재하지 못한다. 유흥도 노동만큼 중요하다.

우리 사회에서는 노는 것을 부도덕하게 여기는 관념이 지배적이다. 크게 틀린 생각은 아니다. 한데 그렇다면 자본주의가 세계를 장악하고 있는 지금 유흥과 불가분의 관계에 있는 소비의 한계는 어디까지인가? 유흥과 소비가 아니면 현대 자본주의는 존속할 수가 없다. 예컨대 컴퓨터 게임 때문에 학생들이 타락한다고 한탄하지만, 동시에 게임산업을 육성해야 한다고 외치지 않는가. 주조업(酒造業)은 대폿집과 단란주점과 룸살롱의 증가를 원하며, 보다 많은 인간이 알코올에 중독될 것을 권한다. 이원영과 이춘풍과 무숙이의 일생은, 단순한 타락이 아니라 먹고 사는 문제에서 어느 정도 벗어난 현대의 인간들이 도대체 어디에 가치를 두고 무엇을 위해 살아야 하는가를 묻고 있는지도 모른다. 마지막으로 무숙이의 변명을 들어보자.

세상에 내가 나서 여한 없이 좋은 행락(行樂) 종이목지소호(從耳目之所好)하니 이제 죽어 한이 없다. 가소롭다 이 세상을 허송세월 하올소냐. 화개필유중개일(花開必有重開日), 꽃은 다시 피려니와, 인로증무갱소년(人老曾無更少年)을, 우리 인생 늙어 죽어 북망산천 돌아갈 제 일편 단정(丹旌) 앞세우고 행색이 처량할 제 처자식이 따라오며 부귀영화 묻어올까? 천부생무록지인(天不生無祿之人) 옛사람 이른 말을 자네 일정 모르는가. 설마 굶어 죽을손가?

이춘풍의 말과 다를 바 없다. 무숙이는 도대체 인간은 무엇을 위해 살아야 하는가를 되묻고 있다. 모든 것이 돈으로 환산되고 오로지 감각적 쾌락만을 쫓는 이 시대에 무숙의 발언은 합당한 것인가?

# 옛 서울의 주민구성

― 보론 ―

    우연히 유년기를 보낸 곳을 찾았다. 다른 세상이 되어버린 것에 깜짝 놀란다. 나는 이방인이 된 것이다. 기억을 떠올린다. 그곳은 기억 속에서만 나의 고향이다. 모든 땅에는 역사가 묻어 있다. 그 역사를 기억할 때 그 땅은 비로소 유의미한 것이 된다.

    서울은 나에게 시끄럽고 복잡하며 지저분한 곳으로 다가온다. 나는 인구 20만 명의 서울을 떠올린다. 불과 1백 년 전 서울은 지금과는 비교할 수 없을 정도로 안온하고 작은 도시였다. 지금은 소리 축에도 들지 못할 그 점잖은 종소리에 성문이 절로 열리고 닫히던 곳, 자동차의 매연과 소음이 없고, 청명한 대기에 사방이 툭 트여 있던 도시, 그것이 사라진 역사 속 서울의 모습이리라.

    그런 서울 속의 사람들은 어떻게 살았던가. 부와 사회적 지위에 따라 서울의 공간은 어떻게 구획되고 점유되었던가. 이 문제에 대해 간단히 답하고자 한다. 혹 아는가, 과거의 기억을 떠올림으로 인해 당신이 사는 곳이 보다 유의미한 곳으로 다시 탄생할지.

옛 서울의 모습을 재구성하는 데 꼭 살펴보아야 할 자료가 둘 있다. 하나는 《별건곤(別乾坤)》 1929년 9월호에 실려 있는 〈옛날 경성 각급인各級人의 분포 상황〉이란 글이다.[1] 20세기 자료지만 서울 각 지역의 주민 구성에 대해 상세한 정보를 담고 있다. 다른 하나는 18세기 후반의 저명한 문인인 이가환(李家煥)의 〈옥계청유첩서(玉溪淸遊帖序)〉[2]로, 이 글은 송석원시사(松石園詩社) 시화첩(詩畫帖)에 붙인 서문이다. 송석원시사는 18세기 말~19세기 초 인왕산 기슭에 거주했던 경아전(京衙前)들이 주동이 되어 결성한 시사(詩社)다. 여항인들은 자신들이 시사에서 지은 시에 유명 서화가의 그림, 글씨, 서, 발문을 받아 시화첩을 꾸미는 풍조가 있었다. 〈옥계청유첩서〉도 이 풍습의 산물이다. 그런데 이 글은 서울의 지리와 주민구성에 대한 언급으로 일관하고 있어 18세기 서울의 주민 구성을 아는 데 썩 좋은 자료가 된다. 두 자료의 내용을 보자.

### 자료 1

#### 〈옛날 경성 각급인의 분포 상황〉

북산(北山) 밑을 북촌(北村), 남촌(南村 : "南村"은 "南山"의 오기인 것 같다) 밑을 남촌(南村), 낙산(駱山) 근처를 동촌(東村), 서소문(西小門) 내외를 서촌(西村), 장교(長橋)·수표교(水標橋) 어름을 중촌(中村), 광통교(廣通橋) 이상을 우대, 효경교(孝橋洞) 이하를 아래대, 강변(江邊)을 오강(五江), 성 밖 사면 십리 이하를 자내(字內)라 하여 동·서·남·북의 네 촌(통칭 사산 밑)에는 양반이 살되 북촌에는 문반(文班), 남촌에는 무반이 살았으며 또 같은 문반의 양반이로되 서촌에는 '서인(西人)'이 살았으며, 그 후 서인이 다시 노론·소론으로 나뉘고 동인이 다시 남인·북인 또 대북·소북으로 나뉨에 미쳐서는 서촌은 소론, 북촌은 노론, 남촌은 남인이 살았다고 할 수 있으나, 사실은 소론까지 잡거하되 주로 무반이 살았으며, 그리고 동촌에는 소북, 중촌에는 중인(中人), 우대는 육조 이하의 각사(各司)에 소속한 이배(吏輩)·고직(庫直) 족속이 살되 특히 다동(茶洞)·상사동(相思洞) 등지에 상고(商賈-통칭 시정배)가 살았고 아래대는 각종의 군속(軍屬:將校·執事 등)이 살았으며, 특히 궁가(宮家)를 중심으로 하여 경복궁 서편 누하동(樓下洞) 근처는 소위 대전별감(大殿別監)³파들이 살고, 창덕궁 동편의 원남동(苑南洞)·연지동(蓮池洞) 근처는 무감(武監) 족속이 살았으며, 동소문(東小門) 안 성균관 근처는 관인(館人)이 살고, 왕십리에는 군총(軍銃:兵村)들이 살고, 오강변에는 선인(船人)·상고(商賈)들이 많이 살았는데, 속칭 강대 사람이라 함은 강변에 사는 사람을 지칭함이었다.

### 자료 2

### 〈옥계청유첩서〉

지금 서울 도성은 사방 십리인데, 북쪽에는 백악산(白岳山)이 남쪽에는 목멱산(木覓山)이 있다. 중간에는 개천이 있는데, 운종가(雲從街)가 그것에 가로로 놓여 길거리를 끼고 가게가 늘어서 있기 때문에 그곳의 사람들은 시정아치로 이끝을 좋아한다. 개천의 남북은 모두 상서(象胥)와 의사(醫司)들이 사는 곳인데, 현달한 벼슬을 허락하지 않기 때문에 또한 이(利)를 중히 여기고 문학을 가벼이 여긴다. 그러나 세가(世家)가 있고 스스로를 존중할 줄 안다. 경복궁의 남쪽은 육조(六曹)다. 그리고 경복궁의 서쪽은 좁은 땅이다. 때문에 서리들이 많이 살며 일에 익숙하고 질박함이 적다. 도성의 동남은 땅이 낮고 습하며 넓은데 군오(軍伍)들이 그곳에 살며, 채마밭을 가꾸고 수예(手藝)로 먹고 살고 있으니 시골 사람과 같다. 동북쪽은 반계(泮界)인데, 유생과 가까이 지내고 완고하나 또한 의기가 있다. 서북쪽에는 내시가 사는데, 깊은 궁(宮)에서 문을 굳게 닫아 그 집을 잠궈놓았다. 서남쪽에서 삼문(三門) 가까이 이르는 지역은 소민(小民)들이 작은 이익을 경영하기를 좋아하고 사대부들도 섞여 산다. 그러나 각각 호오(好惡)가 있어 같지 아니함이 더욱 심하다. 이것은 그 사람들의 복식·언어·용지(容止)로 변별할 수 있다. 오로지 백악산 아래는 가장 궁벽한 곳으로 생리(生理)가 드물며 천석(泉石)과 수목이 많다. 때문에 그곳에 사는 사람들은 일삼는 바가 없어 시사 맺기를 좋아한다.

    자료 (1)은 1932년, 자료 (2)는 18세기 말경에 쓰여져 약 150년이란 시간적 상거가 있으나, 양자가 전하는 지역별 주민구성은 다르지 않다. 자료 (1)의 "당시의 경성 안에는 외국인은 물론이오 지방사람 한 명일지라도 함부로 침입할 길이 없었다"는 말에서 보듯 주거구역은 거의 세습적이었다. 한 가지 염두에 둘 것은 이 글에서 말하는 지역별 주민구성이 대체로 18세기 이후의 것이라는 사실이다. 소급될 가능성도 충분하지만, 근거 자료가 18세기 이후의 것이므로 신중을 기하자는 이야기이다.

## 양반의 거주지, 사산 밑

서울을 동서남북으로 크게 나누면 동촌·서촌·남촌·북촌이 되고, 그 가운데 위치한 지역은 당연히 중촌이 된다. 중촌을 제외한 동촌·서촌·남촌·북촌이 양반의 주 거주지이며, 싸잡아 "사산(四山) 밑"이라 한다. '사산 밑'이란 서울의 주요 산 아래 형성된 동리라는 뜻으로 생각된다. 정리해보자.

- 북촌 : 북악산(北岳山) 밑. 노론 거주
- 남촌 : 남산 밑, 남인 무반, 삼색(三色) 잡거
- 동촌 : 낙산 밑
- 서촌 : 서소문 내외

자료 (1)에서 말하는 북산은 지금의 경복궁 뒤편 보다 정확하게 말하면 청와대 뒤쪽의 북악산, 남산은 지금의 남산, 낙산은 동대문 북쪽의 타락산(駝駱山)이며, 서소문은 소의문(昭義門)이다. 이 지역의 현재 위치와 주 거주민에 대해 차례로 살펴보자.

북촌은 남북으로는 주로 율곡로 이상 북악산 이남, 동서로는 창덕궁과 경복궁 사이 지역을 말한다. 현재 지명으로 보면 동으로는 맨 위쪽의 삼청동 이하 팔판동, 가회동, 화동, 소격동, 재동, 계동, 사간동, 송현동, 안국동 등이 된다. 넓게 보면 율곡로 이하 운니동, 수송동, 견지동, 관훈동, 인사동 등도 포함되나 역시 그 중심은 삼청동, 가회동을 중심으로 한 율곡로 북쪽이다. 북촌은 경복궁과 창덕궁 사이에 있어 궁궐을 제외하고는 배산임수의 조건을 가장 잘 갖추고 있는 살기 좋은 곳이다. 특히

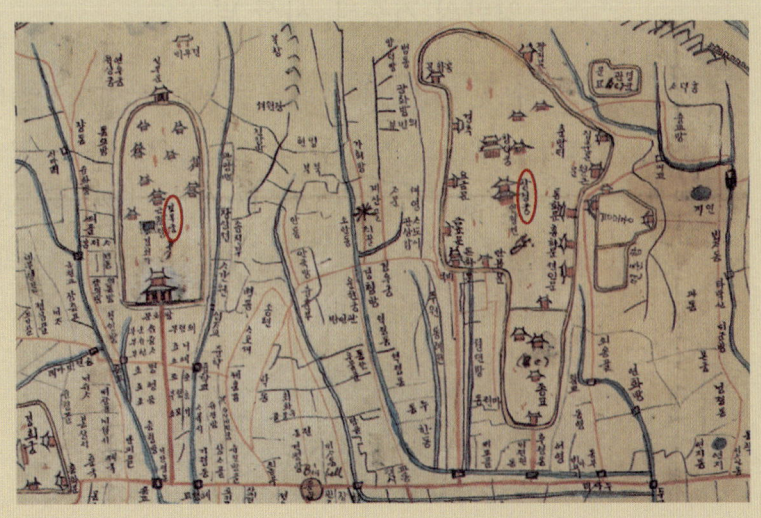

북촌 | 경복궁과 창경궁 사이 지역. 배산임수의 지형을 잘 갖추었다. 〈슈선전도(首善全圖)〉 부분, 1892년경, 연세대학교박물관 소장.

궁궐, 관청가와 가까워 권력을 쥔 양반들의 거주지로 안성맞춤이다. 특히 북촌은 영조 이후 노론 독재가 시작되면서 노론들의 세거지가 되어, 서울의 고루거각(高樓巨閣)이 여기에 즐비하게 늘어섰다. 그 예로 18~19세기 노론 명가였던 청송(靑松) 심씨 가문의 심상규(沈象奎)의 집을 보자.

> 심두실(沈斗室 : 심상규)의 가성각(嘉聲閣)은 옹방강(翁方綱)이 쓴 글씨다. 가성각은 나라 안에서 으뜸 가는 것으로 비록 일당(一堂)·이당(二堂)의 장려(壯麗)함이 있으나, 그 안온·정치(精緻)한 데는 미치지 못한다. 공은 평생의 기력을 들여 이 방을 꾸미고, 정신을 쏟아 고금의 서화와 기석(奇石)·골동품을 수집해 모두 여기에 저장해두었다.[4]

가성각[5]은 심상규의 저택에 있는 누각이다. "나라 안에서 으뜸 가는" 그의 저택은 경복궁 동십자각 오른쪽인 지금의 송현동(현재 미대사관 숙소와 백상기념관 자리)에 있었다. 북촌의 맨 막바지다. 그의 집은 워낙 호사스러워 탄핵을 받기도 하였다.

남촌은 가장 넓게 잡으면 종로 이남부터 남산 기슭 전부를 포괄한다. 그러나 여기에도 일정한 구역이 있었다. 남촌 주거민을 흔히 '남산골 샌님'이라 하는데, '남산골'은 종로 이남부터 남산 기슭 전부가 아니라, 그 중 일부를 지칭한다. 남산골은 '남산동'으로 지금의 남산동 1가·2가·3가, 회현동 2가·3가에 걸쳐 있던 동리이며, 김정호(金正浩)의 〈수선전도(首善全圖)〉에 그 이름이 보인다. 남산골은 배산임수의 조건으로 보면 북촌과 완전히 반대되는 곳이다. 세력 없는 양반들, 가난한 양

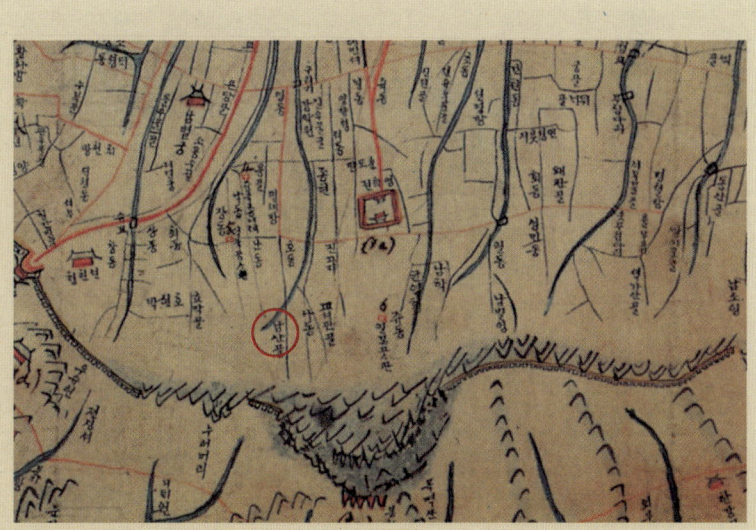

남촌 | 남산 아래 남산골이라는 지명이 보인다. 주로 세력 없고 가난한 양반들의 거주지였다. 〈수선전도〉 부분.

반들의 거주지로는 안성맞춤(?)이다. 실세한 남인들과 일부 소론, 문반보다 격이 처지는 무반의 거주지였다.

동촌은 동대문 북쪽 타락산 아래 있던 동리다. 지금의 행정구역으로는, 타락산 아래 연건동을 중심으로 하여 그 전후좌우의 이화동·동숭동·원남동·연지동·충신동 등이 동촌의 범위에 들어간다. 그런데 여기서도 보다 좁은 지역을 지칭하기도 한다. 즉 좁은 범위의 동촌은 어의궁(於義宮)이 있던 어의동을 말한다. 어의궁은 효제동 22번지에 있던 인조의 사저를 가리키며, 주로 지금의 효제동과 연건동 일대에 해당한다. 자료 (1)에서는 동촌이 소북(小北)의 주 거주지였다고 하는데, 증빙할 만한 소북 가문은 찾기 어렵다. 다만 동촌에 거주한 유명한 소론

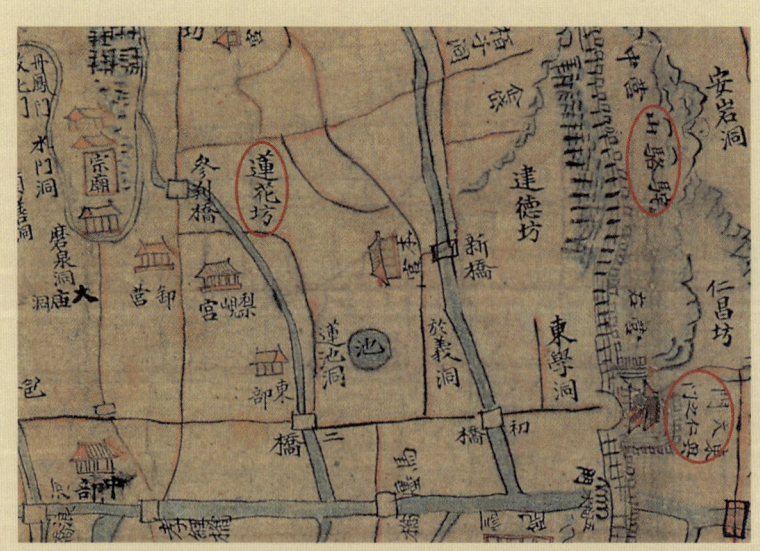

동촌 | 서울 동쪽 타락산 아래 연화방 주변 지역. 연화방은 지금의 연지동, 연건동, 충신동, 동숭동 일대에 해당한다. 〈한양도(漢陽圖)〉 부분, 1760년대, 개인 소장.

명문가로 이만수(李晩秀)의 연안(延安) 이씨를 들 수 있다. 이정귀(李廷龜)의 후예인 이 가문은 16세기 후반부터 19세기 중반까지 한 번도 권력의 핵심부에서 떠난 적이 없었다. 최근까지 이 일대에 저택의 흔적이 남아 있었다고 한다.

서촌은 서소문 곧 소의문 안팎 일대의 동리다. 이 지역은 자료 (2)에서 말한 "서남(西南) 쪽에서 삼문(三門) 가까이 이르는 지역"으로 추정되는데, 삼문은 구체적인 대문의 이름이 아니라, 서울 성곽의 서남 쪽에 있는 남대문·서소문·서대문을 뜻하는 듯하다. 이 세 문 중 서소문이 중간에 위치하여, 서소문 일대를 서촌이라 한 것으로 생각된다. 현재 행정구역 상 서소문동 일대다. 다만 자료 (2)에서 "상업하는 소민(小民)의 거주지이고

서촌 | 지도에 보이는 세 개의 문 중 가운데 있는 문이 소의문이다. 소의문은 서소문의 정식 명칭이다. 서촌은 서소문 일대를 가리킨다. 〈도성도(都城圖)〉 부분, 1750년대, 서울대학교 규장각 소장.

사대부가 섞여 산다"고 한 것에 대해서는 약간의 설명이 필요하다. 뒤에 자세히 언급하겠지만, 서소문은 양화진과 서강(西江) 지역에서 반입되는 물품을 서울 도성으로 들여올 때 반드시 거쳐야 하는 곳이다. 또한 서소문과 지척에 있는 남대문 일대와 남대문으로 진입하는 염천교 방면(지금의 봉래동 1가)에 서울 삼대시(三大市)의 하나인 칠패(七牌)가 있어 이 일대가 상업지역화하였기 때문에 절로 상인의 거주지가 되었다.

이상에서 사산 밑에 대해 언급했는데, 양반의 주요 거주지 중 빠진 지역이 하나 있다. 인왕산 기슭에서 북촌의 윗부분인 삼청동에 이르는 지역이다. 이 지역은 경아전의 거주지인 '우대'와 겹치는데, 노론 명가의 세거지로도 유명하였다. 18세기의 문인 유한준(兪漢雋)은 이 일대에 세거하던 양반 명가들을 이렇게 열거하고 있다.

> 처음에 나는 서울 북쪽의 옥류동(玉流洞)에 살았다. 서울의 북쪽은 사대부로서 세거(世居)하는 사람들이 많은데, 청풍(青楓)의 김씨와 자하(紫霞)의 남씨와 옥류(玉流)의 유씨(兪氏)가 가장 오래되었으므로, 세 성씨들은 선대로부터 대대로 소목(昭穆)을 밝히며 서로 좋이 지낸다.[6]

옥류 · 청풍 · 자하는 모두 인왕산 서북쪽 일대로 조선 후기 명문가들의 세거지였다. 청풍의 김씨는 인왕산 북쪽, 지금 청운동의 일부인 청풍계(青楓溪) 일대에 세거했던 안동(安東) 김씨이다. 김상용(金尙容) · 김상헌(金尙憲)이 정착하면서 이곳은 안동 김씨의 세거지가 된다. 김창협(金昌協)의 아버지인 김수항(金壽恒)의 직계자손에서 김수항 자신을 포함하여 네 명의 영의정과 김창협·김창흡(金昌翕)·김매순(金邁淳) 같은 문장가와 학자를 무수히 배출했다. 자하는 자하동으로 역시 지금 청운동의 일부다. 청풍계와 자하동(자하골)이 청운동에 흡수된 데서 알 수 있듯, 두 지역은 바로 붙어 있다. '자하동'의 음이 줄어 '장동(莊洞)'이 되었으니, 서울에 세거하는 안동 김씨를 '장동 김씨'라고 하는 것은 여기서 유래하였다.

자하의 남씨는 남공철(南公轍) 가문으로 보이는데, 의령(宜寧) 남씨는 남공철의 직계만 보더라도 남용익(南龍翼 : 대제학·이조판서), 남정중(南正重 : 승지·참의·대사헌), 남한기(南漢紀 : 지돈녕부사), 남유용(南有容 : 대사헌·대제학·예조참판) 남공철(영의정)로 이어지는 문벌과 사환이 혁혁한 가문이다. 옥류동의 유씨는 역시 인왕산 기슭의 기계(杞溪) 유씨를 말한다. 이 가문 역시 유척기(兪拓基), 유최기(兪最基), 유언호(兪彦鎬) 등 고급관료와 저명한 문인을 무수히 배출한 18세기 이래 노론 명가였다. 이처럼 인왕산 기슭에서 삼청동에 이르는 지역 역시 양반들의 세거지였다.

### 중간 신분층의 거주지, 우대와 아래대

서울에는 양반과 상인 사이에 위치하는 중간 신분층이 다수 존재했다. 그 범위에 드는 부류를 확정하기란 매우 까다로우나, 대개 기술직 중인·경아전·시전상인·군교(軍校)들이다. 이들 또한 서울의 한 지역을 차지하고 세거하였다. 이들의 세거지 '우대'와 '아래대'를 보자.

서울에는 지역적 구분의 냄새를 풍기는 '우대'와 '아래대' 두 가지 말이 있는데, 대별해 우대와 아래대가 있는 것은 아니었다. 우대는 서울 성내의 서북쪽 지역, 곧 인왕산에 가까운 동네 옥인동·누상동·사직동·효자동·창성동·통인동·신교동 등이고, 아래대는 성내의 동대문과 광희문(수구문)계를 이르는 말이다.

우대에는 권력자인 양반들이 살고 아래대에는 예전에 군총 계급 사람들이 살다가 최근세에는 미나리·배추·무 따위를 농사지어 파는 사람들이 살아서 우대와 아래대는 습관과 언어가 판이해져 '우댓사람' '아래댓사람'이란 말이 생겨날 지경이었다.[7]

'우대'는 인왕산 기슭 일대에 있던 동리이고, '아래대'는 동대문·광희문 일대의 동리이다. 더욱 흥미로운 것은 '우댓사람' '아래댓사람'의 구분인데, 곧 지역주민의 구성 성분에 따라 언어와 풍습, 문화의 차이가 존재했다는 것이다. 이 점은 뒤에 따로 언급하고 우선 우대와 아래대의 범위를 정리해두자.

우대의 범위는 자료마다 다르다. 가장 넓은 범위는 "광통교 이상을 우대, 효경교 이하를 아래대"라고 한 자료 (1)의 구분에서 보듯 광통교 북쪽 전체이다. 그러나 이 경우도 광통교 북쪽부터 서울 도성의 서북쪽, 곧 인왕산 기슭과 백악산 아래를 주로 지칭한다. 백악산 아래는 자료 (2)에 보이는데, 삼청동 서편으로 역시 경아전들의 주 거주지였다. 17세기 말경의 서울을 묘사하고 있는 정래교(鄭來僑)의 〈임준원전(林俊元傳)〉에도 "백련봉 서쪽으로부터 필운대에 이르는 곳이 북부"[8]라 한다고 하였다. 즉 백련봉이 있는 삼청동과 인왕산 기슭의 필운대 사이에 걸친 주거지를 북부라 본 것이다. 백련봉은 삼청동에 있는 조그만 봉우리이며, 필운대는 지금의 필운동 배화여자고등학교 뒤편 언덕이다.

이 두 지역을 한데 묶어 '필운삼청지간(弼雲三淸之間)'이란 말이 흔히 쓰였고, 이곳에 주거한 경아전들은 삼청동 일대 동리를 동촌, 인왕산 기슭의 동리를 서촌이라고 불렀다. 정리하면 '우대'는 동서로는 인왕산과 경복궁 사이, 남북으로는 지금의 사직로와 북악산 사이에 위치한 동리가 될 것이다. '북촌'을 우대에 포함시키는 경우도 있다. 조풍연에 의하면 인왕산 기슭 일대의 동리가 원래의 우대 지역이나 최근세에 와서 경복궁 동쪽

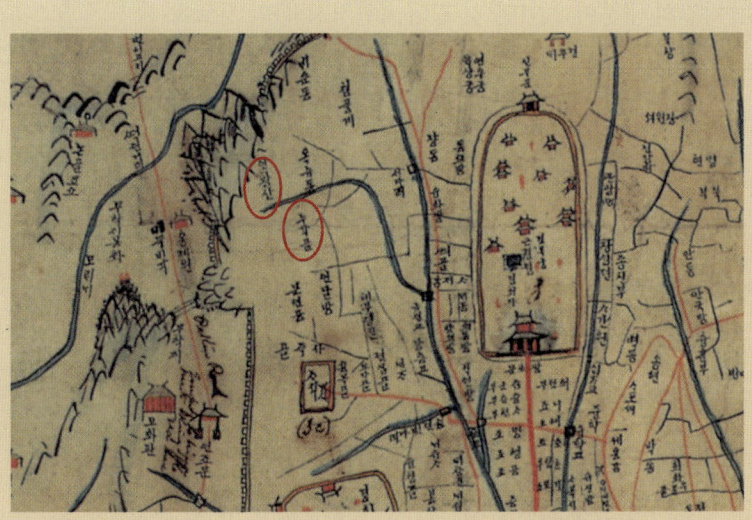

우대 | 우대는 동서로 인왕산과 경복궁 사이 지역이다. 누각골과 옥류동을 중심으로 그 주변 지역이 해당되며 경아전이 주민의 주축을 이루었다. 장동 주변에는 안동 김씨와 같은 양반세족이 거주하기도 하였다. 〈슈선전도〉 부분.

의 안국동·송현동·계동·가회동·재동·화동 등이 우대에 편입되었다고 한다. 안국동 이하는 '북촌'에 해당한다. 정확하지는 않지만 대개 구한말 때가 아닌가 한다.[9]

우대에는 앞서 밝힌 바와 같이 안동 김씨와 같은 양반세족들이 거주하기도 하였으나 주민의 주축을 이룬 이들은 경아전이었다.

자료 (1)에 의하면 누하동(樓下洞) 근처에 대전별감이 주로 많이 산다고 되어 있는데, 대전별감은 경아전과 같은 신분층이다. 또 《한경지략》과 《동국여지비고(東國輿地備攷)》에는 누하동 일대에 서리(경아전)들이 많이 산다고 밝히고 있다.[10] 서울에 세거하는 경화세족들도 이 지역의 주 거주자였음은 이미 언급한 바 있다. 다만 이 지역 내에도 양반의 거주지와 서리의 거주지에는 약간의 구분이 있었던 것 같다.《한경지략》의 자료에서 보듯 누하동 일대는 서리들의 주 거주지였으며, 양반들은 살지 않았다고 한다. 그러나 지금 구체적으로 지역을 밝히기는 어렵다.

경아전은 중앙 각 행정관청에서 말단의 실무를 맡아보는 하급관리이고, 별감은 액정서에 소속된 잡직관으로 왕명의 전달, 궁중의 소제와 궐문(闕門)의 관리, 임금·왕비·세자의 잔심부름 따위가 그 소임이다.[11] 우대의 주민은 경아전과 별감이 주축을 이루는데, 여기에 포함될 수 있는 부류가 하나 더 있다.《대한계년사(大韓季年史)》의 짧지만 아주 귀중한 증언을 들어본다.

(1) 상촌인(上村人)은 평민 중에서 각 부부(府部)의 서리 및 공경가의 겸인이 되는 자인데, 그들은 평민 중에서 가장 우

1895년 사직동 쪽에서 촬영한 서울 우대의 모습

수한 자라고 칭한다.[12]

(2) 겸인이란 상촌인으로 삼는데, 경재가(卿宰家)의 배종인(陪從人)으로 무릇 차를 끓이는 일, 약시중, 침구와 식탁을 펴거나 차리는 일, 서찰의 출납 및 제반 사소한 일을 하지 않음이 없다.[13]

(3) 하촌(下村) : 우리나라 풍속에 각 군영의 군교들이 거처하는 곳을 하촌이라 한다.[14]

상촌과 하촌은 각각 우대와 아래대에 대응한다. 이는 상촌과 하촌을 상대·하대라고도 부르는 것을 보면 알 수 있다.

흥미로운 것은 '상촌인(上村人)'에 대한 해설이다. 즉 상촌인의 주 구성원은 각 관청의 서리와 겸인이었다는 것이다. 겸인이란 청지기 곧 서울 양반 사환가(仕宦家)의 집안 비서에 해당하는 부류로서, 이들이 서울 각 관청의 서리가 된다. 곧 겸인과 경아전은 같은 부류다. 따라서 우대의 주거 주민은 경아전과 별감, 그리고 겸인들로 정리할 수 있다.

아래대는 자료 (1) 자료 (2)의 '효교동 이하' '왕십리 일대' '도성 동남쪽'에 해당하는 지역이다. 각종 군속들의 거주지로 채소 재배와 수공업이 주된 생업이다. 아래대의 범위는 '효교동 이하' 동대문, 광희문 일대이다. 효교동은 지금의 종로구 종로 4가와 예지동, 중구 주교동에 있었던 마을로, 이름은 효교(孝橋, 또는 효경교孝經橋)란 다리에서 유래하였다. 효교동과 연결되어 그 서쪽에 지금의 방산동·을지로 6가·을지로 7가가 있고, 그 아래 광희동이 있다. 즉 아래대란 지금의 종로 4가의 동남쪽이 기준이 되고 다시 동대문과 광희문 사이의 성벽을 한계로 하는 예지동·주교동·방산동·을지로 6가·을지로 7가·광희동 일대가 된다. 그런데 이것은 성 안만 말한 것이고, 성 밖의 왕십리 일대를 아래대의 범위에 포함시키기도 하였다.

아래대의 주민은 '군교' '군총(軍摠)' '군오(軍伍)' 등으로 불리는데, 모두 동일한 의미다. 최남선에 의하면 군교는 "중앙에서는 액례, 곧 궁중의 사역(使役)에 임한 여러 명목의 구실아치와 각 영문에 있는 영문소속(營門所屬)이라는 계급"[15]이다. 군교는 곧 액례(별감)와 영문소속인데, 이 중 액례의 주 거주지는 인왕산 누하동 일대의 우대였으므로, 자연 아래대의 주 구성원은 '영문소속'이 된다. 영문소속이란 서울의 각 군영(훈련도감·금위영·어영청·총융청·용호영 등)에 소속된 직업군인으로서 그 구성원은 하급장교와 절대다수의 군사이다. 물론 장교와 일반 군사들 사이에는 일정한 구분이 있었겠지만, 지금 형편으로는 그 차이를 갈라낼 방도가 없다. 따라서 임시로 군교 또는 군총이란 이름으로 포괄해두기로 한다.

아래대가 군총의 거주지가 된 데에는 몇 가지 원인이 있는 듯하다. 조선 전기의 오위(五衛)제도는 임진왜란 이후 붕괴되고, 대신 오군영(五軍營)체제가 성립했던 바, 오군영의 군사들은 원칙적으로 국가에서 급료를 지급하는 직업군인이었다. 오군영체제의 성립으로 군사들은 지방에서 올라와 일정 기간 근무한 후 본래의 거주지로 돌아가지 않고, 서울에 세거하는 '서울시민'이 되었던 것이다. 그러나 이것만으로 아래대가 군인의 주 거주지가 되었던 것은 아니다. 그럴 만한 지리적인 요인도 있었다.

아래대에는 군사와 관련된 훈련원(訓練院)이란 관청이 있다. 훈련원은 개국 초기에 설치된 것으로 군사의 조련과 무과시험을 치르는 장소였다.[16] 또 훈련원 남쪽에는 훈련도감의 속영(屬營)인 하도감(下都監)이 있었다.[17] 군사의 조련과 무과(武科) 등에 필요한 인원과 훈련도감군의 일부가 이 두 기관을 중심으로 상주하면서 아래대가 군총의 주 거주지가 된 것으로 생각된다. 더욱이 이 지역은 "땅이 낮고 습한 곳"(자료 (2))으로 고급 주거지가 아니었다. 따라서 양반이나 부호들이 살기를 꺼려 자연스레 군사들의 거주지가 되었던 것 같다.

이 지역은 군총들의 주 거주지이기는 하지만, 주민의 생업은 농업과 수공업(상업도 포함)이었다. "군오들이 그곳에 살며, 채마밭을 가꾸고 수예(手藝)로 먹고 살고 있으니 촌야의 사람과 같다"(자료 (1))라고 한 데서 보듯 이곳 주민들은 군인이라기보다는 채소 등을 재배하는 근교농업과 수공업을 생업으로 삼고 있었다. 그 이유는 무엇인가? 오군영에 소속된 군사는 직업군인으로 일정한 급료를 지급받게 되어 있었다. 그러나 조선 후기

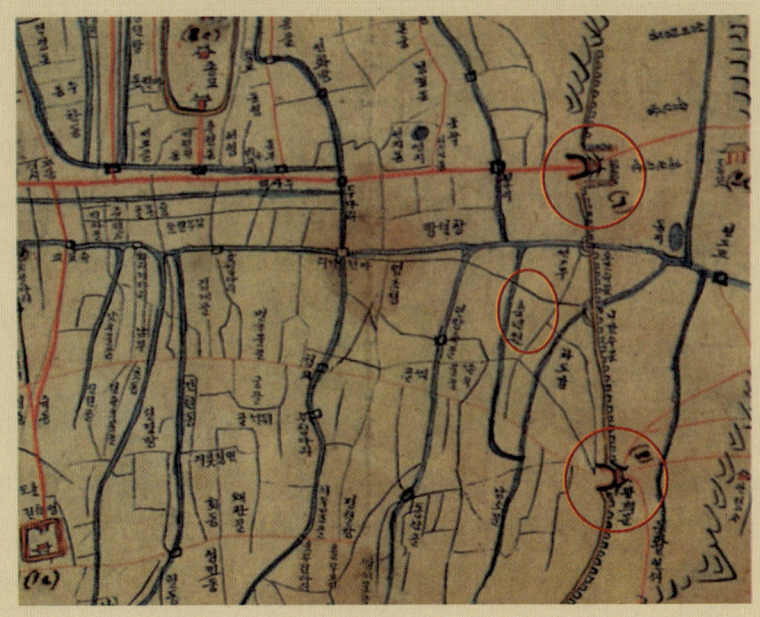

아래대 | 서울의 동남쪽인 동대문, 광희문 일대이다. 땅이 낮고 습하여 주로 하급장교나 일반군사들이 거주하며 농업과 수공업에 종사하였다. 〈슈선전도〉 부분.

의 만성적인 재정부족으로 급료 지급이 여의치 않자 조정에서는 이들에게 생활 방편으로 상업과 수공업을 허락하였다. 이 일대의 근교농업은 자가 소비가 아닌 서울의 시장을 겨냥한 상업적 영농이었다. 훈련원 근처는 배추 재배지로 유명하여 이곳의 배추는 '훈련원배추'란 이름으로 불렸으며[18] 성 밖의 왕십리는 무우와 미나리 재배지로 유명하였다.[19] '왕십리 미나리장수'란 말도 이에서 유래한 것이다. 군총들의 수공업 역시 활발했으니, 특히 훈련도감 소속 공장(工匠)의 일부는 근무 외 시간에 각종 수공업품을 제작 판매하여 수공업과 상업으로 진출하기도 했다.[20]

자료 (2)가 18세기 말에 쓰여진 것임을 염두에 둘 때, 18세기 말쯤이면 아래대 일대의 군총들은 군사적 성격을 상당 부분 잃고 상업이나 수공업으로 생활을 영위하는 일반 시민과 다를 바 없이 된 것으로 보인다. 그리고 급기야 19세기에 오면 군사적 기능은 유명무실화된 듯하다. 아래대 주민은 임오군란의 주동세력으로도 유명한데, 당시 정황을 통해 19세기 아래대 주민의 생활상을 구체적으로 살펴보자. 다음 자료는 20세기에 쓰여진 것이나, 임오군란을 경험했던 사람의 증언을 토대로 한 것이라 한다.

그때의 조선 군인은 지금 군인과 같이 무장하고 병영에서 생활하는 전문의 군대가 아니오 모두 왕십리 부근에서 채소와 과실 시탄(柴炭)과 미곡(米穀)의 상업으로 자유의 생활을 누리면서 그의 이름뿐 군적(軍籍)에 두고 한 달에 이삼 일씩만 병영에 입번(入番)하였었다. 그러나 그도 조금 생활의 여유가 있는 자이면 사람을 사서 대번(代番)을 시켰고 장관(將官)에게 친근한 자면 대번도 그만두고 일생을 통하여 한번도 군기(軍器)를 잡고 병영에 들어가본 경험이 없는 군인도 있었다. 그러므로 병영에는 문적상(文籍上)으로만 군대가 기천인이오, 실지로는 노병졸(老兵卒) 기천인뿐 입번하여 낮잠 자기가 일이었다 한다. 따라서 군인의 생활도 또한 주업이 따로 있었고, 일 개월에 백미 십여 두(斗 : 등급에 따라 두 수의 차이가 있음—원주)씩 수입(收入)하는 군료는 일종의 부업으로 알아왔었다. 그러므로 십 개월씩 급료를 받지 못하여도 그네의 생활은 지금 우리의 예상하는 바와 같이 그다지 궁곤치는 않았던 것이다.[21]

이 자료는 임오군란을 직접 경험한 사람에게 직접 들은 것이니, 매우 믿을 만한 내용이다. 이 자료에 따르면 임오군란 때쯤에는 오군영체제가 거의 군사적 기능을 상실하고, 아래대 주민인 군교들 역시 군사로서의 기능은 거의 하지 않고 근교농업이나 도시 수공업·상업으로 생활을 영위하는 도시민일 뿐이었던 것이다.

### 상인들의 거주지, 시전 일대와 오강 유역

이제 시전상인들의 거주지에 대해 살펴보자. "상공(商工)은 원래 하류(下流)로 치는 것이로대 오직 중앙에 있는 육의전과 내지 일반 좌고(坐賈)는 서리사회와 넘나드는 지위이얏다"[22]라는 말에서 보듯 상인은 원래 사(士)·농(農)의 아래 부류이지만, 서울의 시전상인만은 서울의 경아전과 신분적 위상이 같은 서울의 중간신분층에 속한다. 시전상인이 서울의 시전 지대를 주 거주지로 삼았던 것은 두말할 필요가 없다. 바로 자료 (2)의 '청개천(청계천) 북쪽 운종가'가 그곳인데, 운종가는 현재 보신각이 있는 종로 네거리를 중심으로 동쪽으로는 연화방(지금의 연건동 일대), 서쪽으로는 혜정교(지금의 광화문 우체국 동쪽 복청교 자리), 남쪽으로는 훈도방(지금의 을지로 2가), 북쪽으로는 안국방(지금의 견지동)이 된다.[23] 시전상인들은 거리를 향해 가게를 내고 그 뒤쪽은 살림집으로 이용했는데, 겉보기는 초라해도 살림만은 극히 사치스러웠다고 한다.

시전 일대에 시전상인이 살았던 것은 물론이지만, 그 중에서도 집중적인 거주지가 있었으니, 특히 다동(茶洞)·상사동(相

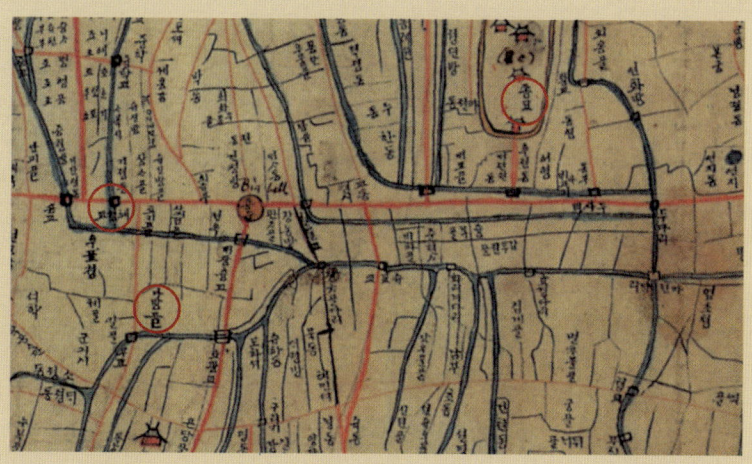

시전 상인 거주지 | 혜정교(현재 광화문우체국)부터, 광교, 종묘 앞까지 시전 상인들의 점포가 있었고 그 일대에 살림집이 있었다고 한다. 그 중에서도 다방골은 시전상인의 집중적인 거주지였다. 〈슈선견도〉 부분.

思洞) 등지가 바로 그곳이다(자료 (1)). 다동은 다방골이라 하며 웃다방골과 아랫다방골이 있었다. 지금 종로 1가 아래쪽에 위치한 서린동과 다동이 다방골에 해당하는 지역이다. 상사동은 상샷골 또는 상동이라고도 했는데, 지금의 청진동과 종로 1가 사이에 있는 마을이다. 다동 일대가 시전상인의 집중적인 거주지였음은 다음 자료를 통해서도 알 수 있다.

> 종로 부근에 있는 사람들은 어디서 온 사람이던지 인사할 때 "안녕히 건너오셨느냐?" 하던지 "안녕히 건너가라"고 한다. 그것은 과거의 시전하던 사람이 전부 광교(廣橋) 이남 즉 다동 일대의 사람들이기 때문에 그 이북 사람을 보고 하던 인사가 인해 습관이 되어 오늘까지 그렇게 말을 한다.[24]

시전상인은 세습신분이었다. 시전상인은 조선 초기에 시전을 개설하면서부터 존재하였으니, 다동·상사동 일대가 시전상인의 주거지가 된 것은 퍽 오래 전부터인 것으로 생각된다.

마지막으로 서울의 중간 신분층에서 가장 위상이 높았던 기술직 중인의 주 거주지에 대해 살펴보겠다. 자료 (2)는 '청개천 남북쪽 일대'를 기술직 중인을 대표하는 역관과 의관의 거주지로 들었다. 그런데 시전상인과 마찬가지로 기술직 중인도 집중적인 거주지가 있었다. 자료(1)의 '중촌'이 바로 그곳으로 장교(長橋)·수표교(水標橋) 일대가 된다. 장교는 장통교(長通橋: 장찻골 다리)를 말하는 것으로, 지금의 장교동 9번지와 관철동 47번지 사이의 청개천에 놓인 다리를 말하고, 수표교는 지금의 수표동 43번지와 관수동 152번지 청개천 사이에 있는 다리이다. 지금의 동명으로 보면 장교동·관철동·수표동·관수동 일대이다. 어떤 연고로 중촌이 기술직 중인의 집중 거주지가 되었는지는 알 수 없다.

기술직 중인은 역관, 의관, 계사, 천문학관, 율관, 화원, 사자관(寫字官) 등 7개 정도의 전문적 직임을 세습하는 신분으로, 이들은 좋은 벼슬인 청현직(淸顯職)에 오를 수 없는 제한을 받았다. 기술직 중인 중에서 역관과 의관이 수도 가장 많고 또 경제력이 있는 축이었다. 역관은 중국과 일본에 드나들면서 무역으로 치부하였고 의관은 의료 서비스와 서울 시내의 약재 판매 독점권을 가지고 있었기 때문에 경제적으로도 부유한 편이었다. 이들에게는 중인문화라 할 만한 독특하고 세련된 문화가 형성되어 있었다.

상인 중에서 시전상인이 세습적인 신분으로서 서리와 동등

한 신분적 위상을 가졌음은 이미 언급한 바 있다. 여기서 언급할 것은 시전상인이 아닌 사상(私商)이다. 사상의 대두는 이미 조선 후기 경제사에서 중요한 경제 현상으로 많이 다루어졌으니, 여기서는 그들의 주거지에 대해서만 간단히 살펴보기로 한다. 다룰 지역은 소상인의 주거지(사대부도 혼거)인 '도성 서남쪽에서 삼문까지'(자료 (2))와 한강변의 '선인(船人) 상고(商賈)' 곧 강대 사람의 주거지인 '오강(五江)'이다(자료 (1)).

자료 (2)에서 "서남쪽에서 삼문(三門) 가까이 이르는 지역은 소민(小民)들이 자그만 이익을 경영하기를 좋아하고 사대부들도 섞여 산다. 그러나 각각 호오(好惡)가 있어 같지 아니함이 더욱 심하다"라고 한 지역은 다름아닌 사상의 생활공간과 거주지를 지칭한 것으로 보인다. 여기서 삼문이란 도성 서남쪽에 있는 남대문·서소문·서대문을 이르는 것이니, 지금의 남대문과 서대문 사이의 일대에 해당한다. 이 일대가 사상의 활동공간, 곧 사상의 시장이 된 데에는 그럴 만한 지리적 근거가 있다. 후술하겠지만, 서울로 공급되는 물자의 절반 이상이 한강을 따라 양화진과 마포·노량·동작 일대에서 부려졌다. 이 중에서 마포로 들어오는 물화는 대현(大峴)·만리재를 거쳐 염천교로 들어오고, 노량과 동작진에서 내려진 물화는 석우(石隅: 돌모루)에서 만나 주교(舟橋: 배다리) 청파(靑坡)를 거쳐 역시 염초교(焰梢橋: 염천교)에서 만난다(염천교를 거치지 않고 남대문으로 막바로 가는 수도 있었다).

염초교는 염초청이 있어 붙여진 이름으로, 지금의 염청교이다. 염초교가 염천교가 되었다가 다시 염청교가 되었다. 염청교에서 남대에 이르는 길은 외길이며, 이 길에 형성된 시장이 서울 삼대시의 하나였던 '칠패'다. 칠패는 마포나 노량으로부터 들어온 물화가 서울 도성으로 진입하기 직전의 길목에 자리잡고 있어 장시가 발달하기에 유리한 곳이었다. 그리고 양화진에서 올라오는 물화는 아현(阿峴)을 거쳐 소의문으로 진입하게 되어 있었으므로, 소의문 내외 역시 이런 관계로 장시가 발달하기 쉬웠다. 따라서 서울의 서남쪽 남대문 · 서소문 · 서대문 일대는 한강 연안의 물화가 집적되어 사상이 발달하면서, 이들의 상업 공간이자 주거지가 되었던 것이다.

한강 연안의 '오강'에도 사상의 주거지가 집중되어 있었다. "오강변에는 선인 상고들이 많이 살았는데 속칭 강대 사람이라 함은 강변에 사는 사람을 지칭함이었다."(자료 (2)) 한강 연안의 주민들은 선업(船業)과 상업을 많이 하고 이를 일러 '강대 사람'이라 불렀다는 것이다.

'오강'은 그 범위가 명확하지 않은데 용산강(용산 앞), 마포(마포대교 언저리), 서강, 양화진, 한강진으로 유추된다.[25]

- 양화진 : 양화대교 부근. 한강 삼진(송파진 · 한강진 · 양화진)의 하나. 양천(陽川) 강화 쪽으로 가는 나루터였고, 바다로부터 들어오는 물자를 반입하는 중요한 목이었음.
- 서강 : 와우산(臥牛山)과 노고산(老古山) 사이에 작은 샛강이 하나 흘러 한강으로 합류하는데, 그 합류하는 일대의 한강. 하중동 · 구수동 · 신정동 · 현석동 일대.
- 마포 : 지금의 마포대교 언저리. 마포대교 일대.
- 용산강 : 용산 앞.
- 한강진 : 한남동 앞. 한남대교 일대.

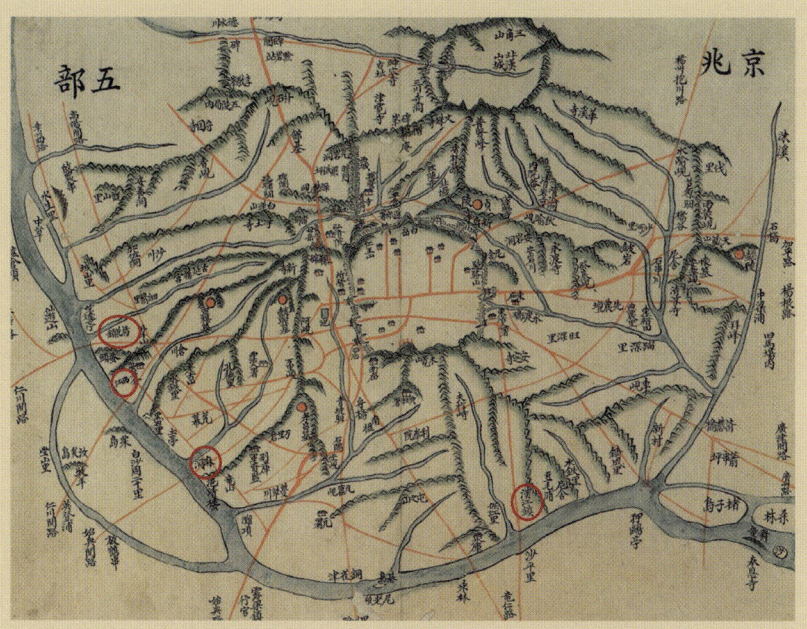

오강 주변 | 오강은 양화진에서 한강진에 이르는 지역이다. 지도에 양화진, 서강, 마포, 한강진 등의 지명이 보인다. 이 지역에 주거하는 사람들을 강대 사람이라 하였다. 〈경조오부도(京兆五部圖)〉, 1860년대, 서울대학교 규장각 소장.

    이 지역은 지금의 양화대교에서 한남대교에 이르는 지역이다. 이 일대 주민은 '강대 사람' 이란 말 외에도 오강상인·경강선인·강상부민 등으로 불리웠는데, 이들은 대개 정부의 세곡이나 재경지주의 소작료를 지방에서 서울까지 운반해주고 대가를 받는 선업에 종사하거나 혹은 미곡, 어염(魚鹽 : 소금·생선·건어물·젓갈), 시탄, 목재 등의 물종을 독점함으로써〔都賈〕치부하고 있었다. 이 외에 이 지역이 상업벨트로 조성됨에 따라, 주막이나 여각(旅閣), 하역노동을 하는 임노동자 등이 이곳에 삶의 근거를 두었던 것이다. 더욱이 오강 지역의 중심지인 용산방(용산방은 지금의 용산구 청파동·원효로·신창동·용산동·서계동·효창동·산천동·청암동과 중구의 만리동, 마포구의 도화동·공덕동·마포동·토정동·용강동을 관할지역으로 한다)과 서강방은 인구가 2만 명 이상이나 되어 평양 인구에 근접할 정도로 주민수가 폭발적으로 증가하고 있었다.[26]

이상에서 양반과 중간계층, 그리고 사상의 주거지에 대해 살펴보았는데, 이제 이에 포함되지 않는 특수한 부류들의 거주지에 대해 간단히 살펴보기로 한다.

우선 성균관 앞에 조성된 반촌을 들 수 있다. 자료 (1)의 관인(館人)의 주거지인 동소문 안 성균관 근처와 자료 (2)의 도성 동북쪽의 반계는 모두 반촌을 지적한 것이다(반촌에 대해서는 7장 '반촌' 참조).

반촌 이외에 특별한 거주지로 내시와 무예별감의 거주지가 있다. 자료 (2)의 '도성의 서북쪽' 내시들의 거주지란 지금의 경복궁 서북편의 효자동 일대이다. 속설에 의하면 내시를 '화자(火者)'라 했으므로 '화자동'의 음이 변해 효자동이 되었다고 한다. 무예별감의 거주지는 자료 (1)에 나와 있는 '원남동(苑南洞)·연지동(蓮池洞) 근처'이다. 무예별감은 국왕을 호위하는 근위무사로 그 수는 약 2백 명(정확한 정원은 198명)이다. 무예별감은 훈련도감에 소속되지만, 액정서를 통해 국왕의 명령을 직접 받는다. 이들은 양반의 무반가문 출신이 아니라, 대개 일반 무사 중에서 체격이 좋고 무예에 뛰어난 자를 선발했는데, 거개 세습직으로 특수한 신분층을 이루었고 세거지까지 형성하게 되었던 것이다.

### 지역별 풍기와 문화의 차이

이상에서 살핀 바와 같이 서울은 지역에 따라 주민들의 신분이나 직역이 상이하였다. 뿐만 아니라 신분, 직역, 빈부의 차이에 따른 습속과 문화의 차이가 존재하였다. 먼저 양반의 경우를 살피면, 북촌 양반과 남촌 양반의 차이를 들 수 있다. 북촌은 노론 벌열가의 주 거주지였기 때문에 주민들의 생활이 세련되고 사치스러웠다. 서울의 사환(仕宦 : 벼슬살이)하는 양반가의 문화는 기본적으로 북촌의 문화이다. 반면 남촌 양반은 실세한 남인이나 무반들로서 그 생활 양상이 상당히 달랐다. 남산골 양반의 생활과 의식은 이희승 선생의 수필 〈딸각발이〉에 빼어나게 형상화되어 있다. 궁핍하지만 자존심이 강하고 원리원칙을 고집하는 것이 남산골 양반의 특징이다. "남산골 샌님 역적 나기 바란다"는 속언이나, "남산골 샌님 원 하나 내지는 못해도 뗄 권리는 있다"는 말은 남산골 양반들의 실세한 정치적 처지와 의식을 압축적으로 드러내고 있다.

양반 쪽보다 더 흥미로운 것은 그 아래 부류의 생활과 문화이다. 다만 세세한 양상을 밝힐 자료가 불충분하기에 대강만 살펴보겠다. 정래교의 〈임준원전〉이다.

> 서울의 민속은 남북이 다르다. 종로 이남에서 남산에 이르는 곳이 남부인데, 상인과 부호들이 많이 살아서 이익을 좋아하며 인색하고 안마(鞍馬)와 제택(第宅)의 호사(豪奢)를 서로 다툰다. 백련봉 서쪽으로부터 필운대에 이르는 곳이 북부인데, 대개 빈호(貧戶)로 유식(遊食)하는 부류들이 살

았지만, 왕왕 임협(任俠)의 무리들이 있어 의기로 교유하되 베풀어주기를 좋아하고 신의를 무겁게 여겨 남의 환난을 잘 도왔다.[27]

서울의 북부와 남부가 풍기가 달랐다는 이야기이다. 먼저 북부를 보자. 백련봉은 삼청동에 있는 조그만 산봉우리고, 필운대는 인왕산 기슭에 있다. 곧 경복궁 뒤편 북악산 서북쪽 아래로부터 인왕산 아래까지를 연결하는 지역이 '북부'인 바 이곳은 위에서 언급한 서리·별감의 주거주지인 '우대'다. 〈임준원전〉의 주인공 임준원은 내수사 서리였고, 이 글 전체는 서리들의 시사활동을 주로 다루고 있다. 임준원은 17세기 말 18세기 초에 활동한 인물이니, 우대가 경아전·겸인·별감 등의 주 거주지가 된 것은 적어도 이 시기까지 소급할 수 있을 것이다.

경아전을 중심으로 하는 우대의 주민들은 가난했지만, 의리와 협기가 있어 임협 노릇을 하는 사람이 많았다고 하였다. 일일이 제시하지는 못하지만, 우대 주민이 의리를 중히 여기고 협기를 숭상하는 기질을 가졌음을 증언하는 자료는 문헌에 더러 보인다.

한편 "종로 이남에서 남산에 이르는" 남부는 운종가와 중촌 일대를 지칭한 것으로 보인다. 이 지역은 시전상인과 역관·의관 등 기술직 중인의 집중적인 거주지였다. 자료 (1)에서 "운종가의 시정아치로 이끝을 좋아한다"거나 "상서(역관)와 의사들이 사는 곳인데, 현달한 벼슬을 허락하지 않기 때문에 또한 이(利)를 중히 여기고 문학을 가벼이 여긴다"라고 한 것처럼, 이 지역은 상업지역이고 주민들 역시 상업에 종사하는 까닭에 생활이 사치스럽고 기질 자체가 이끝에 밝은 성격을 갖고 있었다.

이처럼 거주지역과 주 거주민의 차이에 따라 그들의 행동이나 의식, 기질이 달랐던 것은 여러 자료에서 확인할 수 있다. 앞에서 '반촌 사람'과 '강대 사람'의 주거지역이 각각 달랐음을 지적한 바 있는데, 이들의 행동이나 의식, 기질 역시 우대 사람과 유사하였던 것으로 보인다.

김오흥(金五興)은 서강(西江) 쪽에서 선운(船運)으로 업을 삼는 사람이었다. 용력이 절륜하여 능히 읍청루(挹靑樓 : 서울의 훈련도감 별영에 속했던 유명한 누대. 소재는 마포 쪽) 처마에 올라가서 기왓골에 발을 걸고서 거꾸로 가기도 했다. 제비나 참새보다 민첩했다. 길에서 무슨 말썽이 일어난 것을 보면 대뜸 약자를 편들고 기우는 쪽을 부축하여 자기의 목숨까지도 돌아보지 않았다. 오흥이가 있어서 마을 사람들은 옳지 못한 일을 감히 행하지 못했다.[28]

위 인용문은 '강대 사람'의 기질을 드러내는 한 인물에 대한 간단한 소전(小傳)이다. '반촌 사람'들의 기질에 대해서는 앞서 자세히 서술하였다(7장 '반촌' 참조). 말보다 힘이 앞서고 난폭하지만 '협기'를 숭상하는 것이 반촌 사람과 강대 사람의 풍기였음을 짐작할 만하다. 양반과는 풍기와 기질이 달랐던 것이다.

풍기나 기질과 관련되는 것이겠지만, 서울 각 지역은 주민구성에 따라 언어에도 차이를 보였다고 한다. 지금은 서울방언의 존재조차 찾기 어려운 형편이지만, 불과 1백 년 전만 해도 확연히 구분되는 지역별 언어 차이가 존재했던 것으로 보인다. 다음은 1900년 《황성신문》의 자료다. 번역하여 인용한다.

우리나라의 언어가 본시 토어(土語)와 한어(漢語)와 인도어(印度語) 등 3종을 섞어 쓰는데, 어품(語品)이 각각 달라 사대부의 어품은 극히 화미청려(華美淸麗)하며 북촌 어품은 골경(滑驚)에 가까우며, 남촌 어품은 민첩에 가까우며, 상촌 어품은 공경에 가까우며, 중촌 어품은 거만한 데 가까우며, 하촌 어품은 완박(頑樸)한 데 가까우며……[29]

이 인상비평적 어품의 구체적인 특징은 분명하지 않지만, 지역 주민에 따라 언어의 차이가 있었던 것만은 분명하다. 예컨대 상촌의 언어가 공경에 가깝다는 것은 그 구성원이 주로 관청의 하급관료로 복역하는 데서 형성된 언어관습이 아닌가 한다. 이러한 언어적 차이에 대해 조풍연 역시 우대 사람은 우댓말을 써서 한강·용산·마포 등의 강 사람 또는 왕십리 미나리 장수와는 억양이 달라 부모들이나 자식들의 말이 우댓말에서 벗어나지 않도록 예의 조심하면서 바로잡아주었다고 하였다.

지역에 따른 문화적 차이도 존재했던 것으로 보인다. 예컨대 시조창법도 '우대창법'이란 독특한 창법이 있었다 하며,[30] 태견의 경우에도 주로 우대와 아래대 지역을 중심으로 발달하여 우대태견과 아래대태견이 있었다고 한다.[31]

부와 사회적 위상에 따라 주거지가 구분됨은 예나 지금이나 같았다. 인구가 20~30만에 불과했던 작은 도시 서울에도 그런 구획이 있었으니, 더 할 말은 없다. 다만 한 가지 덧붙이자면 이렇다. 서울이 한국의 수도가 된 지 6백 년이 넘었다. 지금 서울은 공룡 같은 거대도시가 되었지만, 불과 1백 년 전만 해도 빼어난 자연환경과 어울리는 아름다운 도시였다. 이제 그런 서울은 사라지고 없다. 몇몇 궁궐을 제외하면 과거의 서울을 회상할 터수도 없다. 이게 과연 사람이 사는 도시인가? 살 만한 도시인가? 옛 서울을 떠올리면서 부질없이 오늘의 서울이 한탄스럽게 여겨짐은 어인 일인가.

| 주석 |

### 1장 수만 백성 살린 이름없는 명의들-민중의

[1] 이규상, 〈幷世才彦錄〉, 《一夢稿》: 민족문학사연구소 한문분과 역, 〈18세기 조선 인물지〉, 창작과비평, 1997년, 190면.
[2] 《耳溪集(1)》: 《한국문집총간》 241, 민족문화추진회, 315~316면.
[3] 《浣巖集》: 《한국문집총간》 197, 555~556면.
[4] 《耳溪集(1)》: 《한국문집총간》 241, 319면.
[5] 〈李同傳〉, 《壺山外記》: 《閭巷學叢書(9)》, 여강출판사, 1991년, 63~64면.
[6] 이하 유상의 이야기는 이우성·임형택 역편 〈無棄堂〉, 《李朝漢文短篇集(中)》, 일조각, 1978년, 194~197면에 실려 있다. 원출전은 《청구야담》이고 원래 제목은 〈聽街語柳醫得名〉이다.
[7] 《한국문집총간》 249, 251~252면.
[8] 《국역다산시문집(7)》, 민족문화추진회, 1985년, 282~284면.

### 2장 모이면 도적이 되고 흩어지면 백성이 된다-군도와 땡추

[1] 변주승, 〈조선 후기 유민·명화적 연구의 동향과 과제〉: 강만길 엮음, 《조선 후기사 연구의 현황과 과제》, 창작과비평, 2000년. 이 자료에 지금까지의 연구사와 중요 논문이 소개되어 있다.
[2] 趙秀三, 〈一枝梅〉: 이우성·임형택 역편, 《李朝漢文短篇集(中)》, 일조각, 1978년, 339면.
[3] 李奎象, 《一夢先生集(2)》, 경인문화사, 1993년, 4면
[4] 이우성·임형택 역편, 《李朝漢文短篇集(中)》, 30~43면.
[5] 도진순 주해, 《백범일지》, 돌베개, 2002년, 255~264면. 이하 《백범일지》는 이 책에 의한다.
[6] 〈활빈당 투쟁과 그 사상〉, 《근대 조선의 민중운동》, 풀빛, 1982년.
[7] 《續陰晴史》, 국사편찬위원회, 1960년, 540면.
[8] 정석종, 〈숙종 연간 승려세력의 거사계획과 장길산〉, 《조선후기 사회변동 연구》, 일조각, 1983년.

**3장 투전 노름에 날새는 줄 몰랐다-도박**

[1] 茶山硏究會 譯註,《목민심서(5)》, 창작과비평, 1985년, 111면.

[2] 〈醒言〉,《靑城雜記》, 한국정신문화연구원 소장본.

[3] 〈鬪牋〉,《松南雜誌》, 아세아문화사, 1986년, 543면.

[4] 〈賭戲〉, 李錫浩 역,《京都雜志》, 대양서적, 1978년, 156~157면.

[5] 《趙芝薰全集(7)》, 일지사, 1973년, 196~208면.

[6] 李昌吉,〈노름말〉,《한글》제6권 9호, 1993년 10월. 31~32면.

[7] 《重菴稿》元冊.

[8] 尹愭,〈家禁〉,《無名子集》:《한국문집총간》 256, 민족문화추진회, 273면.

[9] 위의 책, 같은 곳.

[10] 《목민심서(5)》, 112면.

[11] 도진순 주해,《백범일지》, 돌베개, 2002년, 122~126면.

[12] 李奎象,《一夢先生集(3)》, 경인문화사, 1993년, 42면.

[13] 실시학사 고전문학연구회 역주,〈張福善傳〉,《이옥전집(2)》, 소명출판, 2001년, 263면. 번역은 약간 고침.

[14] 〈'象院科榜' 수록 中人通淸運動 資料〉,《韓國學報(45)》. 일지사, 1986년, 259~260면.

[15] 《목민심서(5)》, 113면.

[16] 李遇駿,〈技藝〉,《夢遊野談(上)》, 寶庫社, 1994년, 141면.

[17] 유한준,〈與或人書〉,《自著集》:《한국문집총간》 249, 327면.

[18] 《周巷文學叢書(10)》, 여강출판사, 1991년, 219면.

[19] 〈愚夫歌〉: 金聖培 等 編著,《註解歌辭文學全集》, 集文堂, 1981년, 268면.

[20] 〈게우사〉:《한국학보(65)》, 237면.

[21] 《註解歌辭文學全集》, 268~269면.

[22] 《古典國文小說選》, 555면.

[23] 《註解歌辭文學全集》, 269면.

[24] 〈家禁〉, 같은 책, 274면.

[25] 南公轍,《金陵集》:《한국문집총간》 272, 322면

[26] 위의 책, 같은 곳.

**4장 마셨다 하면 취하고, 취했다 하면 술주정-금주령과 술집**

1 金和鎭, 〈옛날의 음식점〉, 《韓國의 風土와 人物》, 乙酉文化社, 1973년, 248면.
2 한글학회 지음, 《우리말 큰사전》, 어문각, 1992년, 1631면.
3 《일성록》 18, 서울대도서관, 1990년, 544~545면.
4 이서구, 〈주막, 서민의 바아〉, 《세시기》, 배영사, 1969년.
5 강명관, 《조선사람들, 혜원의 그림 밖으로 걸어나오다》, 푸른역사, 2001년.
6 李用基, 《朝鮮無雙新式料理製法》, 永昌書館, 1926년, 56면.
7 《燕岩集》: 《한국문집총간》 252, 민족문화추진회, 228면.

**5장 타락과 부정으로 얼룩진 양반들의 잔치-과거**

1 宋申用 註, 《漢陽歌》, 정음사, 1949년, 80면.
2 〈用人〉, 《千一錄》, 比峰出版社, 1982년, 611~612면.
3 《漢陽歌》, 111면.
4 《千一錄(上)》.
5 안대회 역, 〈과거론(1)〉, 《북학의》, 돌베개, 2003년, 155면.
6 이우성·임형택 역편, 《李朝漢文短篇集(下)》, 일조각, 1978년, 233~234면. 원출전은 《어수신화》다.
7 《漢陽歌》, 112면.
8 위의 책, 같은 곳.
9 南晚成 譯, 〈科目〉, 《芝峰類說(上)》, 을유문화사, 1994년, 177면.
10 〈科場易書〉, 《星湖僿說》: 《星湖全集(5)》, 여강출판사, 1987년, 395면.
11 번역은 이우성·임형택 역편, 〈科場〉, 《李朝漢文短篇集(中)》, 252~257면에서 취함.
12 실시학사 고전문학연구회 역주, 《이옥전집(2)》, 소명출판, 2001년, 249~252면.
13 《漢陽歌》, 115면.
14 도진순 역해, 《백범일지》, 돌베개, 2002년, 36면. 앞 부분은 '부문(赴門)'이라는 용어가 돌출되도록 집문당에서 1994년에 영인한 원본 《백범일지》로 약간 고쳤다.
15 위의 책, 36~37면.

[16] 《星湖全集(5)》, 215면.
[17] 〈오학론(4)〉,《국역다산시문집(5)》, 민족문화추진회, 1983년, 124~125면.
[18] 송재소 역,〈하일대주〉,《茶山詩選》, 창작과비평, 1981년, 250~262면.
[19] 〈과거론(1)〉,《북학의》, 152~153면.
[20] 〈오학론(4)〉,《국역다산시문집(5)》, 124면.

### 7장 서울의 게토, 도살면허 독점한 치외법권지대-반촌
[1] 《漢京識略》, 서울특별시사편찬위원회, 1956년, 319~320면.
[2] 안대회 역,〈소(牛)〉,《북학의》, 돌베개, 2003년, 81면.
[3] 〈경성어록(京城語錄)〉,《別乾坤》, 1929년, 9월호.
[4] 黃載文,〈서울 동명에 숨은 이야기〉,《民聲》, 1949년, 11월호.
[5] 《保晩齋集》:《한국문집총간》 233, 민족문화추진회, 252~253면.
[6] 《한국문집총간》 256, 26~37면.
[7] 실시학사 고전문학연구회 역주,《이옥전집(1)》, 소명출판, 2001년, 217~219면.
[8] 〈菽甫의 祭文〉,《국역다산시문집(7)》, 민족문화추진회, 1985년, 226면.
[9] 《이옥전집(1)》, 264면. 번역은 약간 고쳤다.

### 8장 조용한 아침의 나라를 뒤흔든 무뢰배들-검계와 왈자
[1] 정석종,《조선후기 사회변동 연구》, 일조각, 1983년, 22~29면.
[2] 《조야회통》:《연려실기술(8)》, 민족문화추진회, 1967년, 619면.
[3] 임형택·강영주 편,《벽초 홍명희와 임꺽정의 연구 자료》, 사계절, 1996년, 124~126면.
[4] 李奎象,〈張大將傳〉,《一夢先生集(3)》, 경인문화사, 1993년, 41~42면.
[5] 〈金弘淵〉,〈숭양기구전〉:《金澤榮全集(5)》, 아세아문화사, 1978년, 593~594면.
[6] 朴趾源,〈廣文者傳〉: 이우성·임형택 역편,《李朝漢文短篇集(下)》, 일조각, 1978년, 269~272면.
[7] 〈書廣文者傳後〉:《李朝漢文短篇集(下)》, 274~275면.
[8] 〈게우사〉,《한국학보》 65, 일지사, 1991년.
[9] 〈남원고사〉: 김동욱·김태준·설성경,《春香傳比較硏究》, 三英社, 1979

년, 323~324면.

## 9장 조선 후기 유행 주도한 오렌지족-별감

[1] 宋申用 註,《漢陽歌》, 정음사, 1948년, 67~71면.
[2] 朴趾源,〈與中一〉,《燕巖集》:《한국문집총간》252, 95면.
[3] 《漢陽歌》, 72~75면.
[4] 위의 책, 75면.
[5] 위의 책, 같은 곳.
[6] 李京子, 外,《우리 옷과 장신구》, 열화당. 2003년, 124면.
[7] 柳得恭,〈柳遇春〉:《李朝漢文短篇集(中)》, 217면.
[8] 《漢陽歌》, 71~72면.
[9] 위의 책, 75면.
[10] 위의 책, 76~79면.
[11] 〈聲伎〉: 李錫浩 역,《京都雜志》, 155~156면.
[12] 위의 책, 79면.
[13] 위의 책, 같은 곳.
[14] 위의 책, 80~83면.
[15] 위의 책, 83면.
[16] 위의 책, 같은 곳.

## 10장 은요강에 소변보고 최음제 춘화 가득하니-탕자

[1] 《雲養集》, 연활자판, 1917년, 권 17, 16~17면.
[2] 〈이춘풍전〉: 장덕순 · 김기동 共編,《古典國文小說選》, 正音文化社, 1984년.
[3] 《朝鮮解語花史》, 東洋書院, 1927년, 75면.

## 보론-옛 서울의 주민구성

[1] 원래〈京城 洞町名의 由來及今昔의 比較〉의 일부다. 김근수 편,《미니서울백과》, 한국학연구소, 1994년, 50~58면에 수록되어 있는 것을 이용한다.
[2] 李家煥,〈玉溪淸遊帖序〉,《詩文抄》2권.
[3] 원문에는 "監" 자가 빠져 있는데, 채워넣었다.

[4] 李裕元,〈嘉聲閣〉,《林下筆記》, 成均館大 大東文化硏究院, 1961년, 840~841면.

[5] 한글학회 편,《한국지명총람(서울편)》, 220면에는 "嘉祥閣"으로 되어 있으나, "嘉聲閣"이 옳은 듯하다.

[6] 兪漢雋,〈南伯宗六十一歲壽序〉,《著菴集》, 驪江出版社, 1987년, 256면.

[7] 趙豊衍,〈우대・아래대〉,《서울잡학사전》, 정동출판사, 1989년, 298면.

[8] 출처는 뒤의 주 28) 참조.

[9] 조풍연,〈추억의 서울〉:《韓國의 旅路(서울)》, 한국일보사 편, 한국일보사 출판국, 1980년, 116면 참조.

[10] 柳本藝,《漢京識略》, 서울특별시사편찬위원회, 1956년, 306면. "樓閣洞은 인왕산 아래에 있다. 연산군 때 누각을 지은 곳이다 때문에 지금 여항의 서리배들이 많이 살고, 사대부들은 살지 않는다."《東國輿地備攷》, 서울특별시사편찬위원회, 1956년, 60면에도 같은 내용이 실려 있다.

[11] 별감에 대해서는 이 책 9장 '별감'을 볼 것.

[12] 鄭喬,《大韓季年史(上)》, 國史編纂委員會, 1974년, 205면.

[13] 위의 책, 296면.

[14] 위의 책, 294면.

[15] 崔南善,《故事通》, 三中堂書店, 1944년, 190~191면.

[16] 《東國輿地備攷》, 60면.

[17] 위의 책, 63면.

[18] 柳本藝,《漢京識略》, 232면.

[19] 위의 책, 307면.

[20] 김종수,〈17세기 訓練都監의 軍制와 都監軍의 활동〉,《서울학연구》제2호, 서울학연구소, 1994년, 176면 참조.

[21] 黃義敦,〈壬午軍亂의 眞狀〉,《海圓文稿》, 東國大學校 出版部, 1961, 529면. 이 글의 말미에 이런 말이 있다. "本論은 三十餘年 前에 筆者가 實地 經驗한 權老人으로부터 調査하여 一部 發表하였던 바를 다시 修正하여 이에 쓰게 된 바이다."

[22] 崔南善,《故事通》, 191면.

[23] 정승모,《시장의 사회사》, 웅진출판, 1992년, 138면.

[24] 《미니서울백과》, 74면,〈京城語錄〉.

[25] 최완기,《서울의 경제생활》, 서울학연구소, 1994년, 132~133면. 한강

진 대신 뚝섬, 용산 대신 동작진을 포함시키기도 한다.

[26] 위의 책, 134면.
[27] 鄭來僑,〈林俊元傳〉: 李佑成.林熒澤 譯編,《李朝漢文短篇集(中)》, 一潮閣, 1978년, 122면.
[28] 趙秀三, "金五興"〈秋齋紀異〉:《李朝漢文短篇集(中)》, 341면.
[29] 《皇城新聞》, 光武 4년 10월 9일 논설,〈言語可整〉.
[30] 李秉岐,〈時調와 그 硏究(5)〉,《民族音樂學》제10집, 서울大學校 音樂大學 附設 東洋音樂硏究所, 1988년, 69면.
[31] 이용복,《택견》, 대원사, 1995년, 17면, 26~27면 참조.

조선의 뒷골목 풍경

⊙ 2003년 8월 11일 초판 1쇄 발행
⊙ 2023년 7월 20일 초판 28쇄 발행
⊙ 글쓴이                강명관
⊙ 펴낸이                박혜숙
⊙ 펴낸곳  도서출판 푸른역사
　우) 03044 서울시 종로구 자하문로8길 13
　전화: 02)720-8921(편집부) 02)720-8920(영업부)
　팩스: 02)720-9887
　전자우편: 2013history@naver.com
　등록: 1997년 2월 14일 제13-483호

ⓒ 강명관, 2023

ISBN  89-87787-74-5  03900

· 잘못 만들어진 책은 교환해드립니다.